MEINE BESTE FEINDIN

Rachel Simmons

Meine beste Feindin

Wie Mädchen sich das Leben
zur Hölle machen und warum Frauen
einander nicht vertrauen

Aus dem amerikanischen Englisch von
Katharina Förs, Gabriele Gockel und Rita Seuß
(Kollektiv Druck-Reif, München)

Kiepenheuer & Witsch

1. Auflage 2003
Titel der Originalausgabe:
Odd Girl Out. The Hidden Culture of Aggression in Girls
Aus dem Englischen von Katharina Förs, Gabriele Gockel, Rita Seuß
(Kollektiv Druck-Reif)
© 2003 by Verlag Kiepenheuer & Witsch, Köln
Alle Rechte vorbehalten. Kein Teil des Werkes darf in
irgendeiner Form (durch Fotografie, Mikrofilm oder ein anderes
Verfahren) ohne schriftliche Genehmigung des Verlages
reproduziert oder unter Verwendung elektronischer Systeme
verarbeitet, vervielfältigt oder verbreitet werden.
Umschlaggestaltung: Barbara Thoben, Köln
Umschlagfoto: © zefa und getty images
Gesetzt aus der Garamond Stempel (Berthold),
bei Kalle Giese, Overath
Druck und Bindearbeiten: GGP Media, Pößneck
ISBN 3-462-03225-9

*Meinen Eltern Claire und Luiz Simmons,
die mit ihrem unerschütterlichen Vertrauen und ihrer Liebe
dieses Buch möglich machten,
und
Jane Isay, der Kämpferin und Freundin,
die nie ihren Glauben verlor*

Inhalt

Einleitung 11

1 Die verborgene Aggressionskultur bei Mädchen 21

2 Beste Feindinnen 47

3 Die Wahrheit tut weh 75

4 Sie hält sich für was Besseres 111

5 Und raus bist du! 137

6 Beliebt sein 161

7 Widerstand 181

8 Eltern und Lehrer 201

9 Was Eltern tun können 229

Schlussbemerkungen 259

Dank 269

Anmerkungen 273

Bibliographie 276

Einleitung

Als ich acht Jahre alt war, wurde ich von einem anderen Mädchen schikaniert. Meine Erinnerungen an dieses Jahr sind im Lauf der Zeit verblasst, oder ich habe sie teilweise verdrängt. Damals war ich in der dritten Klasse, trug Zöpfe und lispelte. Bei den Lehrern war ich bekannt für meine Hudelei. Ich arbeitete Arbeitsblätter mit komplizierten Bruchrechnungen und Prüfungsaufgaben im Affenzahn durch und machte dabei jede Menge Flüchtigkeitsfehler. Aber ich wollte unbedingt als Erste fertig sein.

Abby hatte denselben Ehrgeiz. Sie war bei allen beliebt, und ich war mit ihr befreundet, wenn auch nicht besonders eng. Ich weiß bis heute nicht, warum sie mir das angetan hat. Zuerst tuschelte sie mit meiner besten Freundin über mich, die daraufhin beschloss, lieber mit anderen Mädchen zu spielen. Auf dem Weg zum Tanzunterricht im Stadtteilzentrum stiftete Abby meine Freundinnen an, vor mir davonzulaufen. Atemlos und verzweifelt rannte ich hinter ihnen her in den Theatersaal des Zentrums und suchte sie in der plötzlichen Dunkelheit, kämpfte mich zwischen leeren Stuhlreihen hindurch, das Geräusch der vor mir zurückweichenden Schritte und des verhallenden Gelächters im Ohr.

Ich erinnere mich an schlecht beleuchtete leere Flure, Treppenhäuser oder Parkplätze, wo ich herumstand, immer allein. Wenn ich nach Hause kam, setzte ich mich in die Küche, wo meine Mutter das Abendessen bereitete, und heulte ihr etwas vor. Ich war schrecklich traurig, und ich war überzeugt, dass ich als einziges Mädchen einen solchen Kummer hatte. Daran erinnere ich mich noch genau.

Sechzehn Jahre später studierte ich in England. Es regnete, als ich eines Tages mit dem Fahrrad in die Bibliothek fuhr, um dort etwas zu finden, was meine Probleme mit Abby erklären könnte. Was genau ich in Erfahrung bringen wollte, weiß ich nicht. Irgendetwas an meinen Erinnerungen erschien mir seltsam widersprüchlich. Einerseits wusste ich nur noch wenige Details, andererseits war die Angst, von allen meinen Freundinnen im Stich gelassen zu werden und durch Abbys Schuld meine beste Freundin zu verlieren, sehr real und lebendig in mein Gedächtnis eingegraben. Dies war etwas, das sich von meinen übrigen Kindheitserinnerungen deutlich abhob. Ich wollte und musste die Lücken füllen.

Während ich zur Bibliothek radelte, sah ich wieder vor mir, wie wir im College zu sechst spätabends zusammengesessen, eine Kleinigkeit gegessen und uns gestanden hatten, dass wir alle »unsere« Abby gehabt hatten und dass uns die Erinnerung an sie nicht losließ. Es war eine große Erleichterung zu erfahren, dass wir alle genau dasselbe durchgemacht hatten. Auch meine Freundinnen im College hatten jahrelang geglaubt, sie seien die Einzigen, denen so etwas zugestoßen war.

In diesem Bewusstsein radelte ich durch die nassen Straßen, überzeugt, dass es massenweise Bücher darüber gab, wie und warum Mädchen einander mobben. Meine ersten Computerrecherchen brachten keine Ergebnisse, was ich auf mein mangelhaftes Recherchegeschick und meine überhastete Suche schob. Ich holte die Bibliothekarin zu Hilfe, aber es stellte sich heraus, dass ich keinen Fehler gemacht hatte.

Es gab zwar Unmengen von Aufsätzen über Aggression und Gewalttätigkeit bei Jungen, aber nur eine Hand voll Artikel über Mädchen. Bücher gab es überhaupt keine – weder Ratgeber für Eltern noch clevere Verhaltenstipps für Kinder. Als ich die Artikel über »Aggression und Mobbing«, wie es die meisten Forscher nannten, las, erkannte ich Abby und mich selbst nicht wieder. Zuerst war ich überrascht, dann enttäuscht.

Ich schickte eine E-Mail an alle Frauen, die ich kannte, und bat sie, möglichst vielen weiteren Frauen ein paar einfache Fragen zu stellen: »Bist du jemals von einem anderen Mädchen gequält oder gehänselt worden? Wie war das? Was hat diese Erfahrung bei dir bewirkt, wenn du heute zurückblickst?« Binnen vierundzwanzig Stunden war meine Mailbox voll mit Rückmeldungen, und in den folgenden Tagen trafen immer neue Mails ein, in denen Frauen mir sehr emotional und eindringlich ihre Geschichten erzählten. Selbst über das Internet teilte sich mir der Schmerz mit, den sie damals empfunden und – genau wie ich – noch immer nicht überwunden hatten. Frauen, die ich nie im Leben getroffen hatte, schrieben mir, ich sei die Erste, denen sie ihre Geschichte erzählten. Erst später wurde mir klar, dass ich auch die Erste gewesen war, die danach gefragt hatte.

Schweigen ist ein fester Bestandteil der weiblichen Lebenserfahrung. Erst seit rund dreißig Jahren sprechen Frauen offen über die spezifischen Wahrheiten ihres Lebens – Wahrheiten über Vergewaltigung, Inzest, Gewalt in der Familie. Es war ein langer Weg, bevor diese Themen einen Platz im öffentlichen Bewusstsein fanden.

Jetzt ist es an der Zeit, das Schweigen über ein anderes Thema zu brechen: Es gibt eine verborgene Kultur der Aggression von Mädchen. Ihre Kennzeichen sind nicht die direkte körperliche Gewalt oder verbale Übergriffe, zu denen vorwiegend Jungen greifen. Da unsere Gesellschaft den Mädchen verwehrt, Konflikte offen auszutragen, zwingt sie sie, ihren Ärger, ihren Unmut oder Zorn in nichtkörperlicher, indirekter und verdeckter Form auszudrücken. Mädchen verleumden, grenzen aus, streuen Gerüchte, denken sich Schimpfnamen aus und intrigieren, um anderen seelischen Schmerz zuzufügen. Im Unterschied zu Jungen, die ihre Aggressionen an Fremden und nicht so gut befreundeten Altersgenossen auslassen, greifen Mädchen oft innerhalb des Beziehungsgefüges enger Freundschaften an. Diese Art der Aggression ist nicht so leicht zu identifizieren, und die Folgen für das Opfer sind gravierender.

In ihrer Welt kämpfen Mädchen nicht mit Faust und Messer, sie setzen vielmehr die Freundschaft selbst als Waffe ein, und das, was ein böses Wort anrichten kann, ist nichts gegen einen ganzen Tag des Schweigens.

In der verborgenen Aggressionskultur werden Ärger und Zorn nur selten artikuliert, aber an jedem beliebigen Schultag kann sich plötzlich und ohne jede Vorwarnung ein soziales Minenfeld auftun. Wenn ein Streit ausgetragen wird, greifen Mädchen einander mit einer Sprache an, spielen in einer Weise Richter, die nur sie selbst verstehen, und sie üben eine Selbstjustiz aus, deren Logik nur ihnen einleuchtet. Hinter dem schönen Schein inniger Verbundenheit liegt ein Terrain, das nur insgeheim betreten wird, das mit Angst besetzt ist und von Schweigen beherrscht wird.

Das ist die Welt, in die ich die Leser dieses Buches führen möchte. Dort fixiert inmitten des Stimmengewirrs ein Mädchen ein anderes und lächelt dann ihren Freundinnen bedeutungsvoll zu, ohne auch nur ein Wort zu sagen. Am nächsten Tag bringt die Anführerin einen Brief in Umlauf, in dem alle gebeten werden aufzulisten, warum sie ein bestimmtes Mädchen hassen. Und am übernächsten Tag setzt sich die Ausgestoßene mit gesenktem Kopf zu den Jungen. Das Ziel ist erreicht, stillschweigend und ohne Aufsehen zu erregen.

Seit einigen Jahren wächst das Bewusstsein für kindliche Aggression, nicht zuletzt aufgrund der spektakulären Amokläufe von Jugendlichen. Doch in der öffentlichen Diskussion geht es vor allem um Jungen und die von ihnen ausgeübte Form der Aggression. Aggression wird ausschließlich als körperliche und direkte Gewaltausübung definiert. Die häufig versteckte, indirekte und nichtkörperliche Aggression von Mädchen wird dabei außer Acht gelassen. Ja, sie wird nicht einmal als Aggression bezeichnet, sondern als »das, was Mädchen tun«.

Doch Frauen aller Altersstufen kennen Formen weiblicher Gewalttätigkeit. Fast jede Frau war dabei schon einmal Zeugin, Opfer oder Täterin. Viele haben still gelitten und versucht zu vergessen. Lange war dies eines der dunklen Geheimnisse der Mädchenwelt. Beinahe jede Frau und jedes Mädchen kann darüber eine Geschichte erzählen.

Ich begann, mit Mädchen zwischen zehn und vierzehn Jahren Gespräche zu führen – ein Alter, in dem die verdeckte Gewalt unter Mädchen eskaliert. Am ersten Tag meiner Untersuchung befragte ich mehrere Gruppen von Neuntklässlerinnen in einer koedukativen Privatschule an der Ostküste. Ich hatte einen Fragebogen vorbereitet und wollte eine zwanglose Diskussion in Gang setzen. Ich stellte mich der Klasse vor, erzählte von meinen eigenen Mobbing-Erlebnissen und erklärte den Mädchen, worüber ich mit ihnen sprechen wollte. In allen Klassen war die Reaktion gleich: Die Mädchen konnten es gar nicht fassen: *Worüber* sprechen? *Während des Unterrichts?* Sie kicherten und flüsterten.

In jeder Klasse stellte ich als Erstes die Frage: »Könnt ihr mir sagen, auf welche Weise Mädchen – im Unterschied zu Jungen – gemein zu anderen sind?« Das Flüstern hörte auf. Die Arme flogen hoch. Plötzlich hatten alle etwas zu sagen. Sie waren wie elektrisiert. Sie feuerten sich gegenseitig an, johlten und kreischten, lachten und fingen an, ihre persönlichen Geschichten zu erzählen, während Briefchen herumgereicht, Augen gerollt wurden und wissende Blicke durchs Klassenzimmer schossen.

Es war anstrengend. Meinen Fragebogen konnte ich getrost vergessen. Keine einzige der Gruppendiskussionen verlief an jenem Tag nach Plan. Aber das war, wie sich herausstellte, gut so. Ich begriff schnell, dass es mich in den Augen der Mädchen zu einer Respektsperson gemacht hätte, wenn ich mich streng an die vorbereiteten Fragen gehalten hätte, und das wollte ich auf gar keinen Fall. Ich wollte ihnen die Führung überlassen – das war keine Frage der Taktik, ich folgte nur meinem Instinkt.

Ich wurde reichlich belohnt. In den folgenden Monaten schrieben wir uns E-Mails, plauderten über Musikgruppen, neue Schuhe, Pläne für die Sommerferien und darüber, wie es ist, verknallt zu sein. Sie erzählten mir Dinge, von denen ihre Lehrer und ihre Eltern keine Ahnung hatten. Manchmal kamen wir vom Thema ab und diskutierten über den Druck, der von der Schule und der Familie ausging.

Mit der Zeit aber erkannte ich, dass es einen weiteren Grund gab, weshalb uns die Kommunikation so leicht fiel. Die meisten, die mit Kindern über Mobbing und Aggression sprechen, tun dies mit dem erhobenen Zeigefinger: Tut das nicht. Seid nett zueinander.

Mein Ansatz war ein anderer. Mir ging es nicht darum, Gemeinheiten und Bosheiten zu unterbinden; ich ging davon aus, dass Mädchen gemein und boshaft zueinander sind. Ich sagte ihnen nicht, dass sie nett zueinander sein sollten; ich wusste, dass sie es nicht waren. Meine Aufgabe war es nicht, sie von Gemeinheiten abzuhalten, ich wollte, dass sie einander helfen, besser damit umzugehen. Wenn sie an der Gruppendiskussion teilnehmen wollten, wunderbar; wenn nicht, sollten sie still dasitzen, ohne diejenigen zu stören, die sich am Gespräch beteiligten. In jedem Fall, das versprach ich ihnen, würde ich sie zur Belohnung zu einem Snack einladen.

Meist rückte im Laufe der Stunde eines der Mädchen mit seiner Leidensgeschichte heraus. Oft fing es damit an, dass sie nur die Äußerung einer Mitschülerin kommentierte und sich dann – wie aus einer plötzlichen Eingebung heraus – unter Tränen an ihr eigenes Leid erinnerte und zögernd davon zu erzählen begann. Manchmal musste ich mich daran erinnern, dass ich in der Klasse lediglich Recherchen durchführte, denn ich konnte mich kaum des Gefühls erwehren, diese Mädchen beschützen zu müssen.

Wie die Frauen, mit denen ich per E-Mail korrespondierte, hatte auch diese Mädchen noch niemand nach diesem Teil ihres Lebens gefragt. Auch sie schienen zu glauben, sie wären die Einzigen, denen so etwas zustieß. Ich konnte ihre Traurigkeit sehr gut nachvollziehen. Sie hatten mich auserkoren, mir ihre Geschichte zu erzählen, und ich wollte mich dafür erkenntlich zeigen. Sie sollten auch wissen, dass mir und vielen anderen genau dasselbe passiert war. Es wäre mir unredlich erschienen, einfach darüber hinwegzugehen und die nächste Frage auf meiner Liste abzuhaken. Manchmal schaffte ich es, alle Fragen zu erörtern, manchmal nicht. Wenn meine Untersuchung Mängel aufweist, dann liegt die Verantwortung dafür allein bei mir.

Bei der Arbeit an diesem Projekt ließ ich mich anregen von Lyn Mikel Brown und Carol Gilligan, deren bahnbrechenden Untersuchungen ich viel verdanke. Zusammen mit anderen entwickelten Brown und Gilligan für ihre Interviews einen »Leitfaden zum Zuhören«.[1] Wesentlich sind dabei Flexibilität gegenüber der Interviewpartnerin und die Bereitschaft, auf sie einzugehen, anstatt streng an der Frageliste festzuhalten. Beiden Wissenschaftlerinnen kam es in erster Linie darauf an, »durch das ganze Interview hindurch den Mädchen zu folgen«. Wenn man der Interviewten zuhört statt sich selbst in den Vordergrund zu schieben, hilft man ihr, »Wissen über sich selbst, ihre Gefühle und ihre Wünsche zu gewinnen, zu bewahren oder wiederzuerlangen«, so Brown und Gilligan. »Wenn man die Mädchen ernst nimmt, ermutigt man sie, ihre eigenen Gedanken, Gefühle und Erfahrungen ernst zu nehmen.« Bei einem so emotional aufgeladenem Thema wie Mobbing unter Mädchen schien mir eine solche Herangehensweise ganz besonders angeraten.

Die Reaktion der einzelnen Schulleitungen war unterschiedlich. Meist war man froh, dass sich jemand ihrer Schülerinnen annahm. Die Lehrerschaft steht der Intensität der Aggressionen, die Mädchen gegenüber ihren Altersgenossinnen empfinden, meist hilflos gegenüber.

In den kleineren Städten und an einigen Privatschulen war man von meinem Projekt weniger angetan. Man verweigerte mir ohne Erklärung den Zutritt, wohl weil man befürchtete, es könne die Wahrheit über ihre Mädchen ans Licht kommen – die Wahrheit, dass sie tatsächlich gemein sein können.

Um ein möglichst umfassendes Bild vom Mobbing bei Mädchen zu gewinnen, hatte ich mir eigentlich vorgenommen, in möglichst vielen Städten des Landes Befragungen durchzuführen. Nach einigen intensiven Sitzungen wusste ich, dass dies nicht zu realisieren war. Wenn ich die Wahrheit herausfinden und das Vertrauen der Lehrer und Eltern gewinnen wollte, musste ich ein Teil ihrer Gemeinschaft werden. Folglich entschied ich mich für drei bestimmte Regionen des Landes, wo ich jeweils über einen längeren Zeitraum hinweg bleiben wollte.

In vielen Schulen wurde ich freundlich empfangen und unterstützt. Zwei Schulen setzten sich sogar über die interne Regelung hinweg, Forschern keinen Zugang zu gewähren, und erlaubten mir, mit den Mädchen zu arbeiten. Im Gegenzug versprach ich, die Namen der Mädchen, der Lehrkräfte und der Schulen zu ändern. Zwar gebe ich ein Profil der Schulen entsprechend dem sozialen Status und der ethnischen Zugehörigkeit ihrer Schüler, nenne aber sonst keine weiteren Details.

Im Lauf eines Jahres habe ich an zehn Schulen gearbeitet. In einer größeren Stadt an der Ostküste besuchte ich drei Schulen: die Linden-Schule, eine Privatschule mit Schülern, die mehrheitlich der Mittelschicht und zu 25 Prozent ethnischen Minderheiten angehören; Marymount, eine Gesamtschule für Mädchen mit vorwiegend Schülerinnen aus der Mittelschicht, darunter etwa 20 Prozent Farbige; und die Sackler-Schule, eine Vorstadtschule mit Schülern aus der jüdischen Mittelschicht. In einer zweiten Stadt im Nordosten der Vereinigten Staaten besuchte ich die Clara Barton High School, die nach alternativen Lehrmethoden geführt wird, sowie die Martin Luther King Elementary, eine Grundschule, die – dem US-amerikanischen Schulsystem entsprechend – die Klassenstufen eins bis sechs umfasst; beide Schulen werden vorwiegend von Schwarzen sowie von Schülern besucht, deren Familien aus Puerto Rico und der Dominikanischen Republik stammen. Ich arbeitete außerdem in der Arden-Schule, einer Laborschule mit Schülern überwiegend aus der Mittelschicht, darunter 20 Prozent aus ethnischen Minderheiten, und in der Sojourner Truth, einer Gesamtschule für Mädchen mit mehrheitlich schwarzen und lateinamerikanischen Schülerinnen. Schließlich verbrachte ich mehrere Wochen in der Grundschule, in der Mittelschule und in der Highschool von Ridgewood, einer Kleinstadt im nordöstlichen Bundesstaat Mississippi.

In jeder dieser Schulen führte ich sowohl Gruppen- als auch Einzelgespräche mit Schülerinnen und interessierten Lehrkräften und Eltern durch. Manchmal dauerten die Interviews drei bis vier Stunden, anderswo hatte ich weniger Zeit zur Verfügung. In zwei städtischen Schulen gelang es mir nicht, mit manchen Schülerinnen und Eltern in Kontakt zu kommen. Diese Familien waren mehrheitlich arm, einige besaßen kein Telefon, und das Auftauchen einer weißen Mittelschichtfrau schreckte gewiss manche ab. Ich war enttäuscht, wenn auch nicht überrascht, dass sich nirgendwo ein Vater und eine Mutter bereit erklärte, mit mir über ihre Tochter zu sprechen, die andere Mädchen schikanierte.

Außer den Mädchen und ihren Eltern interviewte ich auch rund fünfzig erwachsene Frauen, per Telefon und im persönlichen Gespräch, die in der Rückschau oder nach einer Therapie eine differenziertere Sicht ihrer damaligen Erlebnisse gewonnen haben. Ihre Stimmen stehen in einem deutlichen Kontrast zu den Geschichten der jungen Mädchen.

Ich habe mich zwar an der Methode von Brown und Gilligan orientiert, das vorliegende Buch ist jedoch nicht das Ergebnis eines formellen Forschungsprojekts. Statistiken oder wissenschaftliche Schlussfolgerungen werden Sie hier nicht finden, ebenso nichts zu Aggressionen bei Jungs, denen ein breiteres Spektrum an Ausdrucksmöglichkeiten für ihre negativen Gefühle zur Verfügung steht als den Mädchen.

»Meine beste Feindin« ist das erste Buch, das sich ausschließlich mit der nichtkörperlichen Gewalt bei Mädchen beschäftigt. Es erzählt die Geschichten von Täterinnen und Opfern »verdeckter« oder unüblicher Formen von Aggression.

Ich möchte keinesfalls den Eindruck erwecken, dass sich nur Mädchen in dieser Weise verhalten. Auch Jungen üben verdeckte Aggression aus, wenn auch meist erst in einer späteren Altersstufe als Mädchen. Auch möchte ich nicht suggerieren, dass sich ausnahmslos alle Mädchen dieser Form der Aggression bedienen und es vermeiden, in ihren Freundschaften Konflikte offen auszutragen. Überwältigt von dem, was ich bei meinen Nachforschungen entdeckte, habe ich es bedauerlicherweise versäumt, mit einer größeren Zahl von Mädchen zu sprechen, die ihren Ärger offen äußern und Konflikte zu lösen versuchen.

Ich verwende in diesem Buch den Begriff »Mobbing bei Mädchen« zur Bezeichnung verdeckter Formen der Aggression. Das heißt jedoch nicht, dass Mädchen negative Gefühle grundlegend anders *empfinden* als Jungen, sondern vielmehr, dass viele Mädchen auf andere Weise *zeigen*, dass sie wütend sind. Die Aggression von Mädchen kann verdeckt und beziehungsorientiert sein; sie kann motiviert sein durch das Gefühl des Verlustes und des Alleinseins. Das bedeutet jedoch nicht, dass Mädchen nicht auch Macht ausüben wollen oder dass sie weniger intensive Aggressionsgefühle haben als ihre männlichen Altersgenossen.

In ihrem wichtigen Buch »Best Friends, Worst Enemies: Understanding the Social Lives of Children« zeigen Michael Thompson und seine Mitautoren, dass jedes Kind drei Dinge im Leben anstrebt: mitmenschliche Verbundenheit, Anerkennung und Macht. Der Wunsch nach Verbundenheit lässt Kinder Freundschaften schließen, während der Wunsch nach Anerkennung und Macht Konkurrenzgefühle und Konfliktbereitschaft entstehen lässt.

Ich machte mich vor drei Jahren auf diese Reise, weil ich den Mädchen zeigen wollte, dass sie nicht allein sind. Je mehr Zeit ich mit den Mädchen verbrachte, desto deutlicher wurde mir jedoch bewusst, dass es mir auch um die Gewissheit ging, dass *ich* nicht allein war. Bald sollte ich entdecken, dass die Schikanen, an die ich mich aus der dritten Klasse erinnerte, nur die Spitze eines Eisbergs waren, und dass viele Beziehungen meiner Kindheit für mich mit Schmerz und Verwirrung verbunden waren.

In den Gesprächen mit den Mädchen erkannte ich, dass ich nicht die Einzige war, der es so ergangen war. Zu erfahren, dass wir ähnliche Erinnerungen und Gefühle hatten, dass ein anderer Mensch verstand, was wir bis dahin für uns behalten hatten, war großartig.

Um den Mädchen die Gelegenheit zu geben, ungehindert sprechen zu können, schloss ich Lehrkräfte bei meinen Gesprächen grundsätzlich aus. Eine Lehrerin bestand jedoch auf ihrer Teilnahme und saß als Zuhörerin im hinteren Teil des Klassenzimmers. Wir diskutierten dreißig Minuten lang lebhaft über die Art und Weise, wie Mädchen gemein zueinander sind. Derweil saß sie verkrampft da, das Gesicht wutverzerrt. Schließlich meldete sie sich zu Wort. »Ich möchte Ihnen sagen«, begann sie, »dass nicht alle Mädchen gemein sind. Mädchen sind wunderbar! Frauen sind die wichtigsten Verbündeten, die man im Leben haben kann, und ich finde es nicht fair, nur über die schlechten Seiten der Mädchen zu sprechen.« Ich konnte ihr nur beipflichten, doch ihre Bemerkung ließ mich nicht los. Es wäre ein schlimmes Missverständnis, wenn die Leser den Eindruck gewönnen, mir sei es um eine Verurteilung von Mädchen und Frauen zu tun. Nichts könnte der Wahrheit ferner liegen.

Unsere Gesellschaft sieht gewöhnlich »Nettsein« als die wichtigste Eigenschaft von Mädchen an. Die Geschichten in »Meine beste Feindin« werden daher manche Leser schockieren. Doch die Aggression von Mädchen zu benennen heißt nicht, sie an den Pranger zu stellen. Dem Erkenntnisinteresse dieses Buches entsprechend habe ich ausschließlich Mädchen interviewt, die sich als Täterinnen oder als Opfer fühlten. Nicht alle Mädchen mobben ihre Altersgenossinnen und fügen ihnen damit großen Schmerz zu.

»Frauenfeindlich« bin ich gewiss nicht. Viele Frauen und Mädchen haben mir viel gegeben. Einen beträchtlichen Teil meines Erfolges im Leben verdanke ich älteren Frauen, die mir geholfen und mich ermuntert haben. Viele von ihnen haben einen unschätzbaren Anteil am Zustandekommen dieses Buches. Und ohne die Frauen, die mir nahe stehen, hätte ich niemals den Mut gehabt, meine Einsichten und Erkenntnisse niederzuschreiben.

Die Arbeit an diesem Buch hat mein Leben verändert. Ich war erstaunt zu sehen, wie viele meiner eigenen Beziehungsängste und Beziehungsprobleme sich in den Äußerungen der Mädchen spiegelten. Ihre Geschichten zwangen mich dazu, mich mit meiner eigenen Konfliktscheu auseinander zu setzen, insbesondere mit meinem Bedürfnis, ein »gutes Mädchen« zu sein. Ich habe die Hoffnung, dass die Leser und Leserinnen nach der Lektüre dieses Buches den Mut finden, sich mit ihren Ängsten auseinander zu setzen und die Fragen zu stellen, die ihnen auf den Nägeln brennen. Der Weg zu einer neuen zwischenmenschlichen Verbundenheit ist gewiss nicht einfach, aber die Reise lohnt sich.

1
Die verborgene Aggressionskultur bei Mädchen

Die Linden-Schule liegt inmitten ausgedehnter Sportanlagen, die das Schulgelände vor der geschäftigen Stadt in unmittelbarer Nähe gleichsam abschirmen. Am Montagmorgen trudeln die Schüler gemächlich in das Gebäude der höheren Schule ein und erzählen einander von ihrem Wochenende, während andere mit angezogenen Knien auf dem Boden hocken, Ringbuchordner durchblättern und sich schnell noch für eine Prüfung präparieren. In puncto Kleidung findet sich alles vom modischen Outfit bis zu Klamotten, die in diesem Alter vor allem Protest zum Ausdruck bringen. Wenn man sie so beobachtet, vergisst man leicht, dass die Schüler alles andere als oberflächlich sind und an einer der besten Schulen der Region lernen. Und genau das gefällt mir an Linden: Die Schule ist streng, was die schulischen Anforderungen betrifft, aber tolerant im Hinblick auf die Unterschiedlichkeit ihrer Schüler.

Den Tag über beginne ich jedes meiner Treffen mit insgesamt acht Gruppen von Neuntklässlerinnen mit derselben Frage: »Könnt ihr mir sagen, wie Mädchen – im Unterschied zu Jungen – gemein zu anderen sind?«

Ich bekomme jedes Mal die gleichen Antworten zu hören: »Mädchen können ohne den geringsten Grund auf jemanden losgehen«, sagt eine. »Mädchen tuscheln miteinander«, sagt eine andere. »Sie starren dich an.« Als sie sich sicherer fühlen, kommen die Antworten wie aus der Pistole geschossen: »Mädchen sind geheimnistuerisch.«
»Sie zerstören einen von innen her.«
»Mädchen tricksen.«
»Bei Mädchen gibt es eine gewisse Bösartigkeit, die bei Jungs nicht vorkommt.«
»Mädchen greifen einen an, wenn sie wissen, dass man schwächer ist.«
»Mädchen machen vieles hinter dem Rücken der anderen.«
»Mädchen planen und überlegen sich genau, was sie tun.«
»Bei Jungs weiß man, woran man ist.«

»Im Umgang mit Jungs fühle ich mich sehr viel sicherer.« Forsch und sachlich beschreiben sich die Mädchen selbst als treulos, nicht vertrauenswürdig und raffiniert. Sie behaupten, dass Mädchen enge Beziehungen missbrauchen, um andere zu manipulieren und Macht über sie zu gewinnen. Sie sagen, Mädchen seien falsch und benutzten einander, um in der sozialen Hierarchie aufzusteigen. Sie charakterisieren ihresgleichen als nachtragende, hinterhältige Wesen, die einen Moment abpassen, in dem das ahnungslose Opfer unvorbereitet ist, um dann, nach dem Prinzip Auge um Auge, dafür zu sorgen, »dass es ihr genauso ergeht, wie es mir ergangen ist«. Die Mädchen erzählen eher beiläufig von ihren Konflikten, und ihre Geschichten sind nicht selten von Selbsthass geprägt. In beinahe jeder Gruppensitzung, die ich abhalte, rückt ein Mädchen damit heraus, dass sie eigentlich lieber ein Junge wäre, weil Jungen die Möglichkeit haben, »zu kämpfen und damit die Sache aus der Welt zu schaffen«.

Mädchen erzählen über ihre Gefühle von Zorn und Ärger in einem Kulturkreis, der ihr Verhalten nicht als Aggression versteht. Folglich sind ihre Schilderungen voll von Mythen über die Doppelzüngigkeit, die weiblichen Wesen angeblich eigen ist. Die Dichterin und Essayistin Adrienne Rich schreibt: »Wir wurden als von Natur aus launisch, falsch, berechnend und unentschlossen hingestellt.«[2]

Seit Menschengedenken gelten Frauen und Mädchen als eifersüchtig und hinterhältig, und es wird ihnen unterstellt, dass sie zu Verrat, Illoyalität und Heimlichtuerei neigen. Da der nichtkörperlichen Aggression von Mädchen nicht Rechnung getragen wird und es dafür auch keinen Begriff gibt, nennt man sie »gehässig«, »arglistig«, »bösartig« und »gerissen«. Kaum jemals Gegenstand von Untersuchungen oder kritischer Betrachtung, wird dieses Verhalten als natürliche Phase der weiblichen Entwicklung angesehen. Folglich tut man auch in der Schule das weibliche Konfliktverhalten als Übergangsritual ab, als etwas, »was Mädchen eben einfach eigen ist«.

Welche Konsequenzen hätte es, würde man der Aggressivität von Mädchen einen Namen geben? Warum haben wir uns so lange mit Mythen und Stereotypen abgefunden?

Aggression ist ein ausgezeichnetes Barometer unserer gesellschaftlichen Werte. Der Soziologin Anne Campbell zufolge zeigt sich in unserer Einstellung gegenüber der Aggression ein ganz bestimmtes Verständnis der Geschlechterrollen sowie die Erwartung, dass Frauen und Männer geschlechtsspezifische Verantwortung übernehmen.³ Trotz Mädchenpower und trotz Frauenfußball erwartet die westliche Gesellschaft nach wie vor, dass Jungen später einmal die Familie ernähren und beschützen und dass Mädchen den Part der fürsorglichen Mutter übernehmen. Aggression ist das Gütesiegel der Männlichkeit; sie erlaubt es den Männern, sich zu behaupten und den Lebensunterhalt zu sichern. Ob es positiv oder negativ zu werten ist, sei dahingestellt, aber Jungen werden nicht daran gehindert zu raufen. Die Weichen werden früh gestellt: Ob ein Junge geschätzt wird, hängt weitgehend davon ab, ob er bereit ist, auch mal die Fäuste sprechen zu lassen. Anerkennung von Gleichaltrigen erhält ein Junge für seine sportlichen Leistungen und für rebellisches, aggressives, dominantes, cooles und selbstbewusstes Verhalten.

Von Mädchen dagegen wird erwartet, dass sie zu fürsorglichen Müttern heranwachsen – eine Rolle, die in tiefem Widerspruch zur Aggression steht. Nehmen wir das Ideal der »guten Mutter«: Sie schenkt ihrer Familie bedingungslose Liebe und Fürsorge und tut alles, um ihre Lieben gesund zu erhalten, zu umhegen und zu pflegen. Die Töchter wiederum sollen vor allem lieb und brav, fürsorglich, hübsch und zärtlich sein. »Gute Mädchen« haben Freundinnen, und zwar jede Menge. Wie die neunjährige Noura den Psychologinnen Lyn Mikel Brown und Carol Gilligan erklärte, hat das perfekte Mädchen »perfekte Beziehungen«.⁴ Sie »haben nie Streit ... und sie sind immer zusammen ... So was wie nie zu streiten, wie: ›O ja, ich bin ganz deiner Meinung‹.« In deprimierenden Beziehungen, fügte Noura hinzu, »ist jemand eifersüchtig und fängt an, richtig gemein zu werden ... wo zwei, die wirklich gut befreundet sind, sich dann trennen«.

Ein »gutes Mädchen«, schreibt die Journalistin Peggy Orenstein in »Starke Mädchen, brave Mädchen. Was sie in der Schule wirklich lernen«, ist »in erster Linie nett – diese Eigenschaft ist wichtiger als Kraft, Intelligenz, ja sogar Ehrlichkeit«. Sie beschreibt das »perfekte Mädchen« als »das Mädchen, das keine schlechten Gedanken oder Gefühle hat, jemand, mit dem jeder zusammen sein möchte ... das Mädchen, das leise und ruhig spricht, das immer nett und fröhlich ist, nie unangenehm oder beherrschend. Dieses Ideal bringt junge Frauen dazu, lieber zu schweigen, als ihre wahren Gefühle auszusprechen, die sie schließlich als ›dumm‹, ›egoistisch‹, ›ungezogen‹ oder einfach irrelevant ansehen.«[5] Von »guten Mädchen« wird erwartet, dass sie niemals zornig und wütend sind. Aggression gefährdet eine Beziehung, denn wie kann ein aggressives Mädchen gleichzeitig fürsorglich und »nett« sein? Aggression läuft allem zuwider, wozu Mädchen erzogen werden, und stellt die Konzeption vom »guten Mädchen« in Frage. Denn das ist es, was die Gesellschaft ihnen nicht zugesteht: Aggressivität. Die wahre Bedeutung des Wortes »nett« lautet: *Nicht* aggressiv. *Nicht* wütend. *Nicht* kämpferisch.

Untersuchungen bestätigen, dass Eltern und Lehrer körperliche und direkte Aggression bei Mädchen schon zu einem sehr frühen Zeitpunkt missbilligen, während Jungen zu tätlichen Auseinandersetzungen entweder ermutigt oder diese mit einem Achselzucken hingenommen werden.[6] Nach einer Studie der Universität Michigan aus dem Jahr 1999 werden Mädchen dreimal so oft ermahnt, still zu sein, leise zu sprechen oder einen »netteren Ton« anzuschlagen, als Jungen, auch wenn die Jungen sich lauter verhalten haben. Wenn die Kinder in die Schule kommen, verfestigt sich dieses Ungleichgewicht weiter; unter den Altersgenossen bilden sich soziale Gruppen, die bei Mädchen Nettigkeit schätzen und bei Jungen Stärke und Durchsetzungsvermögen.

In unserer Gesellschaft gilt Aggression bei Mädchen als unweiblich; das soll im vierten Kapitel näher ausgeführt werden. »Miststück«, »Lesbe«, »Frigide« und »Mannweib« sind nur einige der wenig schmeichelhaften Attribute, die sich durchsetzungsfähige Mädchen anhören müssen. Jedes dieser Attribute bezieht sich auf die Nichteinhaltung ihrer vorgegebenen fürsorglichen Rolle: Das Miststück mag niemanden, und niemand mag sie; die Lesbierin liebt nicht einen Mann oder Kinder, sondern eine andere Frau; die Frigide ist kalt, unfähig, auf eine sexuelle Annäherung einzugehen; und das Mannweib ist zu hart, um zu lieben oder geliebt zu werden.

Mädchen sind sich derweil sehr wohl darüber im Klaren, dass die Gesellschaft mit zweierlei Maß misst. Sie glauben der Parole nicht mehr, wir lebten im postfeministischen Zeitalter, in dem die Mädchenpower den Sieg davontrage. Für Jungen gelten andere Regeln, und das wissen die Mädchen. Offen zur Schau gestellte Aggression wird von der Gesellschaft abgestraft.

In der Sackler-Ganztagsschule esse ich in der Pause mit Sechstklässlerinnen zu Mittag. Wir sprechen darüber, welches Verhalten die Lehrer von ihnen erwarten. Ashley, die eine Brille mit Metallgestell auf der Stupsnase trägt, macht ein ernstes Gesicht und hebt die Hand. »Sie erwarten von uns, dass wir uns genauso verhalten wie die Mädchen im neunzehnten Jahrhundert!«, sagt sie unwillig. Alle müssen lachen.

»Wie meinst du das?«, frage ich.

»Ja, also, sie sagen, dass man einander respektieren muss und die anderen so behandeln soll, wie man selbst behandelt werden will. Aber im Leben ist es anders. Jeder ist mal gemein, aber das kapieren sie einfach nicht. Sie erwarten, dass man immer unheimlich nett zu allen ist und unheimlich gelassen. Seid immer nett zueinander!«, sagt sie mit sarkastischem Unterton, und ihre Stimme ist plötzlich laut geworden.

»Aber das stimmt doch gar nicht«, sagt Nicole. Es wird still im Raum.

»Noch jemand?«, frage ich.

»Sie erwarten von dir, dass du perfekt bist. Dass du nett bist. Wenn Jungs schlimme Sachen machen, dann weiß jeder, dass sie eben schlimme Sachen machen. Wenn Mädchen so etwas tun, werden sie angebrüllt«, meint Dina.

»Lehrer meinen, dass Mädchen ganz brav sein sollen, dass sie alles miteinander teilen und nicht streiten sollen. Sie halten Streit für schlimmer, als er ist«, fügt Shira hinzu.

»Sie erwarten, dass wir perfekte Engel sind, aber manchmal wollen wir vielleicht gar keine perfekten Engel sein«, bemerkt Laura.

»Die Lehrerin sagt, wenn man etwas Gutes tut, bekommt man auch etwas Gutes zurück, und man denkt dann, ja, so muss ich sein«, schaltet sich Ashley wieder ein. »Ich versuche, nicht gemein zu meiner Schwester oder zu meinen Eltern zu sein, und bin es dann trotzdem, einfach so, automatisch. Ich bin eben kein Engel! Ich versuche es immer wieder, aber dann wache ich am nächsten Tag auf und bin schlecht drauf.«

In Ridgewood denken Sechstklässlerinnen laut darüber nach, was die Lehrer von Mädchen erwarten. Heather hebt die Hand.
»Sie wollen einfach nicht...« Sie spricht nicht weiter, und niemand nimmt den Faden auf.
»Sprich doch weiter«, dränge ich.
»Sie erwarten, dass man genauso nett ist wie sie, das heißt, wie sie angeblich sind, aber...«
»Aber was?«
»Wir sind nicht nett.«
»Ich lauf doch nicht rum und spiel die Brave«, sagt Tammy.
»Was meinst du mit ›die Brave‹?«, frage ich.
»Sie verlangen, dass man so dasitzt«, Tammy schlägt die Beine übereinander und faltet artig die Hände über den Knien. »Die ganze Zeit.«
»Wir sollen nett sein. Und im Unterricht nicht schwätzen«, sagt Torie.
»Fühlt ihr euch denn immer nett?«, frage ich.
»*Nein!*«, rufen mehrere Mädchen gleichzeitig.
»Was passiert denn dann?«
»Es ist einfach so, als würde deine dunkle Seite die Herrschaft über deinen Körper gewinnen«, sagt Tammy. »Du willst gleichzeitig nett und böse sein, und die böse Seite setzt sich durch. Du denkst« – sie schneidet eine Grimasse und zeigt die Zähne – »*Ich muss nett sein.*«
»Und dabei möchtest du ihnen am liebsten sagen: Haltet die Schnauze! Du hättest Lust, sie wegzuschubsen und zu Boden zu werfen!«, sagt Brittney. »Im vergangenen Jahr hatte ich ungefähr fünfhundert Mal Lust, das mit diesem Mädchen zu machen. Und wenn ich sie nicht geschubst habe, bin ich einfach weggegangen und habe versucht, ruhig zu bleiben.«

Auch wenn sie es noch so sehr versuchen, sind die meisten Mädchen nicht in der Lage, die natürlichen Gefühle von Hass und Wut zu unterdrücken, die jeder Mensch kennt. Die Aggressionsforschung hing jedoch seit ihren Anfängen dem Mythos vom »guten«, nichtaggressiven Mädchen an: Die ersten Experimente zum Thema Aggression wurden praktisch ohne weibliche Probanden durchgeführt. Die Forscher nahmen an, Aggression werde nur auf die eine Weise ausgedrückt, wie Männer sie ausleben, nämlich direkt und offen. Wurden andere Formen von Aggression beobachtet, so wurden sie als abnorm abgetan oder gänzlich ignoriert. Die Mängel dieser frühen Untersuchungen setzten sich in späteren Studien fort. Die meisten Psychologen richteten ihr Augenmerk einzig und allein auf die direkte Aggression, also tätliche Angriffe, Drohungen oder Sticheleien. Auch waren die Untersuchungssituationen so gewählt, dass sich indirekte Ausdrucksformen kaum beobachten ließen. Durch die Brille der Wissenschaftler betrachtet wirkte das soziale Leben von Mädchen ruhig und friedlich wie ein See. Erst 1992 begann man zu fragen, was sich unter der Oberfläche regte.

In jenem Jahr veröffentlichte eine Gruppe norwegischer Forscher eine völlig neuartige Studie. Sie hatten entdeckt, dass Mädchen keineswegs immun gegen Aggressionen sind, dass sie negativen Gefühlen aber auf unkonventionelle Weise Luft machen. »Wenn Aggression aus dem einen oder anderen Grund weder physisch noch verbal gegen jemanden gerichtet werden kann, muss die Angreiferin andere Ausdrucksformen finden«, konstatierten die Wissenschaftler und entwickelten folgende Theorie: Dass Mädchen sich auf andere, nichtphysische Formen der Aggression konzentrieren, ist gesellschaftlichen Regeln geschuldet, die ihnen offene Aggression untersagen. In ungewöhnlich deutlichen Worten charakterisierten die Forscher zum Schluss die soziale Interaktion der angeblich so netten Mädchen als »unbarmherzig«, »aggressiv« und »grausam«.[7]

Inzwischen hat eine kleine Gruppe von Psychologen an der Universität von Minnesota auf der Basis dieser Ergebnisse drei Unterkategorien aggressiven Verhaltens identifiziert: relationale Aggression, indirekte Aggression und soziale Aggression. Als *relationale Aggression* werden Handlungen bezeichnet, die »anderen schaden, indem sie Beziehungen zerstören (oder zu zerstören drohen), und die das Gefühl des Akzeptiertseins, der Freundschaft und der Gruppenzugehörigkeit beschädigen (oder zu beschädigen drohen)«.[8] Relationale Aggression äußert sich zum Beispiel, indem man jemanden ignoriert – sei es, um ihn zu bestrafen oder um den eigenen Willen durchzusetzen; indem man jemanden aus Rache ausgrenzt; indem man sich einer negativen Körpersprache oder Mimik bedient, die Beziehungen des anderen zu zerstören trachtet oder droht, eine Beziehung zu beenden, wenn die Freundin nicht tut, was man will. In diesen Fällen benutzt die Täterin ihre Beziehung zum Opfer als Waffe. Eng verwandt mit der relationalen Aggression sind die indirekte Aggression und die soziale Aggression. Die *indirekte Aggression* erlaubt es der Täterin, die Konfrontation mit ihrem Opfer zu vermeiden. Es handelt sich um ein verdecktes Verhalten, bei dem die Täterin den Anschein erweckt, sie habe gar nicht die Absicht gehabt, der anderen wehzutun. Eine Möglichkeit, dem Opfer Schmerz zuzufügen, besteht darin, Dritte zu benutzen, zum Beispiel durch die Verbreitung eines Gerüchts. Die *soziale Aggression* zielt darauf ab, das Selbstwertgefühl des Opfers oder seinen sozialen Status in einer Gruppe zu schädigen. Sie kann gleichzeitig auch Merkmale der indirekten Aggression tragen, zum Beispiel das Verbreiten von Gerüchten oder die Ausgrenzung des Opfers. Im vorliegenden Buch nenne ich alle diese Verhaltensweisen *verdeckte Aggression*. Wie die Fallbeispiele zeigen, treten verdeckte Aggressionsformen häufig gekoppelt mit direkteren Ausdrucksformen auf.

Unterhalb der Radarschwelle

In Margaret Atwoods Roman »Katzenauge« sitzt die junge Protagonistin Elaine vor Angst erstarrt auf einem Fensterbrett; ihre besten Freundinnen haben sie gezwungen, dort schweigend auszuharren und zu warten, bis sie erfährt, was sie falsch gemacht hat. Elaines Vater betritt das Zimmer und fragt, ob sie Spaß an der Parade haben, die sie sich ansehen.

»Cordelia rutscht von ihrem Fensterbrett und steigt auf meins, setzt sich dicht neben mich.

›Es macht ganz toll Spaß, vielen Dank‹, sagt sie mit der Stimme, die sie für Erwachsene parat hat. Meine Eltern finden, dass sie wunderbare Manieren hat. Sie legt einen Arm um mich, drückt mich ein wenig, komplizenhaft, belehrend. Alles ist in Ordnung, solange ich still sitze, nichts sage, nichts aufdecke ... Aber sobald mein Vater das Zimmer wieder verlassen hat, sieht mich Cordelia an ... ›Du weißt doch, was das bedeutet, nicht wahr? Du musst leider bestraft werden.‹«

Wie viele andere Aggressorinnen auch versteckt Cordelia ihre Gefühle hinter der Fassade des braven Mädchens. Auf Erwachsene nett zu wirken kostet sie ebenso viel Mühe, wie sie aufwendet, um Elaines Selbstwertgefühl langsam zu vergiften.

In einem sozialen Umfeld, das Mädchen das offene Austragen von Konflikten verbietet, ist Cordelias Taktik absolut üblich. Ganze Mobbingfeldzüge werden vollkommen lautlos geführt. Astrid erinnert sich an die wortlose, zähe Beharrlichkeit ihrer Freundinnen. »Es war ein Krieg, der mit schriftlichen Botschaften ausgetragen wurde«, berichtet sie. »Wenn ich nicht las, was sie mir schrieben, kritzelten sie auf meine Wörterbücher oder auf den Nebentisch. Überall ließen sie Zettel liegen, sie setzten meinen Namen auf die Liste der Leute, die zum Direktor geschickt werden sollten.« Diese Akte der Aggression waren so angelegt, dass sie selbst wachsamen Augen entgingen.

Meist funktioniert diese Strategie. Paula Johnston hatte verlangt, dass ihre Tochter Susie von einem anderen Mädchen getrennt wurde, das ihr still und heimlich das Leben zur Hölle machte, und war bestürzt über die Ahnungslosigkeit der Lehrerin. »Sie sagte: ›Aber sie kommen doch glänzend miteinander aus!‹« Paula schnaubt vor Wut. »Ich bat sie, Susie woanders hinzusetzen, und sie setzte ein Mädchen hinter ihr und eines vor ihr um! Sie sagte: ›Alles ist bestens; Susie ist entzückend!‹, während sich Susie in der Bibliothek verkroch.«

Eine Sechstklässlerin aus der Sackler-Schule erzählt von ihrem Versuch, ein gemeines Mädchen der Lehrerin zu melden. »Die Lehrerin sagte: ›Du liebe Güte! Ihr beide streitet? Das kann doch gar nicht sein!‹« In jeder Schule, die ich besuchte, hörte ich Geschichten über Lehrer, die von den Gemeinheiten eines Mädchens erfuhren und darauf nur sagten: »Streiten? Das würde sie niemals tun!«, »Ich bin überzeugt, dass das nicht stimmt!«, oder: »Aber sie sind doch beste Freundinnen!«.

Beim Mobbing geht es nicht nur darum, sich nicht erwischen zu lassen. Genauso wichtig ist es, den Anschein zu erwecken, man könne sowieso keiner Fliege etwas zu Leide tun. Das Bild vom liebreizenden Mädchen ist tief verwurzelt, und das wissen die Mädchen. Sie nutzen es aus, um Lehrer und Eltern auszutricksen. Für Mädchen ist die Geheimhaltung der »Untergrund«[9], der Ort, an dem, wie Brown und Gilligan berichten, die Mädchen ihre wahren Gefühle verstecken – und kein Reich des Unbewussten. In dem Film »Eiskalte Engel« verpackt Kathryn ihre Aggression in zuckersüße Freundlichkeit. Sie will sich nicht zu weit vorwagen mit ihren Unverschämtheiten, weil sie Angst hat, es könnte auf sie zurückfallen. »Alle Welt liebt mich, und ich gedenke, es dabei zu belassen«, argumentiert sie. Später, als sie heimlich Kokain aus einem Kreuz schnupft, das sie um den Hals trägt, stöhnt Kathryn: »Denkst du, mir gefällt es, tagaus, tagein das ewige Sonnenscheinchen spielen zu müssen, um als Dame anerkannt zu werden? Ich bin der Inbegriff eines Stiefkindes der Upper East Side, und manchmal hätte ich Lust, mich umbringen.«

Bei Gruppengesprächen erzählen die Mädchen offen über ihre absichtlich verheimlichten Aggressionen. In Ridgewood legen die Neuntklässlerinnen mit größtem Vergnügen ihre Taktik offen, während sich die im Halbkreis sitzenden Zuhörerinnen gespannt über ihre Tische nach vorn lehnen und eifrig Zustimmung signalisieren:
»Ja, genau!«
»Stimmt vollkommen!«
Man geht den Flur entlang und rempelt ein Mädchen an – die Lehrerin denkt, man ist zerstreut! Man stößt die Bücher vom Tisch eines Mädchens – die Lehrerin denkt, sie sind heruntergefallen! Man schreibt einen anonymen Brief! Man zeichnet ein fieses Bild! Man rollt die Augen! Man ändert den Benutzernamen bei der E-Mail! Man spannt ihr den Freund aus! Setzt ein Gerücht in die Welt! Erzählt der Lehrerin, sie hätte abgeschrieben!
»Du trittst ihr auf den Fuß. Hoppla!«, Jenny piepst mit Kleinmädchenstimme, »tschuldigung!«
»Du gehst an jemandem vorbei und versuchst sie anzurempeln. Du sagst: ›*Entschuldige du dich!*‹« Die Mädchen lachen, weil sie sich wiedererkennen.
»Die Lehrerin sagt, sie hat es nicht so gemeint, es war ein Versehen«, erklärt Melanie, »aber die Mädchen wissen ganz genau, was es bedeutet, weil es so oft vorkommt.«
»Mädchen sind sehr hinterlistig«, sagt Keisha, »sehr.«

»Wir – sind – hinterlistig!«, wiederholt Lacey und betont dabei jedes einzelne Wort.

Am nächsten Tag treffen sich die Sechstklässlerinnen aus Ridgewood. Auf ihnen lastet das Bild vom netten Mädchen noch schwer, und sie legen weniger überschäumende Energie und Sarkasmus an den Tag als die Neuntklässlerinnen. Sie sprechen nur zögernd und stockend. Amy nimmt ihren Mut zusammen: »Die Lehrer sagen gar nichts. Sie erwarten so etwas nicht. Sie glauben nicht, dass wir etwas anstellen, aber...« Sie verstummt.

»Aber was?«, frage ich. Allmählich gewöhne ich mich daran, dass Sätze nicht zu Ende gesprochen werden.

Sie schweigt.

»Die Lehrer glauben, dass Mädchen sich besser benehmen«, erklärt Elizabeth.

»Hat das etwas damit zu tun, dass man versucht, sich nicht erwischen zu lassen?«, frage ich.

»Manche beschimpfen einander und solche Sachen, und die Lehrer wollen es nicht glauben. Wenn eine sagt, die und die hat mir das und das angetan, sagen die Lehrer oft: ›Nein, hat sie nicht‹. Manche Lehrer haben Lieblingsschülerinnen, und wenn man sagt: ›Sie hat mich beschimpft‹, sagt der Lehrer: ›Nein, das würde sie niemals tun.‹«

»Manche Mädchen«, meint Leigh, »sind total brav, wenn Lehrer in der Nähe sind, und wenn sie dann etwas Böses tun, glauben es die Lehrer nicht, weil sie nie beobachtet haben, wie gemein diese Mädchen sein können.«

»Jungs macht es nichts aus, erwischt zu werden. Sie glauben, alle Jungs sind böse, und machen sich keine Gedanken. Es stört sie nicht, erwischt zu werden, aber Mädchen wollen nicht, dass jemand weiß, was los ist«, sagt Maura. »Mädchen machen sich Sorgen darüber, wie sie dann dastehen. Sie haben nicht so starke Nerven wie Jungs.« Alle kichern.

Tina hebt die Hand. »Ein Mädchen in meiner Klasse gibt immer Zettel weiter und wird nie erwischt. Wenn Lehrer dabei sind, ist sie immer ganz lieb und nett.«

»Jeder schreibt Zettel«, fügt Sarah Beth hinzu. »Die Lehrer sind so dumm. Sie bekommen es einfach nicht mit. Dabei sieht es doch jeder. Es ist ganz einfach.«

»Wenn Mädchen während des Unterrichts ständig Zettel herumschicken, merkt die Lehrerin es vielleicht sogar. Aber sie will sie nicht in Schwierigkeiten bringen, weil diese Mädchen zu ihren besten Schülerinnen gehören. Denn die Mädchen sind meistens besser in der Schule als die Jungs«, erklärt Kim.

Torie setzt sich auf ihre Stuhllehne und stützt die Ellbogen auf die Knie. »Wenn Mädchen tuscheln, finden die Lehrer das nicht so schlimm, weil sie niemandem körperlich wehtun. Wenn sie handgreiflich werden, werden sie zum Direktor geschickt. Die Lehrer glauben, das andere tut nicht weh«, sagt sie und wirft einen vorsichtigen Blick in die Runde, »aber das tut es doch.«

Ich muss plötzlich an Horrorfilme denken, in denen nur Kinder das Gespenst sehen können. Die Erwachsenen gehen durch dieselben Zimmer und erleben dieselben Situationen, aber sie sind unfähig, wahrzunehmen, was um sie herum vorgeht. Ebenso verhält es sich in einem Klassenzimmer voller Mädchen, die verdeckt aggressiv sind: Die Opfer sind allein mit ihrer Verzweiflung, auch wenn wenige Schritte entfernt eine Lehrkraft steht.

Die sechste Stunde näherte sich dem Ende. Mit jedem Ticken der Wanduhr krampfte sich Jennys Magen weiter zusammen. Sie sprang niemals auf, wenn die Glocke ertönte. Obwohl sie stolz auf ihre guten Noten war, ließ Jennys Aufmerksamkeit fünf Minuten vor Ende der Stunde nach. Um 13 Uhr 58 begann ihr Herz zu rasen, und um 13 Uhr 59 bekam sie keine Luft mehr.

Zwischen den Strähnen ihres glatten braunen Haares hindurch sah sie zu, wie die übrigen Sechstklässler aufstanden. Wie üblich bemühte sie sich, langsam und beschäftigt zu wirken. Geräuschvoll schob sie ihre Stifte in die Metallschublade ihres Tisches, um Zeit zu gewinnen. Gleich würde sie gehen können.

Seit Jenny zwei Monate zuvor aus San Diego zugezogen war, hatte die tonangebende Clique an der Mason-Mittelschule zwei Entscheidungen getroffen: erstens, dass Jenny die Vorrangstellung der Clique massiv bedrohte, und zweitens, dass sie ihr das Leben zur Hölle machen wollten.

Vier Tage nach Beendigung ihres sechsten Schuljahres war sie nur ungern mit ihrer Familie nach Wyoming in den kleinen Ort auf dem

Lande gezogen. In San Diego hatte Jenny eine große Schule in der Stadt besucht, und die meisten ihrer Freundinnen waren mexikanischer Herkunft gewesen. Sie spricht fließend Spanisch und liebt die Wärme und Herzlichkeit der mexikanischen Kultur. Es hatte ihr nie etwas ausgemacht, eine der wenigen weißen Schülerinnen dort zu sein.

Zu sagen, dass in Mason alles anders war, ist eine Untertreibung. Die Stadt hat achthundert Einwohner, ausschließlich Weiße. Jeder weiß über jeden Bescheid, und Außenseiter sind unerwünscht. Darum war es Brianna und Mackenzie auch egal, dass Jennys Familie väterlicher- wie mütterlicherseits aus Mason stammt. Obwohl Jenny jeden Sommer mit ihrem Großvater, einem Ratsherrn der Stadt, auf dem Traktor über die Felder der Familie gefahren war, hätte sie ebenso gut auf einem Raumschiff zur Welt gekommen sein können.

Brianna und Mackenzie waren die Bienenköniginnen, und sie regierten die siebte Klasse. Brianna war die Hübscheste und Mackenzie die Beste im Sport. Ihre Lieblingsbeschäftigung bestand darin, den Jungs nachzusteigen. Jenny war nicht hinter Jungs her, aber sie verbrachte gern ihre Zeit mit ihnen. Am liebsten spielte sie nach der Schule mit ihnen Baseball und Fußball. Sie trug lieber Jeans und T-Shirts statt Make-up und Miniröcke.

Kaum hatte sie sich vorgestellt, als ihr Brianna und Mackenzie auch schon einen Schimpfnamen verpassten. Sie nannten sie »Harriet, die haarige Hure«. Jedem erzählten sie, dass sich Jenny in dem Wäldchen hinter dem Fußballfeld mit den Jungs herumtrieb. Jenny wusste, dass einem – egal, wo man lebte – nichts Schlimmeres passieren konnte, als eine Nutte genannt zu werden. Und dabei wurde zu der Zeit noch nicht einmal geknutscht. Es war das Letzte vom Letzten.

Brianna und Mackenzie riefen einen Club ins Leben, den sie »Hasst Harriet die Hure Inc.« nannten. Sie brachten alle Mädchen dazu beizutreten, außer zweien, denen das Ganze egal war. Alle Mitglieder des Clubs mussten auf dem Flur an Jenny vorbeigehen und sagen: »Hhiiii ...« Sie gaben einen langen, seufzenden Laut von sich, damit Jenny auch ganz bestimmt merkte, dass es die Initialen des Clubs waren: HHHI. Gewöhnlich sagten zwei oder mehr Mädchen es gleichzeitig, schauten sich dann an und prusteten los. Manchmal brachten sie gar nicht alles heraus, weil sie vorher schon so lachen mussten.

Dann kam Brianna auf die Idee, Jenny anzurempeln, wenn sie den Flur entlangging. Die übrigen Mädchen folgten ihrem Beispiel. Wo auch immer sich Jenny zwischen den Unterrichtsstunden aufhielt, kam ein Mädchen vorbei, um sie zu schubsen, sodass ihre Bücher herunterfielen und manchmal auch Jenny selbst zu Boden gestoßen wurde. Wenn jemand es gesehen hatte, tat man so, als sei es ein Versehen gewesen. Obwohl Jenny klein für ihr Alter war, beschloss sie, den anderen zuvorzukommen und sie ihrerseits anzurempeln. Sie nahm an, dass sie dann aufhören würden, aber das taten sie nicht. Am Ende hatte sie überall blaue Flecken, ihr fehlten Arbeitsblätter, und sie entwickelte eine geradezu unheimliche Fähigkeit, exakt vorauszusagen, wann die Glocke ertönen würde.

In den ersten paar Tagen versuchte sie es zu ignorieren, aber gegen Ende der Woche hatten Unsicherheit und Furcht von ihr Besitz ergriffen. Was hatte sie bloß getan? Es schien, als hätten sich Mackenzie und Brianna zum Lebensziel gesetzt, sie zu vernichten. Nie zuvor war ihr etwas Ähnliches passiert. In San Diego hatte sie drei enge Freundinnen gehabt. Sie war immer in allen Fächern gut gewesen, aber nicht, weil ihr das Lernen leicht fiel, sondern weil sie in allem, was sie tat, erfolgreich sein wollte. Sie hörte ihren Vater sagen: »Wenn du dich genug anstrengst, kannst du alles schaffen.« Das hier war ihr erster Misserfolg.

Sie hatte selbst Schuld.

Zwar hatte sie noch nie etwas mit einem Jungen gehabt, aber vielleicht stimmte ja tatsächlich etwas nicht mit ihr. In der siebten Klasse gab es noch zwei Neue, und die hatten überhaupt keine Probleme. Sie bemühten sich sehr, sich einzugliedern, und es gelang ihnen auch. Sie kauften die gleichen Klamotten und hörten die gleiche Musik wie alle anderen.

Diese Mädchen ließen Mackenzie, Brianna und die anderen darüber bestimmen, wer sie waren. Das wollte Jenny um keinen Preis. Sie wollte selbst entscheiden, was sie tat oder nicht tat. Sie liebte ihre kalifornischen Kleider und ihre bestickten mexikanischen Blusen. Vielleicht war sie nicht bereit, sich so sehr anzustrengen, wie man sich in der siebten Klasse anstrengen muss. Ihr Vater hatte Recht.

Als Jenny begriffen hatte, dass ihre Qualen kein Ende haben würden, begann sie, sich in ihr Zimmer zu verkriechen. Sie hielt durch, bis sie ihre Hausaufgaben erledigt hatte, doch dann weinte sie und erstickte die Schluchzer in ihrem Kissen. Sie konnte sich ihrer Mutter einfach nicht anvertrauen, und ihrem Vater erst recht nicht. Ihr wurde schon schlecht, wenn sie nur daran dachte, ihren Eltern zu beichten, dass sie derartig abgelehnt wurde.

Jeder Tag war ein Kampf. Sie war erschöpft, weil sie sich bemühte, nicht zu weinen, weil sie sich verkrampfte, um den Angriffen auf dem Flur standzuhalten, weil sie jeden Mittag allein dasaß. Es gab niemanden in der Klasse, mit dem sie sich anfreunden konnte, weil alle gegen sie waren. Nur ihre Cousine, die eine Klasse über ihr war, hatte Mitleid mit ihr, und so durfte sich Jenny manchmal deren Clique anschließen. Es tröstete sie ein wenig, dass diese Mädchen die Beliebtesten der achten Klasse waren. Allerdings schien diese Tatsache Brianna und Mackenzie noch wütender zu machen.

Eines Abends siegte Jennys Verzweiflung über die Angst. Sie griff zum Telefonhörer, rief Brianna, Mackenzie und ein paar andere Mädchen an und fragte jede Einzelne: »Warum hasst ihr mich?« Sie leugneten alles. »Aber warum macht ihr dann das mit dem Hasst-Harriet-die-Hure-Club?«, flehte sie.

Unbeschwerte, zuckersüße Stimmen antworteten: »Wir haben keinen Hasst-Harriet-die-Hure-Club«, versicherte ihr jede Einzelne, als würde sie ihr erklären, dass die Erde eine Kugel ist. Sie waren so nett zu Jenny, dass sie einen Augenblick daran zweifelte, ob das wirklich die Mädchen aus ihrer Klasse waren. Dann spürte sie, wie ihr Herz leichter wurde, und am nächsten Morgen konnte sie es kaum erwarten, aus dem Bett zu springen. Jetzt würde alles anders sein.

Dann betrat sie die Schule.

»Hhhiiii!« *Peng!*

Jenny blinzelte, um die Tränen zurückzudrängen, und biss die Zähne zusammen. Sie hasste sich selbst, weil sie nicht darauf vorbereitet gewesen war. Sie hätte es wissen müssen. Das Seltsame war, dass es ihr diesmal, obwohl sie es doch gewohnt war, fast das Herz brach. Brianna und Mackenzie hatten sich am Telefon so ehrlich angehört. Und Jenny, die blöde, blöde Jenny, sagte sie zu sich, hatte sich bereits mit ihnen am Mittagstisch ganz hinten in der Cafeteria sitzen sehen.

Eines Tages, Monate später, durchsuchte Jenny die Tische, nachdem sie gesehen hatte, wie im Klassenzimmer ein Blatt weitergegeben wurde, und fand die Unterschriftensammlung. »Ich, Mackenzie T., schwöre, Harriet die Hure auf immer und ewig zu hassen«, stand da. Jedes einzelne Mädchen aus der Klasse hatte unterschrieben, und auf einer langen Liste waren all die Gründe aufgeführt, warum sie hassenswert war. Jenny starrte das Blatt an, bis die Buchstaben vor ihren Augen verschwammen. Ihr war plötzlich schwindlig. Sie konnte es nicht mehr ertragen, ihre Welt brach zusammen. Sie ging zum Direktor.

Mr. Williams bestellte Brianna, Mackenzie und einige andere Mädchen in sein Büro. Daraufhin starrte man sie wochenlang wütend an, sagte aber nichts mehr. HHHI war offiziell aufgelöst.

Jenny kämpfte sich allein durch die siebte Klasse. Da die Gemeinheiten ihrer Mitschülerinnen so gut getarnt gewesen waren, hatte kein Lehrer davon Notiz genommen oder war für das Mädchen eingetreten. Da sie ein Neuling war, fiel es den Lehrern schwer, Veränderungen in ihrem Verhalten oder in ihrem Charakter zu bemerken. Ihre Eltern wussten zwar, dass etwas nicht stimmte, aber wenn sie gefragt hätten, wie es ihr ginge, so erzählt mir Jenny, »hätte ich ihnen gesagt: ›Gut‹«.

HHHI lebte nicht wieder auf, und so konnte sich Jenny in den folgenden Jahren gut eingewöhnen. Sie wurde Mannschaftskapitän der Softball-Mannschaft und Vorsitzende des Freizeitclubs der Schule, aber der Schmerz blieb, und insgeheim wartete sie geduldig auf eine Gelegenheit, Rache zu nehmen.

Brianna, ihre schlimmste Peinigerin, ging seit der fünften Klasse mit dem beliebtesten Jungen an der Cheyenne Highschool. So lief das eben, sagt Jenny. »Normalerweise entschied man sich mit zehn, elf Jahren für einen Jungen, und mit dem ging man dann, bis man Wyoming verließ.« Eric war Kapitän der Basketballmannschaft und war auch in allen anderen wichtigen Bereichen seiner Schule ein Anführer. Brianna hatte mit ihm ihre Unschuld verloren und wollte ihn heiraten.

Ihre Chance bekam Jenny im Herbst ihres ersten Jahres an der Highschool, als sie gebeten wurde, die Organisaton für das Jungen-Basketballteam zu übernehmen. Sie freundete sich schnell mit Eric an. »Ich setzte mir zum Ziel, ihn ihr auszuspannen, und das gelang mir auch«, sagt Jenny. »Es hatte absolut nichts mit ihm zu tun. Es ging mir einfach nur darum, ihr etwas wegzunehmen, was ihr wichtig war.«

Jenny und Eric trafen sich einen Monat lang heimlich, bis Jenny ihn dazu brachte, Brianna von ihrem Schlafzimmer aus anzurufen und mit ihr Schluss zu machen. Ich frage Jenny, wie sie sich dabei gefühlt hat.

»Ich hatte das Gefühl, einen Sieg errungen zu haben. Ich wollte es ihr unter die Nase reiben. Ich fühlte mich blendend dabei, es ihr heimzahlen zu können«, sagt sie. »Ich weiß, dass das rachsüchtig und traurig ist, aber ich hasse dieses Mädchen bis zum heutigen Tag, und ich wollte ihr wehtun.« Heute ist Jenny zweiunddreißig, und sie empfindet weder Scham noch Gewissensbisse, sondern nur Groll, der seit über zwanzig Jahren in ihr schwelt.

Beziehung und Verlust

Auf den ersten Blick mögen die Geschichten von Mädchen, denen es verwehrt wird, mit den anderen am Mittagstisch zu sitzen, eine Party zu besuchen, ihren Schlafsack in die Mitte zu legen oder sich in einen Kreis kichernder Mädchen einzureihen, kindisch wirken. Aber wie Carol Gilligan gezeigt hat, spielen Beziehungen in der sozialen Entwicklung von Mädchen eine außergewöhnlich wichtige Rolle. Bei ihrer Arbeit mit Kindern und Jugendlichen hat sie herausgefunden, dass Mädchen sich besonders vor Isolation fürchten und insbesondere Angst haben, verlassen zu werden, weil sie anders sind. Jungen hingegen fürchten eher, in eine Falle zu geraten oder zu ersticken. Gilligan zufolge zeigt dieser Unterschied, dass in der weiblichen Entwicklung »menschliche Bindungen einen anderen Stellenwert haben; wichtig sind Kontinuität und Veränderung, und Abbruch einer Beziehung und Trennung werden gefürchtet. Die Wichtigkeit von Beziehungen und Bindungen im weiblichen Leben bedeutet auch, dass Verlust anders erlebt wird und eine andere Reaktion nach sich zieht.«[10]

Um die Konflikte von Mädchen zu verstehen, muss man auch über die Intensität ihrer Gefühle zu anderen Bescheid wissen, denn emotionale Nähe und Hass sind oft untrennbar miteinander verbunden. Lange bevor sie Jungen lieben, lieben Mädchen ihresgleichen, und zwar mit großer Leidenschaft.

Mädchen dürfen ihre Zuneigung ungehindert zeigen. Während Jungen dazu ermutigt werden, sich von ihren Müttern zu lösen und eine männliche Haltung emotionaler Zurückhaltung einzunehmen, drängt man die Mädchen, sich mit der Fürsorglichkeit der Mutterrolle zu identifizieren. Mädchen verbringen ihre Kindheit damit, einzuüben, was es heißt, füreinander zu sorgen, einander zu hegen und zu pflegen, und entdecken im Umgang mit ihren besten Freundinnen erstmals das Glück der zwischenmenschlichen Nähe und des Verbundenseins.

Allerdings hat unsere Gesellschaft die außerordentliche Intimität von Mädchenfreundschaften bisher ignoriert. Die Ansicht, Mädchen sollten sich ihre wahren Gefühle für Jungen aufsparen und ihre Fürsorglichkeit auf Ehemann und Kinder konzentrieren, ist weit verbreitet. Alles, was sich vor dieser Lebensphase abspielt, gilt nur als Übung oder wird gar als bedeutungslos abgetan.[11]

In Wirklichkeit sind jedoch die besondere Beziehungskompetenz, die Mädchen besitzen, und die Leidenschaft, mit der sie ihre besten Freundinnen überschütten, auch charakteristisch für ihre Aggressionen. Die schmerzlichsten Angriffe werden oft aus dem Inneren einer engen Freundschaft heraus geführt, und Geheimnisse und Schwächen, die die andere kennt, dienen als Zündstoff.

Außerdem ist die Beziehung selbst häufig die Waffe, mit der die Mädchen ihre Kämpfe austragen. Da sie dazu erzogen werden, keine Aggressivität zu zeigen und nette Mädchen mit »perfekten Beziehungen« zu sein, sind viele Mädchen nicht darauf vorbereitet, Konflikte zu bewältigen. Infolgedessen kann schon eine geringfügige Meinungsverschiedenheit die ganze Beziehung in Frage stellen.

Worauf will ich hinaus? Im Normalfall benutzen zwei Menschen Worte, ihre Stimme oder die Fäuste, um einen Konflikt auszutragen. In erster Linie geht es um den Streitpunkt, der verhandelt wird, nicht um die Beziehung zwischen ihnen. Wenn jedoch negative Gefühle nicht zum Ausdruck gebracht werden können und die Fähigkeit fehlt, mit einem Konflikt umzugehen, kann das eigentliche Problem gar nicht verhandelt werden. Wenn keines der Mädchen »nicht nett« sein will, wird die Beziehung selbst zum Problem. Und wenn keine anderen Instrumente zur Verfügung stehen, die in einem Konflikt eingesetzt werden können, wird die Beziehung selbst zur Waffe.

Da von guten, »perfekten« Mädchen erwartet wird, dass sie Freundinnen haben, kann der Verlust einer Beziehung und die drohende Einsamkeit zur schärfsten Waffe werden, die die verborgene Kultur der Aggression bei Mädchen kennt.

Bei ihren Interviews mit Erwachsenen stellte die Soziologin Anne Campbell fest, dass Männer Aggression als Mittel betrachten, um sich zu behaupten und durchzusetzen, während Frauen davon ausgehen, dass Aggressivität ihre Beziehungen zerstört.[12] Ich selbst bin bei meinen Gesprächen mit Mädchen auf ähnliche Einstellungen gestoßen. Aus Furcht, dass selbst alltägliche Konflikte – ganz zu schweigen von schlimmen Aggressionsausbrüchen – den Verlust der Menschen zur Folge haben würden, an denen sie am meisten hängen, weigern sie sich, auch banalste Konflikte auszutragen. Die Gleichung ist einfach: Konflikt = Verlust. In zwanzig Variationen hörte ich die Bemerkung: »Ich kann ihr nicht sagen, was ich fühle, sonst würde sie nicht mehr meine Freundin sein wollen.« Die logische Folge: »Ich will niemanden direkt verletzen, weil ich mit allen gut Freund sein will.«

Die Angst vor der Einsamkeit ist grenzenlos. Folgerichtig erinnern sich die Opfer, mit denen ich gesprochen habe, vor allem daran, wie einsam sie waren. Trotz all der Grausamkeiten, die sie zu erwarten hatten – haufenweise gemeine E-Mails und anonyme Briefe, tuschelnd in die Welt gesetzte Gerüchte, auf Tische, Wände und Schränke gekritzelte Schmähsprüche, höhnische Grimassen und Schimpfnamen –, war das, was die Mädchen wirklich zermürbte, das Alleinsein. Es ist, als hätte die Abwesenheit von Freundinnen, denen man nah sein, mit denen man tuscheln und denen man sich anvertrauen kann, in diesen Mädchen eine unsagbar tiefe Traurigkeit und Furcht ausgelöst.

Manche Mädchen fürchten das Alleinsein so sehr, dass sie sogar an Freundschaften festhalten, in denen sie missbraucht werden. »Man will doch in der Pause nicht allein herumstehen«, erklärt eine Sechstklässlerin, als ich frage, warum sie zu einer gehässigen Freundin nicht auf Abstand geht. »Wem soll ich denn dann meine Geheimnisse erzählen? Wem soll ich dann helfen und so?« Eine Achtklässlerin erzählt tief berührt von einem Dokumentarfilm, den sie im Fernsehen gesehen hat: »Wenn ein Löwenweibchen allein ist, stirbt es. Es braucht die Gruppe.«

Auch für ältere Mädchen verliert die Aussicht, als Einzelgängerin zu gelten, nicht ihren Schrecken. Sie wissen, dass »perfekte Mädchen« auch »perfekte Beziehungen« haben. »Durch einen Flur zu gehen und zu spüren, wie alle Augen auf dir ruhen, das ist das Schlimmste«, sagt mir eine Neuntklässlerin aus Linden. »Menschen, die allein sind, erwecken Mitleid, und niemand will bemitleidet werden. Sie sind einsam. Mit ihnen stimmt etwas nicht.« Weil die Mädchen Angst haben, Außenseiterinnen zu werden, klammern sie sich an ihre Freundinnen, als seien sie Rettungsboote auf der stürmischen See des Schulalltags.

Jedes Kind, ob Junge oder Mädchen, sehnt sich danach, angenommen und geliebt zu werden. Auch die meisten Jungen wollen nicht allein sein und leiden darunter, wenn sie keine Freunde haben. Aber für heranwachsende Mädchen wird Freundschaft so wichtig wie die Luft zum Atmen, und sie beschreiben das Alleinsein in dramatischen Worten. »Ich war so deprimiert«, erklärt Sarah. »Ich saß in einer Klasse ganz ohne Freundinnen. Alles, was mir etwas bedeutet hatte, löste sich in nichts auf.« Eine Fünftklässlerin sagt über ihre Einsamkeit: »Es war, als würde mir das Herz brechen.«

Es ist nur eine Phase

Als ihre Freundinnen plötzlich nicht mehr mit der dreizehnjährigen Sherry sprachen, nahm ihr Vater, der sich um seine verzweifelte Tochter sorgte, Kontakt zur Mutter einer dieser Freundinnen auf, um herauszufinden, was geschehen war. Sie war alles andere als bestürzt. »Mädchen sind eben Mädchen«, sagte sie. Dieses Verhalten sei für

Mädchen typisch, da brauche man sich keine Sorgen zu machen, es sei nur eine Phase, die vorübergehen werde. »Sie machen aus einer Mücke einen Elefanten«, hielt sie ihm vor. »Worüber regen Sie sich denn so auf?«

Diese Worte spiegeln die weit verbreitete Ansicht über verdeckte Aggression unter Mädchen wider: Mobbing sei bei Mädchen ein Übergangsritual, eine Phase, aus der sie herauswachsen werden. Ein Schulpsychologe formuliert es mir gegenüber so: »So ist es immer gewesen, und so wird es immer sein. Dagegen können wir nichts tun.« Allerdings hindert uns die Theorie vom Übergangsritual, darüber nachzudenken, wie die Gesellschaft das Verhalten von Mädchen prägt und, wichtiger noch, was gegen diese Art der Aggression getan werden könnte.

Der Theorie vom Übergangsritual liegen mehrere wenig zuversichtliche Annahmen über Mädchen zugrunde, zum Ersten: dass wir nichts dagegen tun können, wenn Mädchen sich so verhalten, weil es Teil ihrer Entwicklung ist. Anders ausgedrückt: Weil so viele Mädchen zu verdeckten Formen der Aggression greifen, muss das in ihrer Natur liegen. Die zweite Annahme lautet, es sei notwendig, ja sogar positiv, dass Mädchen lernen, in dieser Weise miteinander umzugehen. Schließlich markiere das Übergangsritual den Wechsel eines Individuums von einer Entwicklungsstufe in die nächste. Mobbing als Übergangsritual bedeutet also, dass die Mädchen etwas kennen lernen, was ihnen als erwachsenen Frauen bevorsteht. Weil erwachsene Frauen sich ebenso verhalten, gilt es als akzeptabel und muss entsprechend eingeübt werden. (Viele verzweifelte Mütter, mit denen ich sprach, trösteten sich ebenso wie jene, die diese Form der Aggression mit einem Achselzucken abtaten, mit dem Gedanken, dass ihre Töchter lernten, was sie früher oder später sowieso hätten lernen müssen.)

Die dritte Annahme ergibt sich zwangsläufig aus den ersten beiden: Gehässigkeiten unter Mädchen stellen einen natürlichen Bestandteil der weiblichen Sozialstruktur dar und müssen toleriert werden, da sie einfach dazugehören. Die vierte und letzte Annahme ist ganz besonders heimtückisch: Der Missbrauch, den die Mädchen aneinander verüben, ist in Wirklichkeit gar kein Missbrauch.

Ich habe erlebt, dass Schulleitungen es ablehnten, in Konflikte einzugreifen, weil sie sich nicht in das »Gefühlsleben« der Schülerinnen einmischen wollten. Diese Philosophie wertet die Beziehungen der Mädchen auf zweifache Weise: Sie legt erstens nahe, dass im Gegensatz zu aggressiven Akten zwischen Mann und Frau, die vor Gericht verhandelt werden, die Probleme zwischen Mädchen unerheblich sind – lediglich Episoden, die nicht mehr vorkommen werden, sobald die Mädchen sich stärker mit Jungen befassen.

Zweitens wird durch diese Einstellung die Bedeutung der Altersgenossen für die kindliche Entwicklung trivialisiert. So wird der Mythos, die Kindheit sei eine »Vorbereitung auf das Leben« und nicht selbst bereits Leben, zur Schulpolitik gemacht. Eine Strategie der Nichteinmischung leugnet die Echtheit von Mädchenfreundschaften, verfehlt den Kern ihrer zwischenmenschlichen Probleme und verharmlost die emotionale Intensität der Aggression, die das Selbstwertgefühl des Opfers nachhaltig beeinträchtigt.

Aber es gibt noch einen viel einfacheren Grund, warum Schulen die Aggressivität der Mädchen ignorieren: Sie brauchen Ruhe und Ordnung im Klassenzimmer. Tagtäglich führt der Lehrer einen Kampf gegen die Uhr, um seinen zahlreichen Pflichten gerecht zu werden. Er muss seinen Lehrplan erfüllen, Prüfungen abhalten und gelegentlich auch noch Zeit für eine Geburtstagsfeier finden. Wie ein Notarzt, der die Leichtverletzten am längsten warten lässt, um sich zunächst um die schweren Fälle zu kümmern, muss der Lehrer seine disziplinarischen Maßnahmen dosieren. Störungen werden sofort geahndet. Normalerweise sind Jungen weniger diszipliniert. Mädchen, die ein feines Gespür dafür haben, wenn ein Erwachsener gestresst ist, wissen genau, dass ein fieses Briefchen oder ein böser Blick die Aufmerksamkeit eines überforderten Lehrers kaum wecken wird, da er zusehen muss, wie er sein Unterrichtspensum bewältigt.

Eine Lehrerin, die ein Mädchen bei einer Missetat beobachtet, hat wenig oder gar keinen Anlass, den Unterricht zu unterbrechen. Einen Beziehungskonflikt zu besprechen erfordert mehr Zeit und Aufwand, als einen Jungen in aller Strenge aufzufordern, seinen Klassenkameraden aus dem Papierkorb zu befreien. Wie mir eine Sechstklässlerin erklärte: Die Lehrer sind damit beschäftigt, »die Jungs zu trennen«. Beziehungsprobleme hingegen verlangen, dass man sich mit einem komplexen Sachverhalt auseinander setzt. Doch Lehrer reagieren ausnahmslos weit mehr auf Jungen, die mit Papierkügelchen schießen und die anderen Schüler ablenken.

An den Schulen fehlt es an einheitlichen Strategien für den Umgang mit Mobbing. Da auch eine verbindliche Sprache fehlt, um dieses Verhalten zu identifizieren und zu diskutieren, sind die Regelungen, nach denen Schikanen geahndet werden, generell vage und beziehen sich eher auf Akte körperlicher oder direkter Aggression.

Verdeckte Aggression wurde bislang weitgehend ignoriert oder vor dem Hintergrund angeblich schwerwiegenderer sozialer Probleme kleingeredet. So wird die Drohung »Entweder du tust das oder ich bin nicht mehr deine Freundin« meist als Gruppenzwang und nicht als relationale Aggression gewertet. In wissenschaftlichen Aufsätzen wird die Manipulation von Beziehungen als Zeichen von Frühreife oder als Versuch betrachtet, »im Mittelpunkt zu stehen und die Spielregeln einer Gruppe zu bestimmen«. Manche Psychologen stufen Hänselei und gehässige Witze als Erfahrungen ein, die zu einer gesunden Entwicklung beitragen. Gerüchte streuen und Klatschgeschichten verbreiten nennen sie »Sicherung der Grenzen«.[13]

Weit verbreitet ist auch die Ansicht, dass es Mobbing-Opfern an sozialen Fähigkeiten mangelt. Demzufolge machen Kinder, die schikaniert werden, etwas falsch und provozieren diese Verhaltensweisen. Gewöhnlich wird die Schuld beim Opfer gesucht, das mehr Härte und Widerstandskraft entwickeln oder lernen muss, sich in eine Gruppe einzugliedern. Vielleicht reagiert das Mädchen in bestimmten Situationen falsch, weil es ihm nicht gelingt, die Gefühle und Erwartungen anderer richtig zu deuten. Vielleicht müsste sie mehr auf Kleidungstrends achten. Vielleicht ist sie allzu bedürftig und wagt es, wie in einem Buch beklagt wird, zu sagen »Willst du meine Freundin sein?«, anstatt die subtilere Variante »Sollen wir am Wochenende zusammen in die Stadt gehen?« zu wählen.

Insbesondere relationale Aggression wird häufig irrtümlich als Entwicklungsdefizit interpretiert. Wenn ein Mädchen an einem Tag nett und am nächsten grausam ist, wenn es besitzergreifend ist oder überreagiert, wird häufig angenommen, dass es zu den Spätentwicklern zählt. Das ist besonders misslich, weil die Opfer sich dadurch noch gehalten sehen könnten, für ihre Peinigerinnen Geduld und Verständnis aufzubringen. Auf diese Weise gerät der aggressive

Aspekt dieses Verhaltens aus dem Blick und das Opfer wird allein gelassen.

Schlimm ist es vor allem, wenn Erwachsene leugnen, was das Opfer als wahr erlebt. Denn die stets mitfühlenden Mädchen bringen den Quälgeistern sowieso nur allzu gern Verständnis entgegen. Annie, die im zweiten Kapitel beschrieben wird, erzählt von Samantha, dem Mädchen, dessentwegen sie nächtelang weinte und mit dem sie trotzdem befreundet blieb. »Inzwischen hat Samantha eine Menge Freundinnen und ist geschickter im Umgang mit anderen«, erklärt Annie. »Aber damals war das nicht so … Wenn sie eine Freundin hatte und diese sagte ihr auch nur die geringste Kleinigkeit, hielt sie das für die größte Beleidigung. Ich glaube nicht, dass ich ihr jemals gesagt habe, dass das ein Fehler ist. Ich dachte, sie versucht doch nur die Freundschaft zu erhalten, so gut sie eben kann.« Um eine gute Freundin zu sein, zeigte Annie Mitgefühl für Samanthas Defizite im sozialen Umgang, während sie ihren eigenen Schmerz zurückstellte.

Mobbing als ein Problem sozialer Kompetenz anzusehen ist nur folgerichtig, wenn man von Mädchen »perfekte Beziehungen« verlangt. Entsprechend wird postuliert, soziale Interaktionen seien dann als gelungen anzusehen, wenn sie der Situation angemessen seien und von anderen verstärkt würden; dabei zeigten sich Fähigkeiten, in denen die Mädchen besonders gut geschult seien. Tatsächlich spielen sich die meisten Übergriffe zwischen Mädchen auf Geheiß einer Anführerin ab, deren Machtposition auf ihrer Fähigkeit fußt, im Zuge fortgesetzten, versteckten Missbrauchs einer Gleichaltrigen die Fassade mädchenhafter Wohlanständigkeit zu wahren. Sie bestimmt auch den sozialen Konsens innerhalb der Gruppe. Gemessen an der Lehre von der sozialen Kompetenz leisten die Aggressorinnen hervorragende Arbeit. An einer Schule wurden die mobbenden Mädchen folgerichtig schlicht aufgefordert, »diskreter« vorzugehen.

Die Lehre von der sozialen Kompetenz ist deshalb problematisch, weil Übergriffe nicht kritisch unter die Lupe genommen, sondern zu erklären und zu rechtfertigen gesucht werden – was dazu beiträgt, dass verdeckte Aggression unhinterfragt fortdauert.

Da Mädchen sich krampfhaft bemühen, nett zu sein und perfekte Beziehungen zu haben, werden sie zu einem Tauziehen mit ihren eigenen Aggressionen gezwungen. Manchmal durchbricht der Zorn eines Mädchens die Oberfläche der Nettigkeit, während er in anderen Situationen weiterschwelt und verwirrende Botschaften an die Altersgenossinnen aussendet. In der Folge wissen Freundinnen oft gar nicht, woran sie sind – bei sich selbst wie bei anderen. Mit der Zeit reagieren viele Mädchen misstrauisch, wenn andere ihre Gefühle äußern.

Wenn negative Gefühle abgespalten werden, verändert sich nicht nur die Art und Weise, wie sich Aggression ausdrückt, sondern auch, wie sie wahrgenommen wird. Zorn und Wut können blitzschnell aufflammen und ebenso schnell wieder vergehen, und das Opfer fragt sich dann, was geschehen ist – oder ob überhaupt etwas geschehen ist. *Hat sie ihr nur zufällig einen Blick zugeworfen, als ich das sagte? Hat sie nur Spaß gemacht? Hat sie wirklich die Augen gerollt? Mir den Platz absichtlich nicht freigehalten? Mich angelogen? Mir erzählt, sie hätte mich eingeladen, obwohl sie es nicht getan hat?*

Mädchen können sich der verdeckten Aggression nur stellen, wenn deren unterschiedliche, offene und unterschwellige Ausdrucksformen identifiziert werden. Wir müssen diese flüchtigen Momente festhalten und ihnen einen Namen geben, damit die Mädchen nicht weiter an dem zweifeln, was tatsächlich vor sich geht, und damit sie aufhören, sich selbst dafür die Schuld zu geben.

2

Beste Feindinnen

Ridgewood mit seinen 2000 Einwohnern ist ein Arbeiterstädtchen wie viele andere im Norden des Bundesstaates Mississippi. Groß genug für einen eigenen Wal-Mart, aber zu klein für ein richtiges Verkehrsampel-System. Es ist die größte Stadt in einem wenig fruchtbaren Landstrich, wo die Zahl der mehrheitlich baptistischen Kirchen größer ist als die der Gasthäuser. Die Einwohner sind vorwiegend Weiße, auch wenn sich am Stadtrand jetzt immer mehr arme afroamerikanische Familien ansiedeln. Die ortsansässigen Fabriken haben den Bewohnern bisher ausreichend Lohn und Brot geboten, doch die drohende Rezession hat auch hier zu Entlassungen geführt und lässt Zukunftsangst entstehen.

Ridgewood ist eine verschworene Gemeinschaft, wo man die Werte der Familie hochhält und stolz ist auf den Geist der nachbarschaftlichen Hilfsbereitschaft. Wenn ein Tornado eine Schneise der Verwüstung durch den Ort geschlagen hat, sind sofort alle zur Stelle, um die zerstörten Häuser wiederaufzubauen. Ridgewood gehört zu jenen Orten, wo sich die Kinder, wenn sie erwachsen sind, in der Nähe ihres Elternhauses niederlassen und wo Teenager gefahrlos die Hauptstraße überqueren können, wenn sie sich nach der Schule in der Eisdiele oder im Freizeitzentrum treffen.

Es ist ein Tag im Oktober. Um zehn Uhr morgens beträgt die Temperatur bereits 28 Grad. Die Mississippi-Sonne brennt gleißend hell herab, das Erdreich ist trocken, rissig und staubig. Es herrscht Dürre. Ich bin spät dran, obwohl in Ridgewood keine Strecke länger ist als ein Lied im Autoradio.

Ich stürme durch die Eingangstür der Grundschule, die Bügel meiner Sonnenbrille im Mund, den Spiralblock in der Hand. Cassie Smith wartet schon. Sie ist groß und kräftig, mit vorpubertären Rundungen und blondem Haar, das ihr in weichen Wellen über die Schultern fällt. Sie hat ihre Lippen rosa geschminkt, trägt eine Zahnspange und blickt mich mit freundlichen grünen Augen aus ihrem sanften, sommersprossigen Gesicht an. Sie besucht die sechste Klasse und lässt für das Gespräch mit mir den Musikunterricht ausfallen. Ich habe bewusst ein Zimmer im Untergeschoss gewählt, damit die Mädchen, die sich bereit erklärt haben, mit mir zu sprechen, nicht den Blicken ihrer Mitschülerinnen und Mitschüler ausgesetzt sind. Schweigend gehen wir den langen Korridor entlang zu dem schmucklosen, unaufgeräumten Zimmer, wo ich die Interviews führe. Die meisten Kinder achten nicht weiter auf uns, während sie unter den Blicken der im Türrahmen stehenden Lehrer in einem einzigen Bewegungsablauf ihre Schließfächer zuknallen und ins Klassenzimmer stürmen.

Ich gebe Cassie ein Zeichen, sich zu setzen, dann plaudern wir ein wenig. Sie spricht so leise, dass ich sie kaum verstehe.

»Also«, sage ich freundlich und lehne mich auf meinem zerkratzten Metallklappstuhl zurück. »Was führt dich heute zu mir?«

Cassie holt tief Luft. »Das hier passiert *genau in diesem Augenblick*, okay?«, sagt sie, als wolle sie mich daran erinnern, dass ich keine Paläontologin bin, die sich mit irgendwelchen urzeitlichen Fossilien beschäftigt. »Meine beste Freundin Becca«, beginnt sie und starrt dabei unentwegt auf ihre Finger, die sie wie die winzigen Beinchen einer Spinne geistesabwesend auf dem bleistiftverschmierten Tisch herumspazieren lässt. »Ich habe ihr vertraut und alles. Sie hat mich angerufen und gefragt, wie ich Kelly finde, eine gemeinsame Freundin. Becca sagte, Kelly hätte schlecht über mich gesprochen.« Cassies Stimme klingt nervös. »Ich wollte nichts Böses über Kelly sagen, weil ich mich nicht auf ihr Niveau begeben wollte.« Stattdessen hatte Cassie am Telefon versucht, das Thema zu wechseln.

Aber als Becca anrief, war Kelly bei ihr zu Hause. Nachdem Becca aufgelegt hatte, sagte sie zu Kelly, Cassie hätte über sie gelästert. Daraufhin rief Kelly Cassie an und beschimpfte sie.

Jetzt, in der Schule, wird Cassie von Kelly unablässig gehänselt und lächerlich gemacht. Kelly spottet über die Kleidung, die Cassie trägt (sie hätte dasselbe schon in der Woche zuvor angehabt), und über das, was sie nicht trägt (sie bräuchte dringend ein Paar Turnschuhe); sie sagt, Cassie sei dumm und sie sei arm. Cassie weiß sich keinen Rat mehr.

Cassie und Becca sind seit der ersten Klasse enge Freundinnen gewesen. Im vergangenen Sommer ist Kelly aus Texas nach Ridgewood gekommen, und in diesem Herbst hat sie angefangen, sich an Becca zu hängen. Zuerst kamen alle drei bestens miteinander aus, nur zwischen Cassie und Kelly gab es kleine Reibereien. Und dann, so erzählt Cassie mit leiser Stimme, in den letzten paar Wochen, habe Becca sie »irgendwie vergessen. Die beiden steckten nur noch zusammen und ließen mich einfach links liegen. Und dann haben sie angefangen, sich gegen mich zu verschwören und so.«

»Inwiefern?«, frage ich.

»Sie haben mich nicht mehr beachtet. Sie wollten nicht mehr mit mir reden...«, sagt sie. In ihren Augen stehen die Tränen. Ich zwänge mich zwischen den Schulbänken hindurch und hole eine Schachtel mit Papiertaschentüchern vom Lehrerpult.

»Hast du versucht, mit ihnen darüber zu sprechen?« Ich ziehe ein Taschentuch heraus und reiche es ihr.

»Nein«, sagt sie. »Zum Beispiel nach der Mittagspause – da treffen wir uns immer an einer bestimmten Stelle. Dort müssen wir uns aufstellen, bevor wir ins Klassenzimmer gehen. Da fangen dann alle an, sich zu unterhalten. Wir stehen im Kreis und reden. Und da haben sie die Köpfe zusammengesteckt und mich nicht reingelassen in ihren Kreis. Sie haben kein Wort zu mir gesagt und auch nicht zugehört, wenn ich etwas gesagt habe.« Sie flüstert wieder. »Ich habe ihnen doch nichts getan. Ich war immer nett zu ihnen.«

In letzter Zeit ist alles nur noch schlimmer geworden. Kelly, die inzwischen an der Schule keine Fremde mehr ist, hat andere Mädchen aufgefordert, Cassie zu schneiden. Becca wirft Cassie vor, Kelly hinter ihrem Rücken zu beleidigen, und Kelly reicht Zettel herum, auf denen steht, Cassie wohne in einer Bruchbude und sei zu arm, um sich ein Sonntagskleid zu kaufen.

»Und wie geht es dir dabei?«, frage ich.

»Ich hab keine Lust mehr, in die Schule zu gehen«, flüstert sie und verkriecht sich in ihre Fleece-Jacke.

»Und warum nicht?«

»Weil ich nie weiß, was sie sich wieder ausgedacht haben.«

»Und was haben sie bisher getan?«

»Sie sagen mir: Cassie, hau ab, wir haben gerade angefangen, über dich zu reden.«

»Haben sie das wirklich gesagt?«

»Nein, aber« – allmählich wird sie ungeduldig mit mir – »ich weiß es einfach. Sie brauchen es gar nicht zu sagen. Sie tuscheln und schauen mich an und dann weiß ich, dass sie über mich reden.«

»Hast du mit deiner Mutter darüber gesprochen?«, frage ich.

»Ich rede zwar mit meiner Mutter, aber ... ich will sie nicht allzu sehr beunruhigen.«

»Ist sie denn darüber beunruhigt?«

»Sie wird wütend, weil ... sie sagt, ich soll sie nicht weiter beachten. Aber das schaffe ich nicht. Sie machen immer weiter damit.«

»Warum ist es denn so schwer, sie nicht zu beachten?«

»Sie machen mich fix und fertig, verstehen Sie? Ich kann an nichts anderes mehr denken. Sie sind – sie schauen mich an und so. Sie starren mich an. Ich höre, wie sie tuscheln, und dabei sehen sie mich an.«

Cassie ringt nach Worten, um ihre Qualen zu beschreiben. Da die heimtückische Bosheit ihrer Freundinnen der Lehrerin nicht weiter auffällt, fühlt sich Cassie zunehmend ausgeliefert und beginnt, sich selbst Vorwürfe zu machen. Niemandem scheint etwas zu bemerken, und so ist Cassie ganz auf sich allein gestellt und muss entscheiden, ob das, was sie erlebt, real ist oder nicht. Für eine Zehnjährige ist das zu viel.

Relationale Aggression zeigt sich schon im Vorschulalter, dann, wenn auch die ersten Unterschiede zwischen den Geschlechtern sichtbar werden.[14] Sie setzt ein, sobald Kinder fähig sind, Beziehungen zu knüpfen. Mit drei Jahren zeigen mehr Mädchen als Jungen diese Art aggressiven Verhaltens, und die Kluft vergrößert sich mit zunehmendem Alter. In mehreren Studien bezeichnen Kinder die relationale Aggression als das »gängigste Verhalten zwischen gleichaltrigen Mädchen, um ihren Ärger zum Ausdruck zu bringen und andere zu verletzen«; das Objekt dieser Aggression kann allerdings auch ein Junge sein. Die führenden Forscher einer Feldstudie berichten, dass in der mittleren Kindheit »körperliche Aggression meist von Jungen ausgeht, relationale Aggression dagegen meist von Mädchen«.

Solche Aggressionen schaden anderen, wie bereits zitiert, »indem sie Beziehungen zerstören (oder zu zerstören drohen), und die das Gefühl des Akzeptiertseins, der Freundschaft und der Gruppenzugehörigkeit beschädigen (oder zu beschädigen drohen)«.[15] Sie manifestieren sich in jedem Akt, bei dem die Beziehung als Waffe benutzt wird, um andere zu manipulieren.

Zu den Formen der relationalen Aggression gehört die indirekte Aggression, bei der man das Opfer mit Schweigen straft, oder die soziale Aggression, die auf das Selbstwertgefühl oder den sozialen Status des Opfers zielt, indem man beispielsweise Gerüchte streut. Relationale Aggression äußert sich auf unterschiedliche Weise: Man verbündet sich mit anderen gegen das Opfer; man straft es mit Schweigen oder bedient sich nonverbaler Gesten.[16]

Der Lebensnerv der relationalen Aggression ist die Beziehung. Deshalb wird relationale Aggression auch meist in engen sozialen oder freundschaftlichen Beziehungsgefügen ausgeübt. Je näher das Opfer dem Angreifer steht, desto schmerzlicher ist der Verlust. Eine Highschool-Schülerin aus Linden drückt es so aus: »Deine Freundinnen kennen dich und wissen ganz genau, wie sie dir wehtun können. Sie kennen deine Schwachstellen und wissen, wie sie dein Selbstwertgefühl von innen heraus zerstören können.« Solche gezielte Boshaftigkeit, erklärt mir eine Achtklässlerin, »kann einen ein Leben lang begleiten«.

Wenn Beziehungen Waffen sind, dann kann auch die Freundschaft selbst zum Instrument der Aggression werden. Es kann passieren, so eine Sechstklässlerin in Ridgewood, »dass du eine Freundin hast, die hingeht und mit einer anderen Freundschaft schließt, nur um dich eifersüchtig zu machen«. Die Beziehung wird nicht unbedingt beendet und muss auch nicht unmittelbar gefährdet sein. Schon allein die Drohung mit dem Ende der Beziehung kann ausreichen. Wenn sich zum Beispiel in einer Gruppe ein Mädchen an zwei Freundinnen wendet und seufzt: »Mensch, ich kann das Wochenende kaum erwarten!« Oder wenn ein Mädchen ein anderes von der Gruppe wegzieht und »ihm Geheimnisse anvertraut, während wir daneben stehen«, sagt eine Sechstklässlerin aus Mississippi. »Wenn sie zurückkommt, wollen die anderen wissen, was sie ausgeplaudert hat. Aber sie sagt nur: ›Ach, nichts. Das geht euch gar nichts an.‹« Hier wird zwar keine Regel verletzt, aber die Kränkung, die das Mädchen mit dieser Bemerkung ihren Freundinnen zufügen kann, ist enorm.

Die nichtkörperliche, unterschwellige Aggression ist vor allem deshalb so gefährlich, weil sie nicht dingfest zu machen ist. Relationale

Aggression ist nach außen unsichtbar, denn sie weist nicht die typischen Merkmale auf, die wir herkömmlicherweise mit Mobbing und Schikane in Verbindung bringen. Der Eindruck von zwei Mädchen, die friedlich in einer Ecke spielen, kann täuschen: Es kann sein, dass das eine Mädchen das andere langsam, aber sicher zermürbt.

Lehrer und Eltern achten meist nicht darauf, ob sich hinter der Fassade von Freundschaft und Spiel ein Problem verbirgt. Wer kann ihnen das zum Vorwurf machen? Es sieht doch alles ganz harmlos aus.

»Nonverbale Gesten« – ein anderes Wort für Körpersprache – sind ein typisches Merkmal relationaler Aggression. Da es Becca und Kelly als Mädchen versagt ist, die Stimme zu erheben, wenn sie wütend sind, haben sie gelernt, die Körpersprache einzusetzen. Zu den nonverbalen Gesten zählen böse Blicke, Ausgrenzung und Nichtbeachtung. Auch das kann den anderen zermürben. Denn Körpersprache ist einerseits ungreifbar, andererseits sind die Gesten ganz unmissverständlich. Dieses Verhalten tut besonders weh, weil das Opfer zwar auf diese Weise erfährt, dass jemand wütend ist, aber keine Möglichkeit hat herauszufinden, warum – und manchmal auch nicht, wer dahinter steckt. In der Welt der Mädchen ist die schlimmste Aggression diejenige, die nicht zu fassen ist. Dem Opfer fällt es zunehmend schwer, seine Aufmerksamkeit auf etwas anderes zu lenken; alles – ein Austausch von Blicken, das Gekritzel auf einem Zettel – erhält plötzlich eine irrationale Bedeutung.

Am Tag nach meinem Gespräch mit Cassie unterhalte ich mich mit Fünft- und Sechstklässlerinnen darüber, auf welche Weise Mädchen gemein sein können, ohne auch nur ein böses Wort zu sagen. Die pummelige Kayla mit ihren funkelnden blauen Augen fällt fast vom Stuhl, als ich diese Frage stelle. Sie fängt an, ungeduldig herumzuzappeln, mit ihrem Arm zu wedeln und unartikulierte, flehentliche Töne auszustoßen. Ich schmunzele in mich hinein: Das war in der Schule immer mein »Problem«.

»Ja?«, frage ich.

»Manchmal schaut einen ein Mädchen an, und man weiß sofort, dass sie wütend ist!«, ruft sie. »Sie braucht überhaupt nichts zu sagen. Wenn du sie anschaust, funkelt sie dich an und kneift böse die Augen zusammen.«

Miranda, die brav und mit kerzengerade erhobenem Arm dasitzt, meint: »Wenn Mädchen miteinander tuscheln, wird man eifersüchtig. Sie drehen sich nach dir um und tuscheln. Oder sie deuten auf dich und fangen an zu lachen. Du siehst, wie sie die Lippen bewegen.«

»Und wie«, frage ich, »fühlt ihr euch, wenn ihr glaubt, dass über euch getuschelt wird?«

Ein leises Stimmchen ertönt aus der hintersten Ecke des Klassenzimmers. »Es ist ein komisches Gefühl«, sagt Cerise.

»Wie meinst du das?«

»Du hast das Gefühl, du und alles, was du machst, ist ihnen schnuppe.«

»Mädchen hänseln einen nicht«, erklärt Tammy. »Sie tuscheln hinter dem Rücken, sie kichern und zeigen auf einen. Sie verbreiten Gerüchte über einen und lassen einen total links liegen. Obwohl sie einen nicht hänseln, ist trotzdem klar, dass sie einen nicht leiden können.«

In jeder Klasse und in jeder Schule höre ich, dass die schlimmste Art versteckter Boshaftigkeit darin besteht, andere mit Schweigen zu bestrafen und links liegen zu lassen. Bei dieser schärfsten Form der relationalen Aggression spricht ein Mädchen einfach nicht mehr mit ihrer Freundin und kündigt ihr mehr oder weniger ohne Vorwarnung die Freundschaft auf. Das Opfer, das häufig keine Ahnung hat, warum die andere böse ist, verzehrt sich vor Angst, diese Freundschaft für immer zu verlieren.

»Wenn man sie [gemeint sind die Opfer] ignoriert«, erklärt eine Elfjährige aus Arden, »dann kriegen sie wegen jeder Kleinigkeit Panik. Sie verstehen nicht, was los ist.«

»Ja«, pflichtet eine Mitschülerin bei, »das ist das Schlimmste, was man machen kann. Man kriegt totale Macht, und sie kommen dann angekrochen.« Eine Zwölfjährige ergänzt: »Wenn man böse schaut, wird die andere paranoid. Sie fängt an, sich darüber den Kopf zu zerbrechen.« Und eine Achtklässlerin aus Ridgewood erklärt: »Man versucht zu verstehen, warum die anderen auf einen böse sind, aber sie lachen einen nur aus. Sie werfen den Kopf zurück und sehen einfach weg.«

Eine der niederschmetterndsten Botschaften, die durch Schweigen und stumme Blicke vermittelt werden, lautet mit den Worten der elfjährigen Mary: »›Du bist es nicht wert, dass ich mit dir meine Zeit verschwende.‹ Das ist das Allerschlimmste. Es bedeutet: ›Ich will es nicht ausdiskutieren.‹« Durch das Schweigen wird eine unüberwindbare Mauer aufgebaut und jede Kommunikation unterbunden. Und wichtiger noch: Man hat keine Chance, bei der Lösung der Probleme, die einen bedrängen, eine aktive Rolle zu spielen.

Wenn man nicht dahinter kommt, warum jemand sauer ist, sucht man den Fehler bei sich selbst – nur dass man das ungeschriebene Gesetz, das man gebrochen hat, gar nicht kennt. Mädchen, die sowieso dazu neigen, sich selbst in Frage zu stellen, sind nur allzu gern bereit, sich diesen Schuh anzuziehen. Voller Panik und bemüht, das Problem in den Griff zu kriegen, suchen sie nach dem Fehler, den sie zweifelsohne gemacht haben müssen. Der schlichte Akt des Schweigens oder ein böser Blick gewinnen auf diese Weise ein Eigenleben weit über die konkrete Situation hinaus.

Für die Angreiferin ist das Stillschweigen und Ignorieren ein schneller und bequemer Weg, einer direkten Auseinandersetzung auszuweichen. Ein Mädchen aus Marymount bringt es auf den Punkt: »Wenn man verschweigt, warum man wütend ist, ist man selbst unangreifbar. Dann ist man die Siegerin.« Das betroffene Mädchen dagegen lässt nicht locker und sucht verzweifelt nach einer Erklärung. Aber »wenn sie dann zu einem kommt, geht man einfach weg«, berichtet ein Mädchen. Das sei bitter für die Betroffene, räumt ihre Mitschülerin ein, denn als Opfer »kannst du machen, was du willst, du hast keine Chance. Wenn du um Entschuldigung bittest, hört dir die andere einfach nicht zu und tut absolut nichts, um die Sache in Ordnung zu bringen.«

Zur Rede gestellt, bestreiten Mädchen häufig, dass sie wütend sind, auch wenn sie mit ihrem Verhalten das Gegenteil kundtun. Die meisten Frauen erinnern sich voller Unbehagen an die Situation, als sie eine Freundin fragten: »Bist du böse auf mich?«, nur um die schroffe oder sogar fröhliche Antwort »Nein!« zu erhalten, während ihr die Freundin den Rücken kehrte. Die Fragestellerin muss diese Antwort zwar hinnehmen, aber sie weiß Bescheid. Eine Neuntklässlerin erzählt: »Letzte Woche habe ich meine Freundin gefragt, warum sie sauer auf mich ist – ich hatte keine Ahnung, warum –, und sie sagte: ›Ich bin doch gar nicht sauer auf dich.‹ Da wusste ich, dass sie tatsächlich sauer auf mich war.« Um im sozialen Dschungel zu überleben, lernen Mädchen, an dem zu zweifeln, was sie sehen und hören, und suchen stattdessen nach den echten Gefühlen unter dieser trügerischen Oberfläche. Diese Grundeinstellung prägt die gesamte soziale Interaktion.

Nonverbale Gesten entziehen sich der Kontrolle des Lehrers und ermöglichen es der Aggressorin, als »braves Mädchen« dazustehen. Debbi Canter, die in Ridgewood die sechste Jahrgangsstufe unterrichtet, meint: »Ich beobachte, wie diese Blicke durchs Klassenzimmer fliegen. Wenn ich die Mädchen darauf anspreche, schauen sie mich mit großen unschuldigen Augen an. ›Ich weiß gar nicht, wovon Sie reden!‹« Tatsächlich rechtfertigen manche Lehrer ihre Nichteinmischungstaktik damit, dass sie diese Form der Aggression nicht dingfest machen können. Die stellvertretende Mittelschulrektorin Pam Bank meint: »Wenn ich sehe, wie ein Junge mit seinem Füller auf den Tisch trommelt, sage ich: ›Hör auf damit.‹ Aber wenn ich sehe, wie ein Mädchen ein anderes böse anschaut, kann ich höchstens sagen: ›Hier spielt die Musik.‹ Dass der Junge mit dem Füller auf den Tisch getrommelt hat, weiß ich, aber ich kann nicht sagen, was genau das Mädchen getan hat.«

Mädchen wissen ganz genau, dass ihre nonverbalen Gesten ungestraft durchgehen. Maggie, eine Sechstklässlerin aus Ridgewood, erzählt mir: »Die meisten Lehrer sagen: ›Ach, es kommt alles wieder in Ordnung; am besten, du achtest nicht weiter darauf.‹« Ihre Mitschülerin Kenni ergänzt: »Die meisten Lehrer denken: ›Sie hat dir doch nicht wehgetan. Mach dir keine Gedanken.‹ Aber sie hat einem doch wehgetan. Sie hat einen verletzt.«

In der sozialen Welt der Mädchen ist das Entziffern der Körpersprache wichtig, um die Gefühle der anderen zu erkennen. Doch diese Praxis kann schwer wiegende Konsequenzen haben. Wie sehr sich ein Mädchen auch bemüht, es kann sich unmöglich jeder seiner Bewegungen voll bewusst sein. Deshalb sind Missverständnisse vorprogrammiert. Da begegnet zum Beispiel ein Mädchen ihrer Freundin auf dem Schulflur, aber die geht grußlos weiter. Das Mädchen ist überzeugt, dass ihre Freundin wütend auf sie ist. In Wirklichkeit war sie aber nur in Gedanken versunken und hat die andere gar nicht gesehen. Das spielt jedoch keine Rolle: Der Kampf beginnt.

»Jemand sieht dich an, vielleicht ohne es selbst zu merken, aber du denkst gleich das Schlimmste, und schon geht's los«, sagt eine Schülerin aus Mississippi im ersten Highschool-Jahr. »Wenn Mädchen mehr wie Jungs wären und offen sagen würden, was sie denken, gäbe es viel weniger Probleme.« Eine Sechstklässlerin aus der Sackler-Schule meint: »Wenn eine mich ignoriert und nicht mit mir spricht, ohne dass ich den Grund dafür kenne, dann verhalte ich mich dementsprechend.«

Eine verwirrende Körpersprache kann in der Tat dramatische Konfrontationen zur Folge haben. »Letztes Jahr«, erzählt mir Reena aus der sechsten Klasse, »war im Englischunterricht ein Mädchen, mit dem ich nicht besonders eng befreundet war. Aber eines Abends rief sie mich an und sagte: ›Du warst gemein zu mir, und ich will, dass du dich bei mir entschuldigst.‹ Ich wusste gar nicht, was sie meinte, weil ich doch gar nicht richtig mit ihr befreundet war. Ich habe mich zwar entschuldigt, aber ich wusste wirklich nicht, wofür eigentlich.«

Das Schweigen verschärft nur den Konflikt, weil jede von beiden sich fragt, was die andere denkt. Wie so oft, wenn die Mädchen einer direkten Konfrontation aus dem Weg gehen, gibt es vielleicht eine lange Liste möglicher Gründe und vergangener Streitereien, die durchgespielt werden. »Jede sieht das, was vor sich geht, anders«, erklärt eine Sechstklässlerin aus Arden. »Wenn es dann endlich zur Aussprache kommt, ist es schlimmer als zuvor.«

Beste Freundin – schlimmste Feindin

Mit vor Schreck weit aufgerissenen Augen starrt Veronica auf ihre leblos daliegende Freundin, der sie ein Glas mit einem tödlichen Cocktail verabreicht hatte.

»Ich habe meine beste Freundin umgebracht!«, keucht die Heldin des Films »Heather«.

»Und deine schlimmste Feindin«, ergänzt ihr Freund und Komplize.

»Das ist doch dasselbe«, stöhnt sie.

Beim Wort »Aggressorin« denkt man an eine Feindin, wenn nicht an eine Intimfeindin, und doch sind es oft die besten Freundinnen, die sich gegenseitig das Leben zur Hölle zu machen. Die Übergriffe werden häufig überdeckt von inniger Freundschaft und unbeschwertem, einträchtigem Spiel. Das Opfer, das keine Vorstellung davon hat, was den Missbrauch einer Beziehung charakterisiert, bemüht sich darum, auf der Grundlage seiner Vorstellungen von Freundschaft die Sache wieder ins Reine zu bringen. Die Aggressorin ist sich oft gar nicht bewusst, dass sie mit ihrer »besitzergreifenden« und »herrischen« Art eine Grenze überschreitet, im Gegenteil. Oft fühlt sie sich mit ihrem Opfer innig verbunden. Die Geschichten von Mädchen, die ihre Freundinnen mobben, werden selten erzählt. Sie sind eine einzigartige Mischung aus Liebe und Angst und stellen viele unserer gängigen Vorstellungen von weiblicher Freundschaft in Frage.

Vanessa

Schon in der ersten Klasse, erinnert sich Vanessa, war Stacy bei allen beliebt und immer zu Späßen aufgelegt. Vanessa bewunderte sie vom ersten Augenblick an, und als Stacy sie fragte, ob sie ihre beste Freundin werden wolle, war sie überglücklich, zu Stacys Clique zu gehören. Bis zur sechsten Klasse genoss Vanessa ihre Stellung und besonders ihre Macht über Nicki und Zoe, die Vanessa in der Gruppe die zweitwichtigste Rolle nach Stacy überließen. Schon bald nachdem sie Freundinnen geworden waren, begann Stacy Vanessa ständig um irgendeinen Gefallen zu bitten. Anfangs war Vanessa stolz, dass Stacy ausgerechnet sie auserkoren hatte. Stacy sagte, dass sie nur dann Vanessas Freundin bleiben wolle, wenn diese täte, was sie sagte. Es schien sogar, dass Stacy Nicky und Zoe links liegen ließ.
»Das hat mich total angezogen«, sagt mir Vanessa, heute siebenundzwanzig Jahre alt. Diese Konstellation erlaubte es Vanessa, nach außen hin Stärke zu zeigen, obwohl sie sich von Stacy herumkommandieren ließ. »Ich war unsicher, gab mich aber selbstsicher«, erklärt sie. »Und ich wollte von Stacy akzeptiert werden, ich wollte sein wie sie, ihr Ebenbild, wissen Sie.«
Eines Abends, als wie so oft die eine zum Übernachten bei der anderen war, schlug Stacy vor, sich zu verkleiden. »Ich bin der Mann und du die Frau«, entschied Stacy. An diesem Abend küsste Stacy

Vanessa, der die Sache großen Spaß machte. Wenn sie gemeinsam übernachteten, gehörte von nun an immer auch das Verkleidungsspiel dazu. Aber es blieb ein Geheimnis.

In der fünften Klasse war plötzlich Schluss mit dem Verkleiden. Sie sprachen nie wieder darüber, obwohl Vanessa es nicht vergaß. Es wurde Teil ihrer Erinnerung, wenn auch nicht ihrer gemeinsamen Erinnerung. Vanessa kam es merkwürdig vor, dass sie mit Stacy ein Geheimnis teilte, das nur sie in Erinnerung behalten hatte.

In jenem Jahr erreichte Stacys Beliebtheit ihren Höhepunkt. Sie war das erste Mädchen in der Klasse, das im Fernsehen MTV empfangen konnte, sie hatte super Eltern, die sie und ihre Freundinnen Fastfood essen ließen, sooft sie wollten. Stacy besaß außerdem das tollste Fahrrad. »Wenn ich bei ihr zu Hause war«, erzählt Vanessa, »riefen wir aus Jux irgendwelche Leute an. Stacy war wirklich gut und konnte richtig gemein sein. Sie wusste genau, wie sie sie in Rage bringen konnte.«

Vor allem aber wollte Stacy ihren Spaß haben, und sie hatte eine Menge Spaß, wenn sie ihre Freundinnen herumkommandierte. »Sie hatte so eine bestimmte Art, mit den anderen Mädchen umzugehen«, erinnert sich Vanessa. »In null Komma nichts schaffte sie es, dass die anderen taten, was sie wollte. Sie war ständig in irgendwelche Jungs verknallt und überredete ihre Freundinnen, hinzugehen und ihnen etwas von ihr auszurichten. Sie selbst musste keinen Finger rühren.« Vanessa musste für Stacy Bonbons aus einem Laden klauen. »Natürlich hab ich das gemacht«, sagte Vanessa. »Ich wollte, dass sie glücklich ist. Und natürlich hatte ich furchtbare Angst, von ihr zurückgewiesen zu werden.«

Im sechsten Schuljahr erwähnte Vanessa eines Tages das Verkleidungsspiel, das sie früher so oft gespielt hatten. Stacy starrte Vanessa finster an. »Wovon redest du überhaupt?«, fuhr sie sie an. Vanessa stand da wie vom Blitz getroffen, als Stacy sich von ihr abwandte.

Heute fragt sich Vanessa, ob Stacy vielleicht Angst gehabt hatte. »Ich glaube, sie empfand mich als Bedrohung. Ich wusste zu viel über sie. Und das war der Anfang vom Ende.«

Stacy fing an, über Vanessa Spottverse zu schreiben. »Zum Beispiel: ›Vanessa ist dick, Vanessa trägt einen BH.‹« Vanessa war das erste Mädchen in der Klasse, das einen Busen bekam, und sie hatte auch an Gewicht zugelegt.»Solche Verse waren in Umlauf. Und die anderen machten ständig Witze über meinen BH«, sagt sie.»Nicht die Jungs, sondern die Mädchen.«

Nicky und Zoe zögerten nicht, Stacy darin zu unterstützen.»Sie entwickelten viel Phantasie, um mich zu quälen. Sie nahmen mir meine Hefte weg und schrieben hinein: ›Vanessa trägt einen BH‹, ›Vanessa ist beknackt‹ und so weiter.«

Das Komische war, erinnert sich Vanessa, dass Stacy außer ihr die Einzige war, die damals schon einen Busen bekam.»Aber nur ich wurde zur Zielscheibe«, sagt sie.»Damals dachte ich, es läge daran, dass ich dick und hässlich war und sie deshalb nichts mit mir zu tun haben wollten. Aber jetzt denke ich, dass Stacy in mir vieles gesehen hat, was sie an sich selbst erinnerte und was ihr Angst machte. Ich war ihr einfach zu ähnlich. Die anderen Mädchen waren kein bisschen wie sie. Aber was das Wichtigste war: Sie kannten nicht ihre Geheimnisse.«

Vanessas enge Vertrautheit mit Stacy schien diese in ihrer Grausamkeit nur noch zu bestärken. Aber Vanessa hielt trotzdem eisern an der Freundschaft fest.»Jeden Tag hörte ich diese Verse und war trotzdem mit Stacy zusammen«, sagt sie.»Ich aß mit ihr zu Mittag, ging nach der Schule mit zu ihr nach Hause. Es sah aus, als sei ich ihre beste Freundin.«

Die anderen Mädchen versicherten Vanessa, alles sei nur Spaß. Sie sagten, sie bräuchten ein Thema, um darüber Verse zu schreiben, und Vanessa biete sich geradezu an. Sie glaubte ihnen gern.»Ich hatte ja keine anderen Freundinnen«, sagt Vanessa.»Und ich kam einfach nicht los von ihnen. Ich kannte andere Mädchen, die wirklich okay waren, aber ich – ich war völlig in dieser Beziehung gefangen. Ich wollte unbedingt zu dieser Gruppe gehören, weil ich mir einbildete, hier läge das Zentrum der Macht.« Die Tatsache, dass Nicki und Zoe zu Vanessa nett waren, wenn Stacy nicht dabei war, erleichterte es ihr, in der Gruppe zu bleiben.

Dadurch konnte Stacy ihre Schikanen in die Freundschaft zu Vanessa integrieren und die Verletzbarkeit ausnutzen, die sie bei Vanessa spürte. Einmal erzählte Stacy vor Unterrichtsbeginn mit düsterer Miene, ihre Mutter sei gestorben. Vanessa war untröstlich. Sie brachte ihr etwas zu essen, sagte den Lehrern Bescheid, dass

Stacy nicht am Unterricht teilnehmen könne, und kümmerte sich den ganzen Tag um die Freundin. »Ich dachte: Endlich braucht sie mich«, erinnert sich Vanessa. »Ich war ganz aufgeregt, weil ich mich um sie kümmern und etwas für sie tun konnte.«

Am Ende des Schultags versammelte Stacy einen Großteil der anderen Mädchen um Vanessa, eröffnete ihr, sie hätte den Tod ihrer Mutter nur erfunden, und erklärte Vanessa zum gutgläubigen Trottel. »Sie hatte die ganze Klasse überredet, dieses Spiel mitzuspielen«, sagt Vanessa mit Wut in der Stimme. »Sie wollte allen zeigen, dass sie mit mir machen konnte, was sie wollte, und alle waren bereit, sie dabei zu unterstützen. Alle hatten gewusst, dass Stacy gelogen hatte, und es für sich behalten. Alle. Und beobachteten den ganzen Tag, wie sehr ich Stacys Unglück bedauerte.«

Stacy hob nie auch nur einen Finger gegen Vanessa. Sie tat ihr stillschweigend Gewalt an und benutzte Dritte als Handlanger. Sie schickte Vanessa so viele boshafte Zettel und Briefchen durch andere Mädchen, die bereit waren mitzumachen, dass Vanessa bald das Gefühl hatte, überall schlüge ihr der blanke Hass entgegen. Sie wollte gar nicht mehr in die Schule gehen. »Wohin ich auch kam«, erinnert sie sich, »überall wartete eine dieser gemeinen Botschaften auf mich.«

Eines Tages klingelte bei Vanessa zu Hause das Telefon. Es war die Trainerin eines örtlichen Fitnessstudios, und sie wollte wissen, ob Vanessa noch an dem Kurs zur Gewichtsreduzierung interessiert sei, für den sie sich angemeldet habe. Ihr Vater hatte den Hörer abgenommen. Vanessa war nie in dem Fitnessstudio gewesen. Das wäre eine gute Gelegenheit gewesen, ihren Eltern von den Schikanen ihrer Altersgenossinnen zu erzählen, aber Vanessa sagte nur, es müsse sich um eine Verwechslung handeln.

Als ich Vanessa nach dem Grund frage, muss sie nicht lange nachdenken.

»Ich wollte nicht, dass meine Eltern glauben, ich würde mir die falschen Freundinnen aussuchen«, sagt sie. »Tief im Inneren aber wusste ich, dass es so war. Ich wusste, dass diese Freundschaft mir schadete, und dass Stacy gemein war. Aber man will ja seinen Eltern gegenüber seine Fehler nie eingestehen, vor allem nicht im Alter von elf, wenn man sich einbildet, man könne seine Entscheidungen selbstständig treffen.« Ähnlich äußern sich viele erwachsene Frauen, mit denen ich gesprochen habe.

Vanessas Mutter, die zu ahnen begann, dass ihre Tochter gemobbt wurde, war ihr keine Hilfe. Da sich Vanessa weigerte, auf ihre Warnungen vor Stacy zu hören, wurde sie bald sarkastisch und wütend. Verschärft wurde das Problem noch dadurch, dass sie Vanessa zunehmend drängte, endlich abzunehmen. Als Anreiz versprach sie ihrer Tochter sogar, für jedes abgenommene Pfund einen bestimmten Geldbetrag in eine Sparbüchse zu tun, um damit später ein neues Kleid zu kaufen.

Als Vanessas Mutter in den Chor der Kritik ihrer »Freundinnen« einstimmte, fühlte sich das Mädchen völlig allein gelassen. Da die Angriffe auf Vanessas wunden Punkt abzielten – ihr Übergewicht –, erschienen sie ihr sogar gerechtfertigt. »Es war mir unmöglich, mit meiner Mutter zu reden, denn ich wusste, dass sie sagen würde: ›Sie haben vollkommen Recht, Vanessa.‹«

Im siebten Schuljahr bekam Vanessa Depressionen. Sie trug jetzt einen schwarzen Trenchcoat; in der Manteltasche hatte sie ein Röhrchen Tabletten, das sie aus dem Arzneischränkchen ihrer Großmutter gestohlen hatte. Vanessa stellte sich vor, es seien Beruhigungspillen, wenn sie in der Schule den Flur entlangging und dabei das Tablettenröhrchen geistesabwesend in der Hand hielt. Nachts holte sie es hervor und malte sich ihre Beerdigung aus. »Zum Glück«, so Vanessa, »war ich viel zu feige.« Ihre Noten verschlechterten sich zusehends. Sie traf sich jetzt mit Leuten, die Haschisch nahmen, und fing an, Zigaretten zu rauchen. Ihre Eltern wurden in die Schule gebeten, und als sie zurückkamen, stellten sie Vanessa zur Rede. »Ich sagte das Übliche«, erinnert sich Vanessa. »Schule ist langweilig. Ich habe keine Lust mehr. Meine Lehrer sind allesamt Schwachköpfe.« Ihre Eltern schöpften keinen Verdacht, und Vanessa strengte sich so weit an, dass ihre Noten einigermaßen passabel waren und man sie in Ruhe ließ. »Es wurde so schlimm«, erzählt sie, »dass meine Mitschülerinnen im Flur versuchten, mir die Kleider herunterzureißen. Ich hatte Magenschmerzen, und ich hätte mich am liebsten ständig übergeben.«

»Damals habe ich auch das Vertrauen zu meinen Eltern verloren«, sagt Vanessa, »weil sie es einfach nicht kapierten. Und wenn ich nicht zusammengebrochen wäre und meinen Eltern gesagt hätte, was los war, dass keiner mit mir redete und dass ich Selbstmordgedanken hatte, weil ich mich total hässlich und dick fühlte, total uninteressant und schwach, und dass niemand meine Freundin sein wollte – ich weiß nicht, was dann mit mir passiert wäre.«

Vom ersten Augenblick ihrer Freundschaft an zeigte Stacy Liebe und Zuneigung nur dann, wenn Vanessa tat, was sie ihr befohlen hatte. Die gezielte Kontrolle über die Spielregeln einer Beziehung ist ein typisches Anzeichen für relationale Aggression. Mit sechs Jahren drohte Stacy, die Freundschaft zu beenden, falls Vanessa sich weigerte, ein bestimmtes Spiel zu spielen. Ein paar Jahre später befahl sie ihr zu stehlen. Auch die Stoßrichtung der Nötigungen veränderte sich. Stacy ließ Vanessa bald Dinge tun, die andere kränkten. Sie benutzte Vanessa, um ihre Aggressionen auszudrücken, ohne selbst die Verantwortung dafür übernehmen zu müssen.

Vanessa war wichtig für Stacy, um weitere Anhängerinnen zu gewinnen. »Ich war weder ein Waschlappen noch war ich still, und ich war auch nicht duckmäuserisch oder dumm. Ich war lustig, sogar witzig und schlagfertig.« Mit ihren grausamen Späßen, so Vanessa, »wollte Stacy zeigen, dass sie mit mir machen kann, was sie will. Durch mich demonstrierte sie ihre Macht.«

Vanessas Gefügigkeit offenbart etwas, was für die von Mädchen ausgeübte Gewalt von entscheidender Bedeutung ist. Wie die meisten schikanierten Kinder befürchtete auch Vanessa Vergeltungsmaßnahmen, wenn sie sich Stacy widersetzte. Indem sie Stacy und die anderen weiterhin als ihre Freundinnen betrachtete, zog sie eine beschädigte Beziehung dem Alleinsein vor.

Eines Tages aber hatte Vanessa plötzlich das Gefühl, genau zu wissen, was zu tun sei. »Das Fass war voll«, sagt sie. »Entweder ich brachte mich um, oder ich eroberte mir meinen Lebensraum zurück.« Sie sagte Stacy, sie solle sich mittags an einem bestimmten Ort einfinden. Die Neuigkeit verbreitete sich wie ein Lauffeuer, und zur verabredeten Zeit hatte sich eine große Menge versammelt. Stacy wartete schon.

»Ich sagte zu ihr: ›Mir ist alles scheißegal. Ich habe nichts zu verlieren, ich hasse dich und alles, was du mir angetan hast. In meinen

Augen bist du ein total gemeiner Mensch, und ich möchte nichts mehr mit dir zu tun haben. Du kannst dich über mich lustig machen, so viel du willst. Aber weißt du: Es juckt mich nicht mehr.‹«

Stacy war wütend. So etwas hatte sie noch nie erlebt. »Sie warf mir alle möglichen Gemeinheiten an den Kopf und sagte: ›Vanessa, das wirst du für den Rest deines Lebens bereuen. Keiner wird dir je verzeihen.‹«

Als Vanessa sich davon unbeeindruckt zeigte, sagte Stacy etwas, das die bizarre Verknüpfung von Liebe und Grausamkeit verdeutlicht. Sie rief: »Weißt du überhaupt, was du da wegwirfst? Ich hätte deine beste Freundin sein können. Wir hätten uns so gut verstehen können. Aber du trittst das alles mit Füßen.«

Vanessa war konsterniert. »Wovon redest du eigentlich?«, fragte sie. »Es ist doch gar nichts mehr da.« Und sie ging, ohne sich noch einmal umzudrehen. Der Bann war gebrochen.

Heute glaubt Vanessa, dass ihre »Freundschaft« zu Stacy großen Einfluss auf ihre Beziehung zu anderen Menschen und auf ihr Innenleben hatte. Sie mied Mädchen und freundete sich eher mit Jungen an. Als ich frage warum, erhalte ich eine Antwort, die ich wiederholt von Frauen gehört habe, die von anderen Mädchen terrorisiert worden sind: »Weil ich Frauen nicht traue«, sagt Vanessa. »Ich kann ihnen meine Ängste nicht anvertrauen.« Vanessa glaubt, dass Frauen einander kritischer sehen und häufiger kritisieren, als Männer dies tun. Und nicht nur das: »Wenn eine Frau etwas sagt, geht es irgendwie tiefer. Man nimmt es gleich persönlich. Man kann es nicht einfach beiseite schieben.«

Auch wenn Vanessa ihre Probleme mit anderen Frauen gelöst hat, wird sie das Gefühl nicht los, »dass sie einen wieder drankriegen können. Und man ist ständig in Abwehrbereitschaft.« Dann fügt sie noch hinzu: »Ich fürchte mich so vor den geheimen Beweggründen von Frauen. Das ist meine eigentliche Angst. Nach dem Motto: Werden sie mich jetzt hassen? Werden sie mir das Leben zur Hölle machen? Werden sie anfangen, mich ständig anzurufen und mir Briefe zu schreiben, und mir sagen, wie schrecklich ich bin und wie schrecklich ich ihnen gegenüber war? Und dass ich in meinem Leben nie mehr glücklich sein werde?«

Männern dagegen, auch wenn sie sie nicht so gut kennt, kann Vanessa ihre tiefsten Geheimnisse anvertrauen, da sie sich ihnen gegenüber sicherer fühlt. Weil Mädchen ihr das Gefühl gegeben hätten, sexuell unattraktiv zu sein, gehe sie schon bei der ersten Verabredung mit einem Mann ins Bett, um das Gefühl gar nicht erst aufkommen zu lassen, das ihr Stacy eingeimpft hat: sie sei »keine, die den Männern gefallen könnte«.

Annie

Annie sitzt mit ihren langen Beinen auf der Couch neben ihrer Mutter Petra. Die Vierzehnjährige wirkt sportlich mit ihren weißen Turnschuhen, den blauen Shorts und einem langen, ausgewaschenen Adidas-T-Shirt. Ihr langes Haar hat sie zu einem Pferdeschwanz zusammengebunden, und mit trägem Blick blinzelt sie in den taufrischen Sonntagmorgen. Sie lächelt fröhlich, als ich mich für die frühe Uhrzeit meines Besuches entschuldige. Das stille große Haus liegt in einer wohlhabenden Vorstadtsiedlung inmitten anderer stiller und großer Häuser. Das einzige Geräusch rührt von dem hellbraunen Labrador her, der unablässig mit dem Schwanz auf den Holzfußboden schlägt.

Annies Geschichte begann in der dritten Klasse, wo sich bereits strenge soziale Regeln herausgebildet hatten. Man gehörte zu einer Gruppe – zu den schrulligen Außenseitern, den coolen Kids oder zu der Masse jener, die »eigentlich ganz okay« waren – und war keineswegs mit allen befreundet. Annie stand, wie sie selbst es formulierte, »zwischen der einen und der anderen Gruppe«. Sie hatte zwei enge Freundinnen, Samantha und Alison, die zu unterschiedlichen Cliquen gehörten. Die kleine rauflustige Samantha stand am Rand einer Gruppe in Annies Mathematikklasse. »Rapunzel« war Samanthas Lieblingsmärchen, und seit ihrem vierten Lebensjahr weigerte sie sich, sich die glatten braunen Haare schneiden zu lassen. Annie liebte es, Samanthas Haare zu bürsten und zu flechten. Samantha saß stundenlang glückselig da, während Annie alle möglichen Frisuren ausprobierte und dann mit Samantha ins Badezimmer lief, um das Ergebnis zu begutachten.

Alison hingegen war bei allen beliebt, sie war hübsch und stand im Mittelpunkt ihrer Clique. Ihre Freundinnen nannten sie »Glitter Girl«. Jeden Tag trug sie ein anderes Paar funkelnde Ohrringe. Alison und ihre Freundinnen spielten jeden Tag in derselben Ecke des Schulhofs ein Hüpfspiel, das auch Annie leidenschaftlich gern spielte. In der Pause holte Alison einen braunen Ball aus ihrem Schließfach, den sie mit glitzernden Sternchen und fluoreszierenden Aufklebern dekoriert hatte.

Meist fragte Samantha gleich am Morgen, ob Annie in der Pause mit ihr spielen wolle, und meist war Annie einverstanden. Als sie einmal sagte: »Heute wollte ich eigentlich mit Alison spielen«, gab ihr Samantha zur Antwort: »Dann bin ich nicht mehr deine Freundin.«

Samanthas Drohung führte zu einem heftigem Hin und Her zwischen den Mädchen. Annie wollte Samantha nicht verlieren, deshalb lief sie zu Alison und sagte, sie könne jetzt doch nicht mitspielen. Manchmal, wenn Annie darauf bestand, mit Alison zu spielen, sagte Samantha: »Dann magst du mich also nicht und dann willst du auch bestimmt nicht mehr meine Freundin sein. Geh nur und spiel mit ihr. Mir ist es egal.« Annie erinnert sich, dass sie »weinend davonlief«. Ängstlich und zögernd ging Annie dann zu Alison. Am nächsten Tag spielte Samantha mit Annie, als sei nichts geschehen.

Alison wurde eifersüchtig auf Samantha. Sie wollte jetzt, dass Annie ausschließlich mit ihr zusammen war, und wenn sie zusammen spielten und jemand kam, um mitzumachen, war Alison dagegen. »Es ging nur so«, erinnert sich Annie. »Entweder Samantha und ich oder Alison und ich. Und ich war geschmeichelt, dass alle mit mir spielen wollten.«

Die starke und charismatische Alison konnte Samantha nicht leiden. Sie und ihre Freundinnen begannen jetzt, Annie auszugrenzen, wenn sie mit Samantha spielte. Und schließlich drohte ihr Alison genauso wie Samantha: »Wenn du in der Pause nicht mit mir spielst, bin ich nicht mehr deine Freundin.«

»Ich saß zwischen allen Stühlen«, sagt Annie. »Es bestand die Gefahr, beide zu verlieren. Es ist schwer, sich das vorzustellen. Samantha ist nicht besonders groß. Es war nicht so, dass sie sich vor mich hinstellte und sagte: ›Grrr! Du spielst jetzt mit mir!‹ Sie ist bloß so groß!« Annie streckt Daumen und Zeigefinger aus und sieht ihre Mutter an, die zustimmend nickt. »Im Ernst. Ich war größer und ein ganzes Jahr älter als sie.«

»Aber«, fügt Annie hinzu, »ich fühlte mich eingeschüchtert, weil sie eine große Klappe hatte. Sie hatte keine Angst, den Mund aufzumachen. Sie sagte ungeniert, was sie dachte. Sie setzte immer ihren Kopf durch.«

Annie sinkt in sich zusammen. »Aber es hat mich fix und fertig gemacht. Wenn ich ging, verlor ich die eine Freundschaft, und wenn ich nicht ging, verlor ich die andere. Wenn ich nur die kleinste Bemerkung gemacht hätte, dass es mir reichte, hätten sie mich fallen lassen. Ich wurde immer kleiner für sie, ich war keine Freundin mehr, nur noch irgendwer.«

Fast jeden Tag kündigten entweder Samantha oder Alison Annie die Freundschaft auf. Jeden Abend schrieb Annie in ihr Tagebuch: »Heute habe ich mit Samantha Schluss gemacht« oder »Heute habe ich mit Alison Schluss gemacht«. »Ich weiß«, sagt Annie, »das ist das falsche Wort.« Sie lacht.

»Es ist grauenhaft, wenn jemand zu einem sagt: Ich will nicht mehr deine Freundin sein. Man fragt sich dann unwillkürlich: Mag mich denn niemand? Mir gehen so viele Dinge durch den Kopf. Habe ich etwas falsch gemacht? Bin ich denn so hassenswert? Ich weiß, es ist verrückt«, sagt sie. »Ich meine, Sie werden denken: Warum hast du dich mit diesen Mädchen überhaupt abgegeben? Aber es fiel mir schwer zu sagen: Wenn ihr mich so behandelt, will ich nicht mehr eure Freundin sein. Denn ich wollte ja keine von beiden verlieren.«

Petra rutscht auf der Couch hin und her und schlägt die Beine übereinander, mal in die eine, mal in die andere Richtung. Nun schon seit zwanzig Minuten. Sie wartet ungeduldig darauf, dass ihre Tochter endlich fertig ist. Sie sei, hatte mir Petra gesagt, vor allem auf Samantha wütend. Samantha schikaniere Annie jetzt schon seit fast drei Jahren. Wenn sie ihr nicht drohe, überschüttete sie Annie mit Geschenken, die sie ihr in die Schule mitbringe: Armreifen, Ringe, Haarklipse, Sticker, Souvenirs von Auslandsreisen. Samantha bastele etwas und male Bilder für Annie, ja sie schenke ihr sogar Sachen von ihrer Mutter.

»Aber«, meint Petra, »wenn Annie zu sagen wagte, dass sie heute nicht mit ihr spielen könne oder dass sie mit jemandem anderen spielen wolle, dann beschimpfte sie sie: ›Du bist ein Miststück‹, ›Ich hasse dich‹. Und sie schrieb ihr lange Briefe, in denen sie Annie fragte, warum sie nicht mehr ihre Freundin sei.«

Vor den Winterferien, als Petra ihrer Tochter half, ihr Schließfach in der Schule auszuräumen, war sie entsetzt – weniger über die Unordnung als über den Inhalt des Fachs. »Wir mussten regelrecht ausmisten – tütenweise Geschenke und tütenweise hasserfüllte Briefe.« Petra warf alle Geschenke weg. »Ich wollte das nicht zu Hause haben«, sagt sie bitter.

»Jeden freien Augenblick in der Schule nahm Samantha sie in Beschlag – spiel mit mir, setz dich in der Mittagspause neben mich. Wenn Annie um halb vier von der Schule nach Hause kam, klingelte schon das Telefon. Natürlich war es Samantha. Was mir wirklich krank vorkam, war dieses extreme ›Ich liebe dich – ich hasse dich‹. Und ich will ehrlich sein: Das hatte etwas von einer Triebtäterin. Ich meine es ernst. Ich benutze absichtlich dieses Wort. So kam es mir vor. Ich hatte das starke Gefühl, Annie war das Opfer und Samantha stellte ihr nach. Wenn es nicht besser geworden wäre, hätte ich mir wirklich ernsthaft Sorgen gemacht. Wenn ich Annie von der Schule abholte, war sie völlig aufgelöst – Samantha dies und Samantha das, und kaum traten wir ins Haus, fanden wir entweder eine Nachricht von Samantha auf dem Anrufbeantworter vor oder sie rief gerade an.«

Es gab Zeiten, erinnert sich die Mutter, in denen Annie sich weigerte, ans Telefon zu gehen. »Dann sagte ich: ›Weißt du was, Annie, heute gehst du nicht ans Telefon.‹« Und Annie war erleichtert.

Jeden Tag holte Petra mit Bangen ihre Tochter von der Schule ab. »Ich sah es ihr an und dachte: Mein Gott, was ist heute wieder passiert? Sie stieg ins Auto und war total außer sich. Es war frustrierend für mich, weil ich als Erwachsene genau wusste, was los war. Wir sagten immer wieder zu ihr: ›Sag ihr doch, sie soll den Mund halten!‹ Aber das ist nicht Annies Art. Sie sagte: ›Ich kann nicht, ich kann nicht gemein sein.‹ Es war so frustrierend, und ich dachte: ›Ich will nicht, dass man mein Kind so behandelt!‹«

Mit Samanthas Mutter darüber zu reden wagte sie nicht. Petra war nicht mit ihr befreundet, und sie war unsicher, wie sie reagieren würde. Petra verzieht das Gesicht, als sie sich vorstellt, was Samanthas

Mutter gesagt hätte: »Wie können Sie es wagen, so etwas zu behaupten! Meine Tochter macht Ihrer Tochter Geschenke! Wie kommen Sie dazu zu sagen, das sei nicht nett!«

Annie mischt sich wieder ein: »Ich bin gar kein so schwacher Charakter, im Gegenteil. Ich bin sehr stark und ich kann auch gut die Führung übernehmen. Ich sitze nicht einfach da und schaue zu. Aber es fällt mir so schwer zu sagen, ich will nicht mehr, dass du das machst, und ich will auch nicht, dass du das mit jemandem machst, mit dem ich befreundet bin.«

Annie zog sich auf sich selbst zurück. Sie hatte Angst, vor ihren Mitschülerinnen zu weinen oder Gefühle zu zeigen. Und je isolierter sie wurde, desto mehr wurde sie das Opfer von Samanthas erstickender Zuwendung.

Am Ende des fünften Schuljahrs ging Petra zur Schulberatung und sagte, dass Annie das nicht länger mitmachen könne. »Ich sagte zu der Psychologin, es gehe nicht an, dass Annie Samantha derart ausgeliefert sei. Das sei Annie gegenüber nicht fair.« Erst in der Beratung erfuhr Petra, dass Annie keineswegs Samanthas einziges Opfer war. Zwischen dem dritten und dem sechsten Schuljahr hatten mehrere Mütter darum gebeten, ihre Tochter von Samantha fern zu halten.

In der sechsten Klasse hatte Annie ein Poesiealbum, in das ihre Freundinnen am Endes des Schuljahres etwas hineinschreiben sollten. Die meisten nannten ihre Lieblingsfarben oder Lieblingsfilme und zählten auf, was sie an Annie besonders schätzten. »Ich mag an Annie, dass sie so groß ist«, hieß es zum Beispiel. »Ich mag, dass Annie gern telefoniert.« Und was schrieb Samantha? »Was ich an Annie mag, ist, dass ich sie eigentlich nicht mag und sie ein Miststück ist. Ich mag an Annie, dass sie meine beste Freundin ist, obwohl wir ständig streiten, und ich mag, dass sie die Streitereien schnell wieder vergisst.«

Wie Vanessa bemühte sich auch Annie, ihrer Freundin alles recht zu machen, nur um die Beziehung zu retten. Erst ihr beharrliches Festhalten an der Freundschaft mit Samantha machte es möglich, dass die Freundschaft derart missbraucht werden konnte.

Für Annie waren Bosheit und Freundschaft bald ununterscheidbar miteinander verwoben. Annie bringt Samanthas Verhalten auf den Punkt: »Das war ihre Art und Weise zu sagen: ›Ich bin deine

Freundin und ich mag dich.‹ Ich glaube, sie versuchte nur, die Freundschaft zu erhalten, so gut sie es eben konnte.«

Die Not von Mädchen, die Opfer relationaler Aggression werden, ist meist am schwersten zu lindern. Auch wenn die Eltern Bescheid wissen, können sie oft gar nicht begreifen, warum sich ihre Tochter weigert, etwas zu unternehmen. Annie erinnert sich »ganz genau an einen Abend. Ich saß da und weinte und dachte: Was soll ich bloß machen? Ich halte das nicht mehr aus.« Annies Brüder feixten und meinten, wohl auch etwas genervt: »Warum schlägst du sie nicht einfach zusammen? Du bist doch doppelt so groß wie sie.«

»Ich sollte Samantha einen Tritt in den Hintern geben«, erzählt Annie. »Aber das ging nicht. Ich konnte nicht hingehen und sagen: ›Hey, weißt du was? Mir passt es nicht, wie du mich behandelst.‹ Ich war damals neun – für eine Neunjährige ist es ... na ja, es ist schwer, in einer Freundschaft einen Kampf auszutragen, in einem Alter, in dem einem Freundschaften so wichtig sind.«

Das mangelnde Verständnis unserer Gesellschaft für die Verbindung von weiblicher Aggression und Nähe macht es den Mädchen schwer, gesunde Beziehungen aufzubauen. Am gravierendsten ist die Unfähigkeit der Mädchen, das zu erkennen, was Carol Gilligan und Lyn Mikel Brown »Beziehungsverstöße« oder die Dynamik der Boshaftigkeit und des Missbrauchs[17] nennen. Da sie dieses schikanierende Verhalten nicht einordnen können, geben die Mädchen schließlich sich selbst die Schuld dafür, dass sie das Opfer sind.

Dass diejenigen, die andere terrorisieren, oft auch die Geschicktesten im sozialen Umgang sind, macht die Sache noch komplizierter. Genau wie die in der Wissenschaft beschriebenen »beliebten Mädchen« sind auch diese Mädchen weit für ihr Alter und versiert im Umgang mit anderen. Und meist kommt noch – darüber wird selten gesprochen – eine stark charismatische, ja verführerische Aura hinzu. Solche Mädchen üben auf ihre Opfer eine geradezu magische Anziehungskraft aus. Die Freundschaft ist wie ein Zauberbann, und das Opfer ist dem widersprüchlichen Wunsch ausgesetzt, von seiner Freundin gequält und gleichzeitig erlöst zu werden. Das Opfer erkennt zwar rational die Probleme dieser Beziehung, es nickt zustimmend, wenn die Eltern drängen, sich zurückzuziehen, fühlt sich aber zugleich auf unerklärliche Weise zu seiner Peinigerin hingezogen. Über eine enge Freundin, die sie schikanierte und andere zwang, sie links liegen zu lassen, sagt mir ein Mädchen: »Sie gehört zu den Leuten, die man einfach mögen muss. Ein absolut reizender Mensch. Sie verbarg, was sie wirklich dachte, und alle mochten sie.«

Natalie

Laura Fields, die Leiterin der städtischen Schulaufsichtsbehörde, führt mich auf den Footballplatz von Ridgewood. Ich staune, wie viele Menschen sich bereits versammelt haben. Dieser Ort ist der spirituelle Mittelpunkt der Stadt; Football hat hier den Status einer Religion. Wir nehmen unsere Plätze auf der Zuschauertribüne ein, und Laura fängt an, mit jemandem zu plaudern, während ich verlegen dasitze.

Die Bank quietscht, als sich neben mir eine Frau niederlässt. Sie ist klein und stämmig, hat gefärbtes Haar und trägt modisch gebleichte Jeans, und ihre Stimme klingt fröhlich und herzlich, als sie sich vorstellt: »Ich bin Susan Patterson. Ich bin wirklich froh, dass Sie mit meiner Tochter Natalie sprechen.« Ich bin also schon bekannt. Sie sieht mich forschend an und gibt mir einen kameradschaftlichen Klaps auf die Schulter. »Ich glaube, es ist gut, wenn sie mit Ihnen redet.«

Natalie scheint sich da weniger sicher. Wenn ich sie in den folgenden Tagen in der Schule begrüße, senkt sie den Kopf zu Boden oder fixiert ihr Schließfach, um meinem Blick auszuweichen. Ich frage mich, ob ihre Mutter sie wohl gezwungen hat, sich mit mir zu unterhalten.

Der Tag unseres Gesprächs kommt, und ich setze mich neben sie an einen Tisch. Natalie ist dreizehn Jahre alt und besucht die achte Klasse. Sie trägt blaue Jeans mit einer dazu passenden Jacke und darunter ein weißes T-Shirt.

An jenem Tag macht mich Natalie mit einer notorischen heimlichen Peinigerin in Ridgewood bekannt. Reese ist die Letzte, von der man ein solches Verhalten erwartet hätte. Sie schreibt nur gute Noten, und ihr Gesichtchen unter dem Pferdeschwanz, der wie ein Metronom hin und her pendelt, würde selbst dem größten Griesgram ein Lächeln entringen. Man hat mich schon früher ihrer Mutter vorgestellt, einer reizenden Frau, die gern lacht und von der es heißt, sie wisse auch über die vertraulichsten Angelegenheiten des Ortes genauestens Bescheid.

Natalie ist mit Reese zusammen aufgewachsen. Die beiden Familien waren befreundet, und die Mädchen spielten schon in der Vorschule zusammen. Natalie verehrte Reese geradezu, und Reese fiel immer etwas Neues ein, um sich interessant zu machen. Natalie war gern bei Reese zu Hause, wo es immer besonders lebhaft zuging.

In der dritten Klasse begann Reese, Natalie Geschichten über einen Bruder zu erzählen, der gestorben war, oder über ein Haustier, das es in Wirklichkeit gar nicht gab. Wenn sie bei Natalie war, mäkelte sie an ihrer Kleidung und an den Bildern herum, die in ihrem Zimmer an der Wand hingen. Natalie war zwar gekränkt, glaubte aber, wenn sie sich anders kleidete und die Bilder von der Wand nähme, würde Reese damit aufhören. Doch dem war nicht so. In der Schule, wenn andere Mädchen in der Nähe waren, tat Reese häufig so, als sei Natalie Luft für sie, doch außerhalb der Schule waren sie nach wie vor die besten Freundinnen.

Reese hatte die Eigenschaften eines Tarnkappenbombers: Sie kam im Tiefflug und war verschwunden, bevor jemand wusste, was genau passiert war. Ein entzückendes Kind, dessen Namen jedem Lehrer zuerst einfiel, wenn er die klügsten und bravsten Mädchen aufzählen sollte. Folglich war sie über jeden Verdacht erhaben. »Sie schrieb gute Noten und schwätzte nie«, erzählt Natalie. »Als die Lehrer sahen, dass Reese und ich Freundinnen waren, steckten sie uns in die gleichen Arbeitsgruppen.«

Aber immer, wenn sie in der Gruppe oder zu zweit zusammenarbeiten mussten, verstummte Natalie. Reese beschimpfte und verspottete sie. »Ich war das stillste Mädchen in der Klasse, weil ich nie den Mund aufmachte«, erzählt Natalie. Früher hatte sie vor der Klasse gern aus ihrem Tagebuch vorgelesen, aber als Reese anfing, mit anderen Mädchen Blicke zu tauschen, verzichtete Natalie darauf. Gleichzeitig gaukelte Reese in der Öffentlichkeit Harmonie und innige Verbundenheit vor.

Ich frage Natalie, ob sie jemals mit Reese darüber gesprochen hat. Sie sieht mich fragend an. »Sie war alles für mich«, sagt sie. »Sie war meine *beste Freundin*.« Sie sagt das so prononciert, als verstünde ich kein Englisch. »Nein, ich hatte Angst, etwas zu sagen, weil ich befürchtete, dass sie dann sauer auf mich wäre oder mich nicht mehr mochte oder noch mehr über mich redete.« Bei den seltenen Gelegenheiten, da Natalie oder eine andere ihrer Freundinnen Reese auch nur den leisesten Widerstand entgegensetzte, »versuchte sie den Anschein zu erwecken, es sei gar nichts und ich würde mir alles nur einbilden«. Reese gelang es, Natalie einzureden, sie sei nicht stark genug zu kämpfen, selbst wenn sie kämpfen wollte. »Sie nutzte mich aus, und ich wehrte mich nicht dagegen«, sagt Natalie. »Ich redete mir ein, sie sei besser als ich.«

Es verwundert nicht, dass Natalie die Schwierigkeiten, die sie mit Reese hatte, vor ihrer Mutter geheim hielt. Natalies gesenkter Blick steht in scharfem Kontrast zu der aufgeschlossenen, leutseligen Art ihrer Mutter. Wenn ihre Mutter fragte, ob es in der Schule schön gewesen sei, und Natalie verneinte, wechselte ihre Mutter rasch das Thema. Sie war mit Reeses Mutter befreundet – oder vielmehr sie verehrte sie –, und Natalie wusste, dass ihre Mutter ihr niemals Glauben schenken würde. Sie schämte sich.

In der sechsten Klasse freundete sich Reese mit Drew an, die neu nach Ridgewood gekommen war. Reese drangsalierte Drew entgegen ihrer Gewohnheit ganz offen, und irgendwann ging Natalie auf Drew zu. Nachdem sie Drew jeden Tag in der Schule hatte weinen sehen, wollte sie ihr zu verstehen geben, dass sie den gleichen Kummer hatte. Das war nicht leicht. »Sie hatte Angst, sich mir anzuvertrauen«, sagt Natalie. »Und ich umgekehrt auch, zumindest am Anfang. Ich hatte Reese mein volles Vertrauen geschenkt, und sie erzählte alles weiter, was sie von mir wusste. Ich hatte das Gefühl, ich könnte nie wieder jemandem etwas von mir erzählen. Sogar meiner Mama und meinem Dad sagte ich nichts.«

Als ich Natalie frage, ob ihre Freundschaft mit Reese sie in irgendeiner Weise beeinflusst habe, antwortet sie zurückhaltend. »Ich glaube, es hat mich nur ein wenig beeinflusst. Früher war ich laut und lustig und alles, jetzt rede ich kaum noch. Ich habe witzige und auffällige Klamotten getragen, das mache ich jetzt nicht mehr, weil ich Angst habe, dass Reese oder sonst jemand mich auslacht oder über mich redet.«

»Und wie geht es dir damit?«

»Wenn ich daran denke, möchte ich am liebsten losheulen. Aber das mache ich nicht, weil ich weiß, wenn ich weine, bin ich ihr ausgeliefert.« Natalie fand neue Freundinnen, und diese neuen Beziehungen waren ein himmelweiter Unterschied zu vorher. Trotzdem lauerte stets die Angst vor einer neuen Konfrontation mit Reese.

Natalie sitzt mit gequälter Miene da, aber es ist kein frischer Schmerz. Der Schmerz scheint sich vielmehr in ihre Züge eingegraben zu haben. Während wir reden, ist sie den Tränen nah, aber sie erzählt alles genau und mit fester Stimme.

Als wir fertig sind, schaltete ich das Aufnahmegerät ab. Ich sage ihr, wie stark und großartig sie gewesen sei und wie tapfer. Natalie erhebt sich schnell, um sich zu verabschieden, und ich habe das Gefühl, sie wird sich irgendwo verkriechen, um zu weinen. Beinahe wäre ich aufgesprungen, um sie zu umarmen, aber ich weiß, dass sie etwas anderes braucht. *Ich* brauche diese Umarmung. Ihre Schilderungen haben mir den Blick in einen tiefen Brunnen eröffnet, und ich muss noch lange an Natalie denken.

3

Die Wahrheit tut weh

Um 13.15 Uhr wirken die Mädchen der Schule in Marymount – meine erste Gruppe mit Achtklässlerinnen – so, als würden sie jeden Augenblick in Ohnmacht fallen. Das typische Tief nach dem Mittagessen. Sie sitzen lustlos da und weigern sich, einen Kreis zu bilden. Es ist März, und draußen zeigen sich bereits die ersten Frühlingsboten. Trotz der nur 18 Grad tragen viele Shorts und ärmellose T-Shirts.

Ich hole die Schokoladenkekse heraus, und wie auf Kommando richten sie sich auf und fangen an zu mampfen. Endlich ein Lebenszeichen. Ich eröffne das Gespräch mit der Bitte, das perfekte Mädchen zu beschreiben. Sie sehen mich fragend an.

»Wie in den Zeitschriften. Filmen. ›Dawson's Creek‹ und so.«

Ein paar Mädchen melden sich. In der Hoffnung, die Atmosphäre aufzulockern, habe ich sie gebeten zu reden, ohne die Hand zu heben. Aber alte Gewohnheiten sind hartnäckig.

»Schlank!«, sagt eine.

»Hübsch!«

Gut, denke ich. Und dann: »Nett!«

»Was meinst du mit nett?«, frage ich und sehe von meinem Notizblock auf.

»Sie hat jede Menge Freundinnen.«

»Sie streitet sich nie.«

»Alle mögen sie.«

In diesem Moment beginne ich zu begreifen, woher die alltägliche Aggressivität von Mädchen rührt.

»Gut«, sage ich und denke nicht weiter nach. »Also, wenn eine Freundin etwas getan hat, was euch wütend oder traurig macht, sagt ihr es ihr dann?«

»Nein!«, kommt es wie aus einem Munde.

»Und warum nicht?«, frage ich.

Schweigen. Ich warte.

Ein Mädchen, das in der Ecke sitzt, holt tief Luft. »Weil dann ein Riesending daraus wird.«

»Was ist ein Riesending?«
»Es gibt Streit«, erklärt eine andere.
»Und da kann sich keiner raushalten. Es lohnt sich nicht, wegen einer Kleinigkeit eine Freundin zu verlieren.«
»Da wird sofort ein Tamtam darum gemacht.«
»Was würde passieren«, frage ich, »wenn ihr jemandem einfach sagt, wie ihr euch gefühlt habt? Schließlich habt *ihr* euch ja schlecht gefühlt. Damit es euch danach besser geht, in der Freundschaft.«
»Das könnte sie verletzen«, meint eine. Nicken. Einvernehmliche Blicke.
»Kann man jemandem die Wahrheit sagen, ohne gemein zu sein?«, frage ich.
»Die Wahrheit tut weh«, sagt ein Mädchen in der Ecke leise. »Deshalb lüge ich.«

Als ich mit den Recherchen für dieses Buch begann, glaubte ich – so war es in der Literatur zu lesen und so hörte ich es von Lehrern –, verdeckte Aggressionen bei Mädchen seien etwas, das nur jenseits der »normalen« sozialen Strukturen zu finden sei. Doch schon in den ersten Mädchengruppen, mit denen ich zusammensaß, hörte ich zu meiner Überraschung von ganz *alltäglichen* Konflikten, die zugleich deutliche Züge von Mobbing und Gewalt trugen.

Mädchen schildern ihr soziales Umfeld als eine Welt, in der ungelöste Konflikte wie Tränengas in der Luft hängen, als ein trügerisches emotionales Terrain, wo Zwistigkeiten selten ausgesprochen werden und doch beim geringsten Funken explodieren können. Für viele, wenn nicht für alle Mädchen ist der Alltag unberechenbar. Bündnisse wechseln, begleitet von vertraulichen Flüstereien hinter vorgehaltener Hand. Viele Mädchen geben einander nicht zu erkennen, warum sie traurig oder wütend sind. Stattdessen stellen sie kleine Armeen von Helferinnen auf – willige Freundinnen, die zwischen den Stühlen sitzen und begierig sind auf jenen Augenblick der Nähe, die entsteht, wenn man jemandem die Hand in der Not reicht.

Verdeckte Aggressionen und das zweideutige Verhalten, das sie mit sich bringen, gehören zum Alltag von Mädchen wie Make-up, Jungs und die Medien. Mädchen erfahren schon früh, dass sich andere gegen sie verbünden können, wenn sie einen Konflikt mit einer Freundin offen ansprechen. Sie lernen, Verletzungen und Wut in sich hineinzufressen und ungelöste Konflikte mit der Präzision eines Buchhalters abzulegen, bis sich ein ganzer Berg angehäuft hat. Konflikte lernen sie nur über Streitereien zwischen anderen kennen, und sie beteiligen sich an kollektiven Akten der Aggression, da ihnen die individuelle Aggression verwehrt ist.

In unseren Gesprächen äußern viele Mädchen die Angst, selbst alltägliche Konflikte könnten zum Verlust jener Menschen führen, an denen ihnen am meisten liegt. Sich etwas von der Seele zu reden, so glauben sie, werde bestraft. Isolation sei nicht mehr rückgängig zu machen – ein zu hoher Preis.»Man möchte es ihnen nicht sagen, und wenn man es trotzdem tut, tja, dann kann man gleich seine Sachen packen, denn sie werden einen nicht zur Freundin haben wollen«, erklärt mir eine Sechstklässlerin. Und Hannah, die die siebte Klasse der Arden-Schule besucht, meint: »Wenn ich meinen Freundinnen sage, dass ich wütend auf sie bin, mache ich mir noch mehr Feinde. Es ist ein Teufelskreis.«

Mädchen werden dazu erzogen, Beziehungen und Verbundenheit über alles andere zu stellen. Daher wird in Konfliktsituationen die Angst vor Isolation und Verlust übermächtig, und die Mädchen bemühen sich, jede direkte Konfrontation zu vermeiden. Unangenehme Gefühle werden aus den alltäglichen Beziehungen ausgeklammert; man verpackt sie sorgfältig und zeigt sie am besten überhaupt nicht.

Viele Mädchen fürchten, nicht einschätzen zu können, wie die anderen auf ihren Ärger reagieren; deshalb versuchen sie, sich möglichst auf Bereiche zu verlegen, die sie im Griff haben. Einer der Gründe, warum Mädchen gerne Briefe schreiben, so erklärt mir eine Achtklässlerin, liegt darin, dass »wir damit unsere Gedanken besser ordnen und sie optimal formulieren können. Wenn ich es ihr ins Gesicht sage, fange ich vielleicht an zu stottern, bringe die Wörter durcheinander, sage Dinge, die ich gar nicht so gemeint habe.« Einige Mädchen erzählen mir, dass sie schon Briefe geschrieben haben, um Wutgefühle loszuwerden und die Freundschaft zu erhalten, diese Briefe dann verbrannt oder in den Papierkorb geworfen haben. Briefe, so die Achtklässlerin Shelley, seien besser, »weil einem bei einem Gespräch die anderen ins Gesicht sehen können«.

Eine offene Aussprache ist deshalb selten, meint eine Siebtklässlerin aus der Arden-Schule, weil »ich nicht weiß, was sie als Nächstes sagen wird. Man möchte den Kampf nicht verlieren. Man weiß nie, was sie sagen wird. Und wenn das Gespräch schlecht läuft, könnte sie andere mit hineinziehen. Deshalb rede ich nicht.« Man könne nicht einfach zu jemandem sagen, er sei gemein, erklärt mir ihre Klassenkameradin. »Man denkt: O mein Gott, sie wird wütend auf mich werden, oder sie will nicht mehr meine Freundin sein. Man hat Angst, dass sie Gerüchte verbreitet. Man weiß nicht, was sie denkt.«

Das Bedürfnis, die Gefühle anderer zu berücksichtigen und dabei die eigenen außer Acht zu lassen, ist ein Thema, das sich wie ein roter Faden durch alle meine Gespräche zieht. Die Mädchen sagen, dass sie ganz unabhängig davon, wie wütend sie seien, niemanden verletzen wollten, während ihnen die eigenen Gefühle völlig unwichtig erscheinen. Probleme und Gefühle werden zu »Kleinigkeiten«, die als »dumm«, »nicht wert, sich deswegen zu streiten«, erachtet werden und die die Mädchen irgendwo in ihrem Inneren verstauen, in einem Raum, der eines Tages zu klein wird.

Rumms!

Erst nach zwei Besuchen bei ihr zu Hause erklärt sich Jennifer einverstanden, mit mir zu sprechen. Beim ersten Mal sitze ich mit ihrer Mutter bei einer Tasse Tee, während die Stoffpantoffeln der Elfjährigen auf der abgetretenen Schwelle zwischen der Küche und ihrem Zimmer hervorlugen. Sie checkt mich ab. Bei meinem zweiten Besuch nickt sie schüchtern. Ich sitze auf der Couch in ihrem Zimmer und bin angenehm überrascht, dass sie lebhaft ist und energisch gestikuliert. Wie aus der Pistole geschossen sagt sie: »Meine Freundin und ich fragen uns immer gegenseitig, ob wir wütend aufeinander sind. Die Antwort lautet sofort ›Nein‹, weil keine sagen will: ›Ich bin sauer auf dich.‹«

»Warum denn nicht?«, frage ich.

»Weil die andere sich dann schlecht fühlt.«

»Ist es denn nicht wichtig, dass du wütend bist?«

»Doch, schon, aber soll man es gerade derjenigen sagen, auf die man wütend ist?«, fragt sie, als wüsste sie die Antwort wirklich nicht.
»Manche Leute würden sagen, ja, weil deine Gefühle wichtig sind«, erwidere ich.
»Und was ist mit ihren Gefühlen?«, fragt sie.
»Was ist damit?«, gebe ich zurück.
»Ich ... nein. Darüber reden wir nicht. Ich weiß nicht, ob enge Freundinnen über so etwas reden. Das ist was Persönliches.« Ich höre auf zu fragen.

Mit der zwölfjährigen Carmen, einer Schülerin lateinamerikanischer Herkunft in einer Privatschule im Nordosten, spreche ich darüber, wie es ist, jemandem zu sagen, dass man wütend ist. Das täte sie niemals, erwidert sie, und ich frage, warum nicht.
»Erstens, weil es komisch klingt! ›Hey, übrigens, ich bin wütend auf dich!‹«, gibt sie gedehnt und mit ironischem Unterton zurück. Dann wird sie ernster, zögert. »Ich würde nie sagen: ›Ich bin wütend‹ – es ist – so etwas mag ich nicht, es ist verrückt, einfach zu sagen: ›Ich bin wütend auf dich‹ ... Es ist wie ein Schlag ins Gesicht – Rumms!« Carmen gibt einen kräftigen Laut von sich.
Für sie schlägt ein Konflikt wie eine Bombe in eine Freundschaft ein und zerschlägt sie in tausend Stücke. Für einen Konflikt hat man keine Worte, er hat keinen Platz in einer Beziehung, ja im Leben überhaupt.

Für manche Mädchen bedeuten Konflikte lebenslanges Training im Nettsein. Die zehnjährige Melanie aus Mississippi erklärt ihren Mitschülerinnen, warum sie es Kaya nicht sagen kann, wenn sie wütend ist.
»Das tut man nicht«, schreit sie.
»Warum nicht?«
»Weil manche an unserer Schule wirklich empfindlich sind, und wenn man so etwas sagen würde, würden sie in Tränen ausbrechen.«
»Aber du würdest dann immerhin sagen, wie du dich fühlst, oder?«, dränge ich, um der Sache auf den Grund zu gehen.
»Aber damit würde ich andere verletzen.«
»Aber wenn du so richtig sauer bist?« Ein paar Mädchen kichern.

»Manchmal sagt man es seinen Freundinnen, aber manchmal sagt man es niemandem«, meint sie schließlich. Und außerdem habe man ja wahrscheinlich später die Chance, seine Wut rauszulassen. »Dann geht man zu jemandem und sagt: ›Ehrlich, Kaya geht mir auf die Nerven. Sie hat mir das und das erzählt und so.‹«

»Aber warum gehst du dann nicht zu Kaya selbst und sagst ihr einfach: ›Hey, du hast mich wütend gemacht.‹«

»Weil man es ihr heimzahlen will«, meint sie und sieht mich dabei ängstlich an.

Die meisten Mädchen schleppen ein Gefühl der Verletztheit mit sich herum, und mit der Zeit wird es für sie immer schwieriger, die unterdrückte Wut zu beherrschen.

Ihren größten Bemühungen zum Trotz hält Meredith, eine Schülerin aus der Arden-Schule, es für zwecklos, ihren Ärger im Zaum zu halten. »Wenn man seiner Freundin nichts davon sagt, wächst die Wut in einem. Man wird innerlich verbittert. Und das ist für sie und für einen selbst schwer zu ertragen.« Charlotte stimmt zu. »Man wird das Gefühl nicht mehr los. Wenn man es versteckt, wird es stärker, und es wird immer schwieriger, sich zu beherrschen.«

Eine Schülerin erzählt mir, dass sie ihren Hund trete, wenn sie wütend sei. Und viele andere bekennen, sie schlügen ihre kleineren Geschwister. Einige Schülerinnen, die ich befrage, berichten, sie fühlten sich deprimiert, wenn sie versuchten, ihre Wut zu zügeln. Andere erzählen von einem wachsenden Zorn. »Man wird immer wütender, wenn man ihn nicht in den Griff bekommt. Und dann explodiert man«, sagt Emily, Schülerin in Marymount. »Es wird immer schlimmer, und man findet immer mehr, was einen an dem Mädchen stört.« Und seltsamerweise tut man umso mehr so, als wäre alles in Ordnung, je schwerwiegender das Problem wird. So meint Nancy aus Marymount: »Ich war so wütend, dass ich es ihr nicht sagen konnte. Es war leichter, überhaupt nichts zu sagen, und für sie war es besser, nicht zu wissen, dass ich so wütend war.«

Die Angst vor einer offenen Aussprache führt in der Regel dazu, dass die Konflikte der Mädchen sich verschärfen, da sie gezwungen sind, Dritte mit einzubeziehen. Als Shelley Sarah nicht dazu bringen konnte, offen über das Problem zwischen ihnen zu reden, fragte

Shelley andere, was mit Sarah los sei. Für den ahnungslosen Beobachter – etwa Sarah – sah es so aus, als agierte Shelley hinter ihrem Rücken. Sarah war außer sich. »Aber ich hole mir doch nur Rat!«, rief Shelley aus – eine Äußerung, die ich bei meinen Interviews unzählige Male höre. Eine Fünftklässlerin aus Mississippi sieht darin eine Möglichkeit der Schadensbegrenzung: »Wenn man jemandem direkt sagt, dass man wütend auf ihn ist, wird derjenige eher wütend, als wenn man es jemand anderem sagt. Man hat dann Zeit, darüber nachzudenken, was man sagen will und tun soll.« Eine Sechstklässlerin aus derselben Schule meint dazu: »Man hat Angst, dass die andere es falsch versteht, also probiert man verschiedene Sachen aus und fragt, wie andere das sehen. Sonst macht man womöglich etwas falsch, und alles wird noch schlimmer.« Ohne es zu wissen, sorgen sie auf diese Weise dafür, dass genau das passiert.

Andere Mädchen finden, alles sei besser, als eine Freundin zu verlieren. Ihrer Meinung nach wählen sie nur das geringere Übel. »Mädchen können einander zerstören«, meint Hannah. »Aber wenn sie hinter dem Rücken tratschen, regen sie sich wieder ab. Täten sie das nicht, wäre womöglich ihre Freundschaft zu Ende.« Einige Mädchen weichen einem Konflikt aus, indem sie schlicht und einfach davon ausgehen, ihre Freundinnen – Gedankenlesern oder Superhelden ähnlich – wüssten schon, dass sie wütend auf sie seien.

Lily aus der Highschool in Linden, deren ruhige, nachdenkliche Art sie weitaus älter wirken lässt als sie ist, überreicht mir schüchtern lächelnd ein kleines rosa eingebundenes Tagebuch. Darin habe sie das Miteinander in der Mittelschule in allen Einzelheiten geschildert. Der erste Eintrag im siebten Schuljahr lautet: »Es fällt mir schwer, meine Gefühle zu unterdrücken. Ich bin ein Sensor. Ich spüre die Dinge und gebe den anderen Zeichen, wie ich mich fühle.« Später heißt es im Tagebuch: »Es ist ein seltsames Gefühl, wenn die Menschen, mit denen man lange befreundet ist, die Zeichen nicht verstehen, die man ihnen gibt. Man sollte meinen, sie wüssten Bescheid. Wenn ich mich von ihnen absondere, fragen sie NIE, ob ich wütend auf sie bin, oder versuchen mit mir zu reden. Sie lassen mich einfach links liegen, als ob ich gar nicht da wäre oder als würden sie denken: ›Gott sei Dank, dass sie endlich weg ist.‹ Ich fühle mich HUNDEELEND!«

Wie ein Schiff, das hilflos auf dem Meer treibt, sandte Lily Notsignale aus, die niemand wahrnehmen konnte. Je mehr sie sich dieser unverständlichen Sprache und Gestik bediente, um zu kommunizieren, desto einsamer und verlassener fühlte sie sich.

Wenn das stumme Flehen eines Mädchens ignoriert wird, kann Verzweiflung rasch in Wut umschlagen. Viele Mädchen berichten, sie seien empört, wenn ihre Freundinnen nicht merkten, wie sie sich fühlten. Das könne man doch an ihrer gepressten Stimme, an ihrer Wortkargheit und daran erkennen, dass sie abends nicht anriefen. Aber die Freundinnen reagierten nicht.

Nicht meine Schuld

Warum nicht einfach das Mädchen beiseite nehmen und ihr ruhig und freundlich erklären, was einen ärgert? Diese Frage stellen sich zahllose Eltern, Schulpsychologen und Experten für Aggressionen bei Kindern und Jugendlichen.

»Das versuche ich ja«, berichtet mir eine Neuntklässlerin aus Linden verzweifelt, »aber dann sagt sie mir, wo ich was falsch gemacht habe, und dann bin ich schuld.« Ähnliche Argumente höre ich immer wieder, und zwar von Mädchen jeden Alters. »Sie wird den Spieß umdrehen«, »sie wird mir die Schuld in die Schuhe schieben« oder: »Sie wird alle auf ihre Seite ziehen.« Da so viele Mädchen nicht wissen, wie sie mit alltäglichen Konflikten umgehen sollen, reagieren sie nervös oder schlagen zurück, wenn eine Altersgenossin ihre Wut offen zeigt. Zornige Worte werden als erstes Zeichen drohender Isolation gedeutet, sie klingen in den Ohren von Mädchen wie ein fernes soziales Donnergrollen.

Es tut mir Leid

Auf der Oberfläche wirkt ein Zwist zwischen Mädchen oft still und glatt wie ein See. Jede, die einmal als Letzte erfahren hat, dass jemand wütend auf sie ist, weiß das. Viele Mädchen geben sich distanziert oder schweigen ganz einfach, um ihrem Ärger Ausdruck zu verleihen, sodass die Adressatin keinerlei Hinweis bekommt, was sie angestellt hat. Unter der Oberfläche aber sieht es ganz anders aus.

Mädchen handhaben die Kampf- und Friedensrituale mit erschreckender Strenge. Für viele ist das gemeinsame Wissen darum, dass man sich »im Streit« befindet, leichter auszuhalten als die Mühe einer echten Auseinandersetzung. Wenn Freyda und Lissa sich zum Beispiel »streiten«, gehen sie auf dem Schulflur tagelang schweigend aneinander vorbei, bis endlich eine von beiden das Gespräch beginnt. Dabei mag ihr Konflikt einen ganz banalen Anlass gehabt haben – erst durch das Schweigen gewinnt er an Bedeutung und verselbstständigt sich. Während beide Mädchen darauf warten, dass die andere nachgibt und sagt, dass es ihr Leid tut, verlieren sie womöglich ganz aus den Augen, warum sie überhaupt in Streit miteinander liegen. »Wenn Mädchen wütend sind, hören sie nicht zu, und wenn nicht geredet wird, staut sich der Ärger in ihnen auf, und sie können sich nicht mehr erinnern, warum sie in Streit geraten sind«, erklärt mir eine Sechstklässlerin von der Sackler-Schule. »Manchmal ist es längst vorbei, aber man muss trotzdem weitermachen«, bemerkt ein gleichaltriges Mädchen von der Arden-Schule. »Man möchte nicht nachgeben. Man will nicht aufhören. Man will nicht die Verliererin sein.«

Der Streit wird in der Regel dann beigelegt, wenn sich ein Mädchen unterworfen und – per Brief, Boten, E-Mail oder persönlich – entschuldigt hat. Die andere hat »gewonnen«. Mädchen, insbesondere in der Vorpubertät, scheuen sich häufig, sich mit dem Kern des Konflikts auseinander zu setzen. Sie sind so etwas wie Zuschauer ihres eigenen Zwists und klammern sich an die Rituale, die einen Streit einleiten und beenden. Lyn Mikel Brown und Carol Gilligan beobachteten, dass es Mädchen furchtbar leicht fällt zu sagen, »es tut mir Leid«, und einem Konflikt dadurch ein »nahezu märchenhaftes, glückliches Ende zu geben, sodass mit diesem abschließenden Reueakt der starke Schmerz und der Zorn ein abruptes Ende finden«.[18]

Die Lösung ist also häufig nicht weniger verworren als der Kampf selbst. Die oberste Direktive lautet, die Beziehung um jeden Preis zu erhalten; dies und die Angst vor dem Verlust der Freundschaft bestimmen fast jeden Schritt im Verlauf eines Streits. Auch wenn *Tut mir Leid* der universelle Code für Waffenstillstand ist, wird die

Formel häufig nur oberflächlich und flüchtig, mechanisch ausgesprochen – so wie man »Gesundheit« sagt, wenn jemand niest. Wie auch immer dieses »Tut mir Leid« mitgeteilt wird, es ist ein glatter Schnitt, der einen Streit so abrupt beendet wie ein herausgezogener Stecker die plärrende Musik einer Stereoanlage. Und da diese flüchtige Entschuldigung ausgesprochen wird, wenn der Streit selbst noch gar nicht ausgetragen ist, gärt der Konflikt, weggesperrt wie ein Geist in der Flasche, weiter und bleibt ungelöst, bis ein neuer Anlass ihn wieder zum Ausbruch kommen lässt.

So erklärt mir ein Mädchen, wie sie sich in der Regel »versöhnt«: »Komm, lass uns wieder Freunde sein. Ich weiß gar nicht, warum wir in einen so dummen Streit geraten sind.« Indem man den Einzelheiten aus dem Weg geht, meint eine Sechstklässlerin, vermeidet man neue Probleme. »Vielleicht sagt man wieder das Falsche«, erklärt sie. Andere ertragen einfach die Isolation nicht länger. »Ich wollte nicht, dass sie noch weiter wütend auf mich ist«, erläutert ihre Mitschülerin, »deshalb habe ich mich entschuldigt.« Wenn man abwartet, ergänzt ein anderes Mädchen, »löst sich der Zorn irgendwann einfach in Luft auf«. Und eine Achtklässlerin aus Ridgewood meint: »Man vergisst, warum man wütend war, weil man die Freundschaft nicht verlieren will.« Wieder eine andere erinnert sich an eine ehemalige Freundin, die sie erbarmungslos schikaniert hatte und dann in der Schule zu ihr kam, um sich zu entschuldigen. »Es ist einfach passiert«, habe sie gesagt, »tut mir Leid.«

Carmen meint, bei ihr funktioniere die direkte Aussprache nicht, da sich ihre Freundinnen allesamt lieber mechanisch entschuldigten, anstatt wirklich über ihre Gefühle zu reden. »Wenn ein Mädchen einem sagt, dass es wütend ist, hat man automatisch das Gefühl, man müsse sich entschuldigen, ohne darüber nachzudenken.«

Manchmal entschuldigt sich Carmen, aber sie kann es nicht ausstehen, immer diejenige zu sein, die den ersten Schritt tut. »›Es tut mir Leid‹ sage ich manchmal eher, weil ich Gewissensbisse habe, als weil ich verstehe, was die andere sagt. Ich denke nur: ›Ist doch egal, ich sage, es tut mir Leid, und alles wird gut.‹ Aber ich glaube nicht daran, dass alles gut wird«, fügt sie achselzuckend hinzu, »weil ich wahrscheinlich weiterhin etwas mache, was die andere ärgert.«

So entsteht ein Teufelskreis. Ungelöste Konflikte graben sich ins Gedächtnis ein und stauen sich dort bis zum nächsten Konflikt an. Eine der häufigsten Klagen der Mädchen lautet: »Wir behalten alles im Gedächtnis. Wir vergessen nichts.« Und ein Mädchen erklärt auch, warum: »Jungs fechten die Sache aus. Mädchen bringen es nicht zu Ende. Es wird immer schlimmer. Und dann kommt es zu einem neuen Streit, und der ist dann riesig.« Eine Sechstklässlerin der Sackler-Schule meint: »Man kommt auf diese winzigen Kleinigkeiten zurück, über die man vorher nicht gesprochen hat. Und dann werden sie riesengroß.« Und Lisa von der Arden-Schule sagt: »Mädchen schauen immer auf das, was man das letzte Mal gemacht hat.«

War nur ein Scherz

Mädchen, die einem Konflikt ganz aus dem Weg gehen wollen, weichen häufig auf andere Verhaltensmuster aus. Humor ist eine besonders beliebte Art, eine Freundin indirekt zu verletzen. Damit kann sich die Täterin wie mit einer Schutzschicht umgeben, während sie ihre Pfeile abschießt.

In Linden sprechen die Schülerinnen darüber, wann ein Scherz verletzend wirkt. »Nutte ist die schlimmste Beleidigung«, erklärt Erica. »Man sagt das leicht mal. Zum Beispiel: ›Das sind Nuttenklamotten.‹« Und wenn dann die Sache zu brenzlig wird, sagt jemand schnell: »War doch nur ein Scherz!«

Wenn überhaupt, erhebt das Opfer nur selten Einspruch. Die Angst, als überempfindlich zu gelten – *Du verstehst wohl überhaupt keinen Spaß!* –, ist enorm. »Was willst du, war doch nicht ernst gemeint!« – so etwas wirkt wie ein Stich, wenn man cool sein möchte. »Ein Mädchen, das Zielscheibe aller möglichen Witzeleien ist, möchte ihren Freundinnen sagen, dass ihr das wehtut«, meint die sechzehnjährige Ellie. »Sie denkt: ›Ich weiß, dass sie es nicht tun, um mich zu verletzen.‹ Und sie streiten es ja auch ab. Aber es kratzt trotzdem am Selbstwertgefühl.«

Bei der Adressatin dieser »Witzeleien« entsteht ein eigenartiger Zustand der »Schizophrenie« – sie muss sich entscheiden zwischen dem eigenen Empfinden und dem, was sie über ihre Freundinnen denken möchte. Einer Freundin Glauben schenken und dabei den eigenen Instinkt ignorieren – auf diese Weise »opfern Mädchen ihre eigene Wahrnehmung der Wirklichkeit oder übertragen anderen die Macht, ihr Erleben zu benennen und neu zu deuten«. So beschreiben Brown und Gilligan eines der Hauptsymptome für den Verlust des Selbstwertgefühls, den sie bei Mädchen beobachteten.[19]

Die Angst vor Vergeltung ist nicht das einzige Hindernis für die offene Aussprache. Tasha hat soeben ihren vorläufigen Führerschein bekommen und stopft sich in einem Deli ein Bagel hinein, während wir darüber sprechen, wie sie reagiert, wenn Mädchen ihre wahren Gefühle hinter Witzeleien verbergen.

»Am Ende sieht man ein, wie dumm es ist, sauer zu werden«, meint sie kauend.

»Auch wenn jemand gemein zu dir gewesen ist?«, frage ich.

»Wenn jemand Witze macht, sollte man die Sache nicht so hoch hängen.«

»Auch wenn diejenige deine Gefühle verletzt?«

»Wenn jemand etwas zu einem sagt, was einen verletzt, ist das schlimmer, als verprügelt zu werden? Richtig schlimm ist es, wenn jemand einen in der Schule verprügelt. Das ist wirklich gewalttätig«, erklärt sie mir geduldig. »Aber...« – sie stockt, sucht nach Worten für das Phänomen, für das es bislang keinen Begriff gibt – »einen *auf nette Art zu misshandeln* ist doch was anderes.«

Gängigen psychologischen Theorien zufolge ist es in der kindlichen Entwicklung ganz normal, Gleichaltrige durch Witzeleien oder beiläufige Bemerkungen zu »necken«. So meint Dacher Keltner, Professor an der Universität von Kalifornien in Berkeley: »Kinder, die über andere Witze machen, geben durch Lachen, wissende Blicke, Stupser und Tonfall zu erkennen, dass sie nur Spaß machen.«[20] Wieder ein Blick durch die männliche Brille. Da den Jungen ein breiteres Spektrum direkter Aggressionen zur Verfügung steht, kann man bei ihnen das humorvolle Auf-den-Arm-nehmen von »echter« oder ernst zu nehmender Aggression klar unterscheiden. Bei Mädchen, die im Großen und Ganzen dazu neigen, Wut zu unterdrücken, dient der Humor einem anderen Zweck. »Oftmals«, so die dreizehnjährige Jasmine, »meint man das, was man im Scherz sagt, auch wirklich, aber man hat zu viel Angst, es zu sagen. Und Humor wirkt als Mittel nur dann, wenn beide wissen, dass es ernst gemeint ist.«

Allianzen schmieden

»Es ist verrückt, wie die Zeit alles auslöscht«, sinniert die einst beliebte, inzwischen aber ausgegrenzte Julie in dem Film »Jawbreaker – Der zuckersüße Tod«.
»Nicht die Zeit löscht alles aus«, erwidert die einst ausgegrenzte, inzwischen beliebte Fern. »Die Menschen tun es.«
»Menschen löschen Menschen aus«, seufzt Julie.

Nichts wirft ein Mädchen stärker aus der Bahn, als wenn sich andere gegen sie verbünden. Als schlimmste Form der relationalen Aggression zwingen solche Bündnisse das Opfer, dem potenziellen Verlust der Freundschaft nicht nur mit ihrer Gegnerin, sondern mit vielen ihrer Freundinnen ins Auge zu sehen. Das funktioniert in etwa so: Wenn ein Mädchen einen Konflikt wittert, beginnt sie eine vorsichtige verdeckte Kampagne, um ihre Widersacherin auszuschalten. Wie ein geschickter Politiker bildet sie systematisch eine Koalition von anderen Mädchen, die bereit sind, sich hinter sie zu stellen. Freundinnen, die sich ihr angeschlossen haben, werden die Gegnerin ignorieren und versuchen, die Unterstützung anderer zu gewinnen oder das Opfer direkt anzugehen, bis dieses teilweise oder ganz isoliert ist. »Es ist wie eine Kriegserklärung«, meint Daniella, eine Sechstklässlerin.

Durch den Zusammenschluss ist kein Mädchen unmittelbar für die eigene Aggression verantwortlich. Negative Gefühle werden häufig wortlos artikuliert, und im Schutz der Gruppe kann jede Einzelne den Schein des »netten Mädchens« aufrechterhalten. Die Verliererin ist am Ende meist von den anderen isoliert, und sie erleidet genau das, was sie an Konflikten fürchtet: den Verlust der Freundschaft. Häufig reicht allein schon die Gefahr, isoliert zu werden, um die negativen Gefühle zu »vergessen«.

Das Schmieden von Allianzen dient dazu, die Angst vor dem Verlust der Freundschaft zu umgehen. Victoria, die von Brown und Gilligan befragt wurde, erklärt, wenn jemand wütend sei, »überträgt sich dieses Gefühl dann vielleicht auf andere, und das geht dann so weiter, und schließlich können dann alle auf irgendetwas herumhacken«. Keny, eine Sechstklässlerin aus Ridgewood, meint: »Sie ist sauer auf die Freundin, und die Freundin ist sauer auf sie, also müssen sie sich eine andere Freundin suchen und ihr sagen, was wirklich los ist, ihr das Problem schildern, und vielleicht entsteht so eine neue Freundschaft.« Die Bündnisbildung gibt Mädchen die Möglichkeit, ihre Aggression zu verdrängen und mit anderen verbunden zu bleiben. Egal, wie ernst der Streit sein mag, das Mädchen ist sich einer Freundschaft sicher, die diesen Streit überdauern wird. Die Mädchen, die sich auf ihre Seite stellen, versprechen ihr das durch ihre Gegenwart. Auf diese Weise entstehen aus der Last des Konflikts neue Beziehungen, die ausgehandelt werden müssen – eine Fähigkeit, die Mädchen aus dem Effeff beherrschen.

Wie das funktioniert, beschreibt mir Nikki, eine Achtklässlerin aus Marymount: »Wenn ich sauer auf jemanden bin, ist es viel einfacher, das allen anderen zu sagen und sie gegen die Betreffende aufzuhetzen, weil ich dann diejenige bin, die Recht hat. Wenn man es der Betreffenden ins Gesicht sagt, dann entscheidet die ganze Klasse, und du weißt nicht, ob du diejenige bist, die Recht bekommt.«

Während das Bündnis noch im Entstehen ist, verbreitet sich die Nachricht wie ein Lauffeuer in den verschiedenen Freundeskreisen und wird mit zunehmender Intensität diskutiert, bis dieses Thema den Tag beherrscht. »Zuerst erzählen es sich alle in der Schule, dann am Telefon und schließlich über Internet; die Sache wird immer größer. Sogar E-Mail-Botschaften werden weiterverbreitet«, erinnert sich die dreizehnjährige Rebecca aus Marymount. Ein Mädchen gewinnt dann, so ihre Mitschülerin Maria, wenn es »die Leute dazu bringt, die andere nicht mehr zu mögen«.

Allianzen zu schmieden entspricht auch der Tendenz der Mädchen, alte Konflikte aufzustauen. Die Strategie der Täterin besteht darin, jene anzusprechen, die etwas mit dem Opfer verbindet. Insbesondere wenn Mädchen sich schon seit Jahren kennen, kann die Täterin auf einen reichhaltigen Fundus von Beziehungsproblemen zurückgreifen.

In der fünften Jahrgangsstufe in Mississippi ist eine solche Bündnisbildung gerade voll im Gange, und Danika erklärt mir: »Mädchen versuchen, einem Informationen über eine andere Freundin zu entlocken, die ihre Feindin ist. Zum Beispiel: ›Gefällt dir das und das?‹« Ich frage nach.

»Sie hören sich deine Antwort an und sagen ›Danke‹. Dann sagen sie, sie müssen mal kurz weg, jemanden treffen, und dann erzählen sie es ihrer Freundin. Man horcht sozusagen den Feind aus.«

In der Regel haben die potenziellen Kombattantinnen auf eine solche Gelegenheit nur gewartet. »Jemand hat zum Beispiel ein Problem«, meint Beccy, »und erzählt es einer Freundin, und die erinnert sich an etwas, was in der letzten Woche passiert ist.«

Es ist die klassische Form, hintenherum zu agieren, die es den Mädchen erlaubt, den Konflikt von sich fern zu halten und gleichzeitig zuzuschauen, wie die anderen ihn austragen. Es gibt vielfältige Motive dafür, sich in die Konflikte anderer einzumischen. Erstens bietet die Bündnisbildung die Gelegenheit, einer spontan entstandenen Clique anzugehören, wenn auch nur für kurze Zeit. Zur Partei eines anderen Mädchens überzulaufen, um ihm bei einem Konflikt Solidarität zu demonstrieren, wird mit einem seltenen Augenblick von Dazugehörigkeit und Geliebtwerden belohnt. »Die anderen wissen gar nicht, warum wir streiten, aber sie wollen dabei sein. Sie möchten an dem Tratsch beteiligt sein«, bemerkt Nikki. Und ihre Mitschülerin Mallory meint: »Man hat etwas, wo man dazugehört, und Dazugehörigkeit ist eine tolle Sache.« Da das Mädchen, das die Allianz schmiedet, in der Regel verwundbar ist, bietet sich durch die spontane Solidarität die Chance, deren Freundin zu sein und sich gleichzeitig für die Zukunft Gefälligkeiten zu sichern, wenn das Blatt sich wendet – was unausweichlich der Fall sein wird. Natürlich können erfolgreiche Kombattantinnen auf der sozialen Stufenleiter Riesensprünge machen. »Wenn man Partei ergreift«, erklärt Rachel, »kann man sich beliebt machen und Freundinnen gewinnen.«

Die Beliebtheit selbst wird zu einem Großteil davon bestimmt, wie erfolgreich es ein Mädchen versteht, ihre Freundinnen gegen eine andere aufzuhetzen. So wie die Isolation ein Trauma für Mädchen ist, so verschaffen Beziehungen Macht. Andere auf seiner Seite zu haben gibt einem Mädchen das Gefühl persönlicher Stärke. »Man hat das Gefühl, beliebt zu sein und mehr Macht zu haben. Man ist im Recht«, erläutert Lauren aus Marymount.

Das erfolgreiche Schmieden einer Allianz signalisiert, dass ein Mädchen akzeptiert ist, und stellt eine stillschweigende Übereinkunft dar – für den Augenblick jedenfalls –, diesem Mädchen nicht in den Rücken zu fallen. Wenn das Mädchen es schafft, alle anderen gegen ein Opfer aufzuhetzen, können sich die anderen unmöglich gegen sie wenden. »Man bringt so die anderen dazu zu sagen, dass man cool und stark ist«, kommentiert Dana.

Bündnisse zu bilden ist ein so essentieller Bestandteil des Mädchendaseins, dass sich viele, mit denen ich spreche, ein Leben ohne diese Strategie kaum vorstellen können. »Man macht es nicht absichtlich«, erklärt Lauren achselzuckend. »Es ist ein natürlicher Instinkt. Ich erzähle anderen etwas und versuche, dabei gut dazustehen.«

Freilich ist der Preis hoch. Lauren schildert, wie sie, wenn der Konflikt nicht mehr genügend hergibt, weiter Unterstützerinnen gewinnt: »Man kramt andere Dinge hervor. ›Guck mal, was sie für Klamotten anhat.‹« Und manchmal »übertreibt man und sagt nicht die ganze Wahrheit. Wenn mehrere Leute beteiligt sind, ist der Druck zu gewinnen größer.«

Für das Opfer hat es weit über den Augenblick hinausreichende Folgen, wenn sich die meisten nach und nach von ihm abwenden. »Es ist, als wäre das Leben ein Teich«, meint eine Siebtklässlerin, »in den ein Mädchen einen Stein wirft und dessen Wellen dein ganzes Leben durcheinander bringen.« Wenn ein Streit letztlich ein Wettkampf um Beziehungen ist, werden die eigentlichen Konfliktpunkte bald von den Bündnissen, die sich um ihn bilden, überlagert. Folglich müssen die Mädchen häufig ihre eigene Version der Ereignisse in Frage stellen und werden ein weiteres Mal verunsichert. »Wenn ich mit anderen im Streit liege, drehen sie den Spieß um«, meinte Cari aus der Marymount-Schule. »Sie sagen, es sei meine Schuld. Alle sagen, man habe kein Recht, wütend zu sein. Und dann denkt man, man ist verrückt.« Indem man den Konflikt anderen zur Beurteilung und Entscheidung überlässt, so ihre Mitschülerin Courtney, »kann man nie gewinnen. Die ganze Klasse ergreift Partei.«

Wo ein Streit nicht direkt ausgefochten und entschieden werden kann, ist es besser – so haben es Mädchen gelernt –, sich still zu verhalten. Die von Brown und Gilligan befragte Noura schildert einen typischen Fall von Tratsch: »Wenn dann eine andere sagt: ›Weißt du was? Ich habe gehört, wie das Mädchen über dich geredet hat‹, und dann wird sie sauer... und dann weiß ich eben manchmal einfach nicht, was ich sagen soll, es ist eben schwierig, etwas zu sagen.« Langsam, aber sicher – wie ein Licht, das allmählich verlöscht – verlieren solche Mädchen ihre Stimme; sie haben keine Meinung und keine Gefühle mehr.

Das Faszinierendste am Ritual der Bündnisbildung ist, dass es bei den Mädchen Aggressionen legitimiert. Die offene, direkte Aggression gegen ein anderes Mädchen ist nicht akzeptabel. »Wenn man niemanden auf seiner Seite hat, dann ist man schlicht und einfach die Böse«, meint Courtney. Und Megan, die die Unterstützung ihrer Altersgenossinnen in einer Kampagne gegen Melissa verloren hatte, meint, sie sei sich »dumm vorgekommen, ohne ihre Freundinnen an der Seite gemein zu jemandem zu sein«. Gemeinsam mit anderen jemanden zu terrorisieren ist dagegen etwas ganz anderes. Die Gruppe bildet einen sicheren Ort, wo man gemein sein kann – noch dazu mit Zustimmung der Altersgenossinnen.

Eine Sechstklässlerin aus der Sackler-Schule sieht in der Bündnisbildung auch einen Weg, einer Bestrafung zu entgehen. »Man möchte nicht die Schuld bekommen, also gibt man anderen die Schuld und sagt: ›Schieb's ihr unter.‹« Aggressive Jungen suchen in einer Clique vielleicht ebenfalls Schutz vor Bestrafung oder Schuldgefühlen, doch für Mädchen ist die Gemeinschaft in einer solchen Situation essentiell. Eine Studie hat bestätigt, dass die Schuldgefühle, die Mädchen bei aggressiven Akten empfinden, deutlich abnehmen, wenn auch andere die Verantwortung dafür übernehmen.[21]

Zwischen allen Stühlen

Auch wenn es einem Mädchen in einer Konfliktsituation gelingt, sich nicht auf die eine oder andere Seite zu schlagen, sitzt es am Ende womöglich zwischen allen Stühlen. Mädchen, die gegen ihren Willen in eine Auseinandersetzung hineingezogen werden, greifen häufig auf ein Verhalten zurück, das sie bei erwachsenen Frauen beobachtet haben: Anstatt Verrat zu üben, indem sie Partei ergreifen, wählen sie die Rolle der Vermittlerin.

Der Platz in der Mitte – wenn eine mit beiden Streitenden befreundet ist – ist häufig der riskanteste. Kommt die Bitte um Unterstützung von beiden Seiten, gerät die eine wie die andere Freundschaft in Gefahr. Julia aus Arden erklärt: »Wenn man zwei enge Freundinnen hat, hat man das Gefühl, Partei ergreifen zu müssen. Wenn man sich aber auf eine Seite geschlagen hat, fängt das andere Mädchen an zu tuscheln. Plötzlich ist man selbst diejenige, die im Unrecht ist.« Darüber hinaus können sich Unterallianzen bilden, was den Druck auf das Mädchen, das zwischen den Kontrahentinnen steht, erhöht. »Plötzlich sind so viele gegen einen«, meint Stacy, »man ist fix und fertig und gibt auf.«

Da sich Mädchen häufig weigern, miteinander zu reden, wenn sie sauer sind, spielen Vermittlerinnen eine entscheidende Rolle. Wenn sich eine Vermittlerin in einen Konflikt einmischt, haben sich die verfeindeten Mädchen in der Regel völlig festgefahren. Oberstes Ziel der Vermittlerin ist es, einen Kompromiss zwischen den rivalisierenden Parteien zu erreichen. Als eine Art mitfühlende Diplomatin befreit sie beide Mädchen aus ihrer Isolation.

Doch die Folgen für die Vermittlerin sind oft zwiespältig. Einerseits erfährt sie, dass man es durchaus schätzt, wenn sie sich um die Beziehungen anderer sorgt – was als typisch weiblich gilt. »Ich fühle mich richtig gut, wenn ich meine Freundinnen dazu bringe, miteinander zu reden«, erklärt mir eine Elfjährige.

Andererseits: Die streitenden Mädchen sind gleichermaßen unsicher, wie die Sache ausgehen wird. Eine Vermittlerin bestimmt darüber, wie sich die Beziehungen anderer in Zukunft gestalten, und dessen ist sie sich bewusst. Sie kann eine Freundschaft genauso schnell zerstören, wie sie sie wieder flicken kann. Vielleicht hat sie ihre eigenen Pläne mit einer der Gegnerinnen. Vielleicht, so sagt mir eine Sechstklässlerin, lügt sie, um nicht in die Schusslinie zu geraten. In diesem Fall, so meint sie, »hat man Angst, dass die Betreffende Gerüchte über einen ausstreut und Lügen erzählt und man dann keine Freundin mehr hat«.

In Mississippi unterhalte ich mich mit Sechstklässlerinnen über das Schmieden von Bündnissen.

»Warum mischen sich so viele Mädchen in den Streit anderer ein?«, frage ich.

»Weil sie alles mitbekommen haben«, meint Beth.

»Sie können dann anderen erzählen, was passiert ist. ›Ich weiß, wie es war!‹«, feixt Andra.

»Man möchte vielleicht selbst die beste Freundin von jemandem sein, und deshalb macht man den Streit schlimmer, als er ist«, fügt Angela hinzu.

»Manchmal machen sie jemanden noch wütender«, meint Beth.

»Warum«, frage ich, »sollte jemand das wollen?«

»Weil man die andere nicht richtig mag oder so.«

»Weil man möchte, dass sie streiten.«

»Und diejenige, die dazwischen steht, kann weitere Gerüchte verbreiten.«

»Aber was gewinnt sie dadurch?«, frage ich.

»Vielleicht hat sie etwas dazuerfunden oder die ganze Geschichte falsch erzählt, weil eines der Mädchen sie vorher geärgert hat«, fährt Beth fort. »Weil sie ihr etwas getan hat und sie nur auf eine Gelegenheit gewartet hat, es ihr heimzuzahlen.«

Vermittlerinnen, die ihre eigenen Freundschaften den Beziehungen anderer zuliebe zurückstellen, können rasch selbst zum Gegenstand des Konflikts werden. Eine Sechstklässlerin aus der Arden-Schule beschreibt ihre vergeblichen Versuche, zwei Mädchen wieder zusammenzubringen: »Egal wie sehr ich mich angestrengt habe, am Ende waren sie sowieso wütend auf mich.« Einer Mitschülerin von ihr nahm man es übel, dass sie unparteiisch blieb. »Jede war sauer auf mich, wenn ich mich mit der anderen abgab.« Vielsagend waren auch die Worte eines Mädchens, das seine Probleme im letzten Schuljahr beschreibt: »Ich hatte einen Streit *zwischen* Adelia und Marina.«

Rebecca, eine Sechstklässlerin an derselben Schule, erklärt es mir so: »Es ist wie bei einem Tischtennisspiel. Wie bei einer Meisterschaft. Man will gewinnen. Die Vermittlerin ist der Ball, und eine Freundin steht auf der einen, die andere auf der anderen Seite. Man möchte ständig hin und her springen, aber am Ende muss man doch irgendwo landen.«

Dass Vermittlerinnen so viel Bedeutung haben, hängt mit den Mechanismen einer sozialen Gruppe zusammen, in der die offene Austragung eines Konflikts mit Angst verbunden ist. Ohne die Vermittlerin kämen die Feindseligkeiten ungefiltert und unbegrenzt zum Ausbruch; sie sorgt dafür, dass die beteiligten Mädchen nicht etwas Falsches sagen oder etwas äußern, was sie gar nicht so gemeint haben. Ein Mädchen von der Arden-Schule drückt es so aus: »Wenn zwei Freundinnen von mir einen schlimmen Streit haben, brauchen sie mich unbedingt. Es geht auch um mich. Sie brauchen mich, um sich selbst zu beherrschen.« So gelingt es Mädchen in Situationen, die ihre weibliche Identität in Frage stellen, »nett« zu bleiben.

Die Vermittlerin spielt nicht nur in Konflikten eine wichtige Rolle, sie ist auch ein wichtiger Baustein der Freundschaften. Wie eine Studie ergab, wird das Scheitern eines Mädchens bei der Schlichtung eines Konflikts von ihren Altersgenossinnen als offen aggressives Verhalten interpretiert.[22] Umgekehrt begegnet man der Vermittlerin, die jemandem erfolgreich aus der Patsche hilft, mit der Dankbarkeit und Zuneigung, die besonders in Situationen entsteht, wo ein Mensch unverhältnismäßig viel Macht besitzt. »Manchmal«, so eine Sechstklässlerin der Sackler-Schule, »gibt es Streit mit einem beliebten Mädchen. Und man hilft ihr dann nur, weil es so toll ist, dass sie einen braucht.«

Das Phänomen der wechselnden Allianzen weist darauf hin, wie sehr Mädchen tagtäglich fürchten müssen, dass eine Beziehung in die Brüche geht. Freundschaften müssen unablässig geplant, taxiert und ausgehandelt werden. Bei diesen untergründigen Kampagnen nimmt die Freundschaft Schaden.

Eine Studie an der Universität von Kalifornien in Los Angeles ergab im Jahr 2000, dass die Geschlechter auf unmittelbar drohende Gefahr unterschiedlich reagieren. Während männliche Probanden zum »Kampf-oder-Flucht-Verhalten« neigen, entscheiden sich die weiblichen Befragten eher dafür, »sich fürsorglich zu zeigen und Freundschaften zu schließen«, wobei sie häufig die Unterstützung anderer suchen, anstatt anzugreifen oder zu fliehen.[23] Die Ergebnisse legen nahe, dass die Neigung der Mädchen, in Stresssituationen Rückhalt in der Gruppe zu suchen, ein altbekanntes Phänomen ist; die weitere Forschung auf diesem Gebiet mag neue Informationen über die weibliche Aggression erbringen.

Cliquen

Im Jahr 2000 war ganz Amerika gefesselt von der Fernsehshow »Survivor«, bei der 16 »echte« Menschen darum wetteiferten, wer auf einer einsamen Insel am Ende übrig blieb. Jeweils am Schluss einer wöchentlichen Folge konnten die Zuschauer das seltsame Schauspiel beobachten, wie einstige Kumpel einen aus ihren Reihen per Abstimmung von der Insel verbannten. Jede Woche warteten die Fans der Sendung begierig darauf, wer der Nächste sein würde.

Als nur noch drei Teilnehmer übrig waren, wurde Kelly, die lange Zeit als die künftige Siegerin galt, abgewählt. Aber nicht ihre überraschende Niederlage sorgte in jener Woche für Schlagzeilen, sondern die grausamen Abschiedsworte ihrer Mitspielerin Sue: »Wenn ich dir in meinem Leben jemals wieder begegnen sollte und du verdurstend daliegen würdest, würde ich dir nichts zu trinken geben. Ohne Bedauern würde ich zusehen, wie die Geier über dich herfallen und dich in Stücke reißen.« Den Zuschauern im ganzen Land stand der Mund offen.

Der Vorgang der Vertreibung in dieser Show ähnelt auf fatale Weise einem Ritual in Mädchencliquen. Fast ohne Vorwarnung kann eine solche Clique jemanden verstoßen. Für das betroffene Mädchen kommt die Vertreibung meist unerwartet, und der Vorgang kann verheerende Folgen für sie haben.

Der Verstoß aus der Clique kann in verschiedener Form erfolgen, sei es, dass so getan wird, als habe das betroffene Mädchen nie existiert, sei es, dass mit äußerster Brutalität gegen es vorgegangen wird. Außenstehende fragen sich womöglich, warum sich eine Gruppe mit derartiger Heftigkeit gegen jemanden aus den eigenen Reihen wendet. Doch wenn man den Mädchen zuhört, begreift man schnell, wie es dazu kommt. Ihr Zorn ist nicht, wie es das Klischee will, mit einer tief sitzenden Boshaftigkeit zu erklären, sondern vielmehr mit dem Anspruch, vor allem nett zu sein. Weil diese Mädchen kein Instrumentarium besitzen, mit dem alltäglichen Ärger, dem Verletztsein, dem Verrat, dem Neid und der Eifersucht umzugehen, stauen sich diese Gefühle auf und schwelen weiter, bevor sie sich in Zornausbrüchen entladen.

Erin und Michelle: zwei Gesichter im Spiegel

Diane Harrigan erinnert sich noch genau an den Tag, an dem ihr eine Lehrerin ihrer Tochter über den Weg lief. Als sie Erin spät am Morgen zur Schule begleitete – es war schon ein Sieg, dass ihre Tochter überhaupt die Kraft aufbrachte, in die Schule zu gehen –, blieb die ihr bislang unbekannte Frau stehen. »Ich möchte Ihnen sagen«, meinte sie leise, »dass ich weiß, was Sie durchmachen.« Die eigene Tochter der Lehrerin, inzwischen dreißig, habe erst kürzlich aus einer Buchhandlung fliehen müssen, weil sie dort unerwartet die Rädelsführerin wiedergesehen habe, die dafür verantwortlich gewesen war, dass ihre besten Freundinnen sie im Teenageralter plötzlich links liegen gelassen hatten. »Sie leidet immer noch darunter«, sagte die Lehrerin. Diane fühlte Tränen in sich aufsteigen. »Ich weiß«, erwiderte sie.

»Sie war der einzige Mensch in der ganzen Schule, der es wirklich mitgekriegt hatte«, sagt Diane zu mir. Diane ist klinische Psychologin und sie hat als Erste bei mir angerufen, nachdem die Briefe über mein Forschungsprojekt an die Eltern der Klasse ihrer Tochter verschickt worden waren. Erin ist aus einer Clique verstoßen worden, und sie leidet immer noch unter den Folgen.

Michelle war wütend. Im Sommer vor Beginn des fünften Schuljahrs war sie auserkoren worden, Freundschaft mit der Neuen, Erin Harrigan, zu schließen. Nach einem kurzen Telefonat mit ihr fand Michelle, dass Erin richtig nett war. Doch in der ersten Schulwoche stolzierte Erin herum, als wäre sie das beliebteste Mädchen in der Klasse – was sie bis dahin auch immer gewesen war. In der Mittagspause ging sie, strahlend vor Selbstbewusstsein und Charme, geradewegs auf die coole Clique zu. Michelle sagte im Flur hallo zu ihr, war sich aber ziemlich sicher, dass Erin den Gruß nicht erwiderte. Der Streit war vorprogrammiert.

Als sich im Lauf der fünften und sechsten Klasse die Gruppen deutlicher herauskristallisierten, wusste Michelle nicht so recht, wo sie hingehörte. Manchmal fühlte sie sich der coolen Clique näher, dann wieder trieb sie im gesichtslosen Meer der »Normalos«. Sie beobachtete, wie Erin Kelly als beliebtestes Mädchen der sechsten Klasse ausstach, mit Nicole Freundschaft schloss und von den tollsten Jungs umschwärmt wurde. Michelle spürte, wie der Ärger an ihr nagte. Erin war selbstsicher und verrückt nach Jungs, und sie wusste es.

Als Nicole im Sommer nach dem sechsten Schuljahr wegzog, schickte Erin eine E-Mail an Michelle. Gutes Timing. Michelle war zu diesem Zeitpunkt von ihren Freundinnen gelangweilt, und Erin stellte eine willkommene Abwechslung dar. Und da sie durch die neue Freundschaft auch mir nichts dir nichts in der beliebten Clique landete, war ihr Zorn bald verraucht. Die Freundschaft mit Erin war wie ein Rausch, und die Verwandlung erfolgte rasch und vollständig. Plötzlich war Michelle cool.

Drei Jahre danach unterhalte ich mich bei einer Tasse Tee in einem Café unweit der Schule mit Michelle. »Erin gehört zu den Menschen, deren Freundschaft am Anfang wie eine Droge ist«, sagt sie. »Man findet einfach, dass sie eine wunderbare Freundin ist. Sie ist so nett und lustig, ganz abgesehen davon, dass sie total beliebt ist, und man denkt, warum ist sie ausgerechnet mit mir befreundet? Sie sagt all das, was man gern hören möchte, und sie verhält sich wie eine richtig gute Freundin und als wäre man das Beste, was ihr passieren konnte. Und deshalb ist man ganz aus dem Häuschen, denn eigentlich ist man eher unsicher, aber sie tut so, als wäre man ihr Ein und Alles. Und das möchte ja wohl jeder. Jeder möchte für jemand anderen wichtig sein.« Michelle sonnte sich in Erins Glanz und genoss es wie einen Rausch, bei allem, was aufregend war, dabei zu sein.

Die Freundschaft der Mädchen war jedoch bald bedroht, denn in der siebten Klasse besuchten sie genau dieselben Kurse. Als die erste Klassenarbeit in einem naturwissenschaftlichen Fach zurückgegeben wurde, verspürte Michelle plötzlich einen Stich – war es Panik? –, weil Erin sechs Punkte mehr hatte. Als sich das Blatt wieder zu Michelles Gunsten wendete, bemerkte sie Erins Enttäuschung, und was erst heimliche Blicke über die Schulter waren, wuchs sich zu handfester Konkurrenz aus. »Wenn sie in einer Arbeit gut abschnitt, wurde ich richtig sauer, und wenn ich besser war, wurde sie sauer«, erklärt Michelle. Sie gab sich solche Mühe, Erin zu übertrumpfen, dass sie lauter glatte Einser bekam, und: »Jedes Mal, wenn sie eine schlechte Note hatte, war ich total happy.«

Die Mädchen blieben aber weiterhin eng befreundet, auch wenn Michelle mit Unbehagen feststellte, dass ihre alten Freundinnen immer mehr an den Rand ihrer Gruppe gedrängt wurden. In jenem Frühjahr vertraute Michelle Erin an, dass sie ein Auge auf Luke geworfen habe, einen Jungen in ihrer Klasse. Am nächsten Tag in der Mittagspause verkündete Erin: »Tja, mir gefällt Luke auch.« Michelle war außerstande, etwas zu antworten.

Am nächsten Abend ging Erin mit Luke aus.

»Nachdem sie erfahren hatte, dass ich ihn mochte, entdeckte sie, dass er ihr auch gefiel. Und sie konnte ihn auch leicht haben, weil er sie schon immer irgendwie gemocht hatte«, erzählt Michelle immer noch ungläubig. »Ich dachte: Was soll's, eigentlich ist es mir egal. Ich werde mich da nicht einmischen. Aber«, fügt sie hinzu, »es wurmte mich trotzdem.«

Michelle hielt den Mund. Doch vor Wut kochend verlangte sie von Erin ein Armband zurück, das sie ihr geliehen hatte und das sich Erin gerade überstreifen wollte. Erin schwieg und starrte sie bloß an, worauf Michelle ein kalter Schauer durchlief. »Keine konnte in ihrer Wut so Furcht erregend sein wie sie«, erklärt Michelle. »Ich wollte auf keinen Fall, dass sie sauer auf mich war.« Um die Wogen zu glätten, fragte sie, was los sei, und Erin zischte, Michelles unmögliches Benehmen gehe ihr auf die Nerven. Und Michelle erwiderte freundlich: »Es tut mir Leid. Ich möchte nicht streiten.«

Spätere Konflikte der Mädchen verliefen stets nach dem gleichen Muster, und je mehr Michelle ihren Ärger unterdrückte, umso mehr gerieten sie in Streit. Michelle betont noch einmal: »Wenn man wegen etwas wütend auf sie war, drehte sie den Spieß um und gab einem selbst die Schuld. Immer war es meine Schuld, immer, immer.«

»Es war für mich wie eine Diktatur«, fährt sie fort. »Sie hatte die totale Kontrolle. Sie machte ja nie etwas falsch – immer nur die anderen.«

Aber Michelle wollte Erin partout nicht sagen, wie es ihr ging. »Nein!«, ruft sie aus. »Das konnte ich nicht. Ich hatte Angst davor.« Daher sagte sie zu Erin, sie fände, sie sollten nicht ständig nur zu zweit sein. Das verschaffte ihr ohne große Auseinandersetzungen ein wenig Abstand. Als Michelle sich näher mit Mädchen aus einer anderen Gruppe anfreundete, in der Erin nicht das Sagen hatte, schloss Erin rasch Freundschaft mit Jessica. Das wiederum gab Michelle einen Stich, obwohl sie doch froh war, endlich von Erin losgekommen zu sein.

Michelle entdeckte rasch, dass viele der anderen Mädchen aus der achten Klasse, mit denen sie nun mehr zu tun hatte, Erin für ein Miststück hielten. Kelly war sauer, weil ihr Ex-Freund Denis wegen Erin Schluss mit ihr gemacht hatte, und sie hatte auch nicht vergessen, dass sie beim Wettbewerb um das beliebteste Mädchen der Stufe den Kürzeren gezogen hatte. Auch Mira war auf Erin sauer. Sie war eng mit Jessica befreundet gewesen, aber Erin hatte sie ihr ausgespannt. Und jetzt stand sie allein da und musste zusehen, wie die beiden gemeinsam die Mittagspause verbrachten.

Allmählich stellte Michelle fest, dass sie Erin nicht mehr brauchte. Erin dachte sowieso nur an sich. »Immer drehte sich alles nur um sie. Nach dem Motto: ›Na, wie seh ich aus, Leute? Steht mir das nicht supergut?‹« Wenn Michelle eine neue Tasche hatte, zeigte Erin ihre her. »Sie ist wahnsinnig egoistisch«, erklärt Michelle.

Als Erin eines Tages anrief, um sich ihre Notizen aus dem Geschichtsunterricht auszuleihen, fiel es Michelle deshalb nicht schwer, nein zu sagen und den Telefonhörer aufzulegen. Erin rief noch »dreißig Mal« an, aber Michelle ging nicht ans Telefon. Obwohl sie Erin nicht mehr brauchte, wollte sie keinen Streit mit ihr. Das Gespenst ihrer früheren Konflikte verfolgte Michelle immer noch. »Sie hätte mir die Schuld in die Schuhe geschoben. Sie hätte mich fix und fertig gemacht!«, meint sie.

Inzwischen hatte Ashley angefangen, sich mit Luke zu verabreden, der immer noch hinter Erin her war. Eines Tages, als Erin bei ihm zu Hause war, küsste Luke sie. Erin behauptete, sie habe ihn zurückgewiesen, aber eine Woche später geschah es erneut. Luke erzählte es Kelly. Erin erzählte es Jessica. Wie sich herausstellte, war Jessica schon lange in Luke verknallt, und ihre Freundschaft zu Erin bekam einen Knacks. Aber wie Michelle hatte Jessica Angst, etwas zu sagen und damit ihren Status als »Erins Ein und Alles« zu gefährden.

Nachdem Erin am folgenden Wochenende beim Endspiel ihrer Hockeymannschaft das Siegestor erzielt hatte, beobachtete Kelly, wie Ashley sie umarmte, und da wusste sie, dass ihre Freundschaft zunehmend enger wurde. An jenem Abend übernachteten Ashley und Michelle bei Kelly, und mit einem Mal wurde alles anders.

»Ashley«, sagte Kelly mit düsterer Stimme. »Ich muss dir etwas sagen.«

»Was denn?«, fragte Ashley.

»Erin hat sich zweimal an Luke rangemacht, als du nicht da warst.«

Ashley war entsetzt und fing an zu weinen. »Diese Schlampe«, brüllte sie.

»So ist es«, sagte Kelly rasch. »Wir reden ab jetzt nicht mehr mit ihr.«

»So eine Scheiße!«, brüllte Ashley.

»Vergiss es«, meinte Kelly. »Lass mich nur machen.« Sie nahm den Hörer ab und rief Erin an. »Hallo«, sagte sie. »Weißt du was? Luke hat mir von euch erzählt, und Ashley hat die E-Mail gelesen. Sie weiß alles. Okay? Tut mir Leid. Ich muss aufhören. Also ... tschüs.« Lächelnd legte sie auf. »Sie ist total aus dem Häuschen«, berichtete sie. Das Läuten des Telefons durchbrach die Stille.

»Geh nicht ran!«, zischte Ashley.

»Keine Sorge«, erwiderte Kelly.

Endlich ein Grund, wütend zu sein. »Ein Grund«, so fügt Michelle hinzu, »den Erin nicht abtun konnte«. Und: »Sobald jemand sauer war, waren es alle anderen auch.«

Am nächsten Tag rief Erin Michelle an, die jedoch sagte, sie könne nicht reden, und rasch wieder auflegte. Dann rief Michelle Jessica an.

Jessica wollte gerade aus dem Haus gehen. »Ich habe zu ihr gesagt: ›Jessica, wie fühlst du dich, wo Erin dir das angetan hat?‹« Jessica erwiderte, sie wisse es nicht. »Da habe ich gesagt: ›Jessica, ich werde niemandem sagen, was du mir erzählst, ich möchte nur von dir wissen, ob du Angst hast, wütend auf sie zu werden, und Angst hast, mit ihr zu reden.‹« Dann beschrieb ihr Michelle ihre eigenen Ängste.

»Genauso geht es mir auch!«, rief Jessica aus. Sie war sich, so glaubte Michelle, »am Telefon irgendwie klar darüber geworden«. Jessica ging nicht mehr ans Telefon, wenn Erin dran war.

Von da an »hatten wir das Gefühl, die anderen überzeugen und ihnen sagen zu müssen, ihr braucht keine Angst vor ihr zu haben, klar?«. Als Erin am Montag in die Schule kam, ließen die Mädchen sie links liegen.

»Wir saßen alle zusammen – strahlend! –, weil wir so froh waren, dass wir nichts mehr mit Erin zu tun haben mussten.« Dann kam Erin ins Klassenzimmer und wischte sich die Tränen ab, während sie sich neben eine setzte, »mit der sie bisher höchstens einmal gesprochen hatte. Sie war ein bisschen unsicher und hatte Übergewicht oder so, und ganz plötzlich freundete sich Erin mit ihr an, weil sie sich ja neben irgendwen setzen musste.« Die Mädchen beobachteten, wie Erin die Mittagspause mit Schülerinnen verbrachte, die immer ihre Freundin hatten sein wollen, über die sie aber hinter ihrem Rücken geredet hatte. Zu sehen, wie Erin sich der Isolation entzog, mit der sie sie hatten bestrafen wollen, brachte sie vollends auf. Jetzt, so Michelle, »ging es erst richtig los«.

Kelly lachte nur, wenn Erin an ihr vorbeiging. »Es war wegen Denis«, erklärt Michelle, »wegen damals, als Erin und Nicole Kelly ausgeschlossen hatten, und – na ja, wir hielten eben zusammen.« Besonders jetzt, da Erin aus dem Spiel war, war der Gruppenzusammenhalt groß. »Wir waren ganz dicke Freundinnen und standen immer im Flur zusammen und sprachen über Erin. ›Sie hat mich um das und das gebeten, und ich habe einfach nein gesagt!‹, und das hat richtig gut getan, weil wir endlich, na ja, wieder wer waren.«

Die Mädchen überschwemmten Erins Mailbox mit gehässigen Botschaften. Und offenbar beteiligten sich alle an diesem Spiel. Selbst Schülerinnen, die nichts mit der Sache zu tun hatten, brachten unaufgefordert Gründe vor, Erin zu schneiden. Einige nannten sie Miststück. Und Ashley schrieb, ihr werde schlecht, wenn sie Erin auch nur anschaue.

»Begannt ihr nicht zu überlegen, ob ihr nicht doch wieder mit Erin reden, ihr vielleicht sogar verzeihen und mit dem ganzen Zeug aufhören solltet«, frage ich Michelle.

»Aber nein!«, erwidert Michelle. »Niemand wollte mehr mit ihr befreundet sein. Alle wollten sie so leiden sehen, wie sie andere hatte leiden lassen.«

»Aber nehmen wir einmal an«, sage ich, »dass Erin alles getan hätte, damit man ihr verzeiht, dass sie versprochen hätte, eine bessere Freundin zu sein.«

»Wir kannten sie. Wir wussten, dass sie das nicht schaffen würde. Wir hatten es alle satt, und wir wollten nichts mehr damit zu tun haben.«

»Was hättest du am liebsten gehabt?«

»Hm, es ging ihr schlecht, aber sie hatte Freundinnen. Wir wollten ihr zeigen, wie das war. Ich meine, unbewusst wollten wir ihr zeigen, wie es ist, wenn niemand da ist, denn sie brauchte jemanden.«

Tag für Tag registrierten sie genau, welche Qualen Erin litt, und warfen ihr gehässige Blicke zu, wenn sie an ihnen vorbeiging. »Wir fanden das toll. Wir waren richtig happy. Alle waren total froh, dass es endlich so weit war.«

»Das war das Ende«, sagt Erin, »dabei waren sie alles für mich gewesen! Meine Familie bedeutete mir nichts, überhaupt niemand bedeutete mir etwas, nur diese paar Leute. O mein Gott.«

Wir sitzen auf Erins Bett, und ich muss ihr versprechen, rechtzeitig Schluss zu machen, damit sie »Dawson's Creek« sehen kann.

»Sie genossen es, mich weinen zu sehen«, erinnert sie sich. Die Mädchen stellten sich vor Erins Schrank im Kreis auf und prahlten: »Heute wird ein toller Tag!« »Sie tuschelten vor meinen Augen, so nach dem Motto: Komm, wir gehen auf die Toilette!, und sahen mich dabei nicht an. Und ich ging mit Tränen in den Augen weiter.«

Erins Eltern wussten nicht, was los war. »Ich kam nach Hause und schrie sie an: ›Haut ab!‹ Mir war zu Mute, als wäre mein Leben aus und vorbei.«

Erin begriff nicht, was vor sich ging. Sie wusste, dass sie es übertrieben hatte, aber sie verstand nicht, warum alle sich an dem Spiel beteiligten. Die Verwirrung war komplett, als sie von glatten Einsern auf glatte Sechser abfiel. Sie hatte nie Hilfe bei den Hausaufgaben gebraucht, und jetzt musste sich ihre Mutter jeden Abend mit ihr hinsetzen und ihr mühsam die Aufsätze abringen. »Ich brachte nichts mehr zustande«, sagt Erin. »Ich hatte mein ganzes Selbstvertrauen verloren. Sie gaben mir zu verstehen, dass ich ein schrecklicher Mensch war. Also war ich nichts mehr. Ich weiß noch, dass ich dachte: Noch vor einem Monat ging es mir wunderbar.«

Erin war verzweifelt darüber, welches Ausmaß der Hass ihrer Freundinnen angenommen hatte. Sie verlor jeglichen Lebensmut.

Am schlimmsten war es, wenn sie sie alle zusammenstehen sah. Es war, als wäre sie gestorben und nur noch ein Gespenst. »Ich existierte gar nicht. Es gab keine Erin mehr.«

Die Mädchen verschafften sich Zugang zu ihrer Mailbox und ersetzten ihr Passwort durch »Hure«. Luke löschte seine Liebesbriefe, damit niemand mehr nachweisen konnte, dass er für die Küsse verantwortlich gewesen war. Obwohl ihm das ohnehin niemand vorgeworfen hatte.

Erins Mutter war außer sich. Erin blieb immer häufiger der Schule fern, und »es ging mit ihr bergab«. Wie ein Kreisel, der sich nicht mehr dreht, hörte Erin einfach mit allem auf. »Sie wurde wieder zum Kind. Sie verkroch sich regelrecht in unseren Armen.« Diane erinnert sich, dass sie sich alles Mögliche einfallen ließ, um Erin dazu zu bewegen, mit ihr in die Schule zu gehen.

Wenn sie dort ankamen, war Diane von Angst erfüllt. »Da standen all die Kinder, die abends bei uns zu Hause gewesen waren, die bei uns zu Mittag gegessen hatten und was sonst noch alles. Und jetzt taten sie so, als gäbe es mich gar nicht. Es war alles so ...« – sie holt tief Luft – »... so aggressiv! Ich verstand einfach nicht, wie sie einem erwachsenen Menschen gegenüber so unverschämt sein konnten. Es war provozierend, sie waren so feindselig, ihre Blicke waren ... ich war wirklich ...« Ihr versagt die Stimme. »Wir waren verzweifelt wegen Erin.«

Diane fand schließlich eine Psychotherapeutin, betete, dass Erin sich ihr anvertraute, und schickte ihre Tochter allwöchentlich zu ihr.

»Erin versuchte, mit uns ins Gespräch zu kommen«, berichtet Michelle. »Sie gehört zu den Menschen, die sich selbst viel zu sehr lieben, als dass sie sich etwas antun, egal wie schlecht es ihnen geht. Das weiß jeder. Sie schrieb Jessica E-Mails, die wie kleine Gedichte waren: ›Ich habe niemanden. Ich kann nicht mehr leben. Ich habe dich verloren.‹« Michelle klingt verstört. »Lauter so wirres Zeug, und man fragte sich: Was soll das? Wir fanden das lustig, und wir haben uns die Mails gegenseitig zugeschickt und so.«

Als Erin zu einem Freund sagte, sie wolle sich umbringen, bekam er es mit der Angst und erzählte es den Mädchen. Sie lachten nur darüber. »Das tat sie nur, um die Aufmerksamkeit auf sich zu ziehen«, erklärt Michelle, »wir wussten, dass sie es nicht tun würde.«

Eines Tages, als Michelle und Ashley in der Schulkantine gerade ihre Tabletts zurückstellten, kam Erin auf sie zu. Sie holte tief Luft. »Die Sache mit Luke tut mir wirklich furchtbar Leid. Bitte, verzeiht mir.«

Michelle zuckte die Achseln. »Darum geht es nicht. Es geht darum, was für eine Freundin du bist«, sagte sie und ging weg.

Nun gab es kein Zurück mehr. »Sie war so eine schlechte Freundin, und ich hab es nicht gemerkt«, erklärt mir Michelle. Und nach einer Pause: »Sie ist *böse*!«

Fast täglich suchte Diane die psychologische Beratungsstelle der Schule auf. »Immer wieder sagte man mir: ›Das gibt sich wieder, das geht vorbei, glauben Sie uns, es geht vorbei.‹« Erst als ein Junge Erin eine E-Mail schickte, die mit »Du ekelhafte Hure« begann, berief die Schule eine Versammlung ein, um Vorschriften für E-Mails zu erlassen. Hilflos musste Diane mit ansehen, dass ihre Tochter sich wegen angeblicher Kopfschmerzen ins Bett verkroch und jeden Abend weinend stammelte, sie wolle sterben.

Im Mai, bei der Feier zum Abschluss der achten Klasse, stand Erin mit ihrer Familie allein da. Ihre Freundinnen und Freunde machten sich, bekleidet mit Baretts und Talaren, Arm in Arm zu Partys auf, die die ganze Nacht dauern würden. »Wir gingen«, berichtet Diane. »Die Tränen liefen mir über das Gesicht. Es tat mir furchtbar weh.« Auf dem Parkplatz kam eine Mutter auf Diane zu und erzählte ihr, sie habe zu Ashleys Mutter gemeint, das alles müsse sehr schwer für Erin sein. Die aber habe nur erwidert: »Das Mädchen hat nur bekommen, was es verdient.«

Diane war sich im Klaren darüber, dass sie lange nicht alles wusste, was vorgefallen war, doch obwohl sie ihre Tochter anflehte, es ihr zu erzählen, blieb Erin stumm. In jenem Sommer schickte Diane Erin zu ihrer Familie nach Kalifornien. Erin, die bei Fahrten ins Ferienlager und auch sonst immer das unerschrockene Mädchen gewesen war, das sich nicht einmal nach der Mutter umdrehte, um ihr zum Abschied zu winken, brach in Santa Monica völlig zusammen und rief mitten in der Nacht schluchzend ihre Eltern an.

Irgendwann im Lauf des Sommers regte sich bei Michelle Mitleid. »Teils vermisste ich sie, teils hatte ich ein schlechtes Gewissen, und teils wollte ich einfach ein guter Mensch sein und mit ihr reden.« Eines Tages, als Michelle bei Ashley war, rief sie Erin an und bat sie um das Geld, das sie ihr schon seit langem schuldete. Michelle war sich bewusst, dass sie nur einen Grund gesucht hatte, sie anzurufen, und Ashley wollte die Shorts zurück, die sie ihr geliehen hatte. Und auch Jessica wollte hallo sagen. Das Gespräch war »nett«. Aber sie hatten sich nicht viel zu erzählen.

Kurz vor Schulbeginn war Michelle bereit, einen neuen Anfang zu machen, obwohl sie Angst davor hatte, das Schweigen zu brechen, das die Gruppe offiziell beschlossen hatte. »Ich dachte mir: Okay, ein neues Schuljahr beginnt. Da ist das erlaubt. Ich muss mir keine Sorgen machen, was meine Freundinnen sagen werden.« Außerdem hatte sie mit einigen Mädchen Probleme, und wie damals in der siebten Klasse hatte Erin ein offenes Ohr für sie.

Die beiden Mädchen empfanden die wiedererstandene Beziehung als neu und vertraut, angenehm und gespannt zugleich. Aber Erin hatte inzwischen andere Freundinnen, und die Freundschaft zu Michelle wurde zu kompliziert. Außerdem fürchtete Michelle, in den alten Strudel »hineingezogen zu werden«. Heute ist Erin »einfach jemand, an dem wir im Flur vorbeigehen«. Als ich sie frage, was sie über die Ereignisse am Ende des achten Schuljahrs denkt, sagt Michelle: »Ich hatte Gewissensbisse und dachte, vielleicht hätten wir das alles anders machen sollen ... Es war für alle ein wichtiges Ereignis in ihrem Leben. Wahrscheinlich musste das passieren.« Und Erin habe sich sowieso nicht besonders verändert. Alle dächten das. Michelle ist mit dem Ausgang der Sache ganz zufrieden.

Erin aber findet, dass sie sich völlig verändert hat. »Ich bin so ängstlich geworden«, sagt sie zu mir. »Ständig mache ich mir Sorgen, was die Leute wohl über mich denken und was sie hinter meinem Rücken über mich sagen. Früher war mir das vollkommen egal! Jetzt denke ich ständig darüber nach, warum die Leute mich hassen. Das haben sie aus mir gemacht.«

Vertrauen zu ihren neuen Freundinnen zu fassen ist ein täglicher Kampf. »Ich kann es schon besser, aber ich mache mich immer noch verrückt, weil ich Angst habe, dass es wieder passiert oder dass ich eine schlechte Freundin bin.«

In der neunten Klasse schrammte Erin so eben daran vorbei, die Schule verlassen zu müssen. Ihre Leistungen waren nicht besser geworden, und selbst einfache Aufgaben erschienen ihr kaum zu bewältigen. Sie setzte ihre Psychotherapie fort, die Diagnose lautete auf Angstzustände und Depressionen. Aus Furcht, die anderen Mädchen könnten sie erneut attackieren, verbarg sie, wie sie sich wirklich fühlte. »Ich wollte ihnen beweisen, dass es mir gut ging und dass ich genauso viel Spaß hatte wie sie.« So verbrachte sie ihre Freizeit mit Älteren, wurde zu Partys eingeladen und schaffte es, so cool zu wirken wie früher. Leider fiel es auch der Schulleitung schwer zu glauben, dass sie so deprimiert und angsterfüllt war, wie ihre Eltern behaupteten.

Erin ließ die Beziehung zu ihrer früheren Freundin Kim wieder aufleben, und es war sonderbar für sie, dadurch am Rande wieder mit ihrer alten Clique in Kontakt zu kommen. Sie vermisste ihre ehemaligen Freundinnen, und offenbar hatten auch sie Erin vermisst. »Wie kommt es, dass ich immer noch den alten Zeiten nachtrauere?«, fragt sie mich. »Ich sollte es doch besser wissen. Ich frage mich: Warum bin ich immer noch mit euch befreundet? Nach alledem, was ihr mir angetan habt? Ich bin doch ein völlig anderer Mensch.«

Die deutlichste Veränderung, sagt sie, sei, dass sie anders mit ihren Freundinnen umgehe. Früher, als sie noch beliebt war, hatte sie das Bedürfnis gehabt, auf eine bestimmte Art aufzutreten. Jetzt sieht sie, dass diese Strategie fehlgeschlagen ist.

»Ich glaube, ich wollte perfekt sein. Man muss sein Ansehen steigern. Man sieht sich nicht einmal um. Der Blick zur Seite – man kümmert sich nicht mal um die Leute neben einem, weil man besser sein muss als sie ... Irgendwie weiß man, dass die Leute einen beobachten. Wenn man den Flur entlanggeht, weiß man, dass die anderen sagen: ›Hey, die ist cool.‹ Aber man weiß nicht, dass sie gleichzeitig denken: Und ein Miststück ist sie auch. Man sollte es eigentlich wissen, aber es ist einem nicht bewusst, weil das normal ist, und wenn man es anders macht, ist man draußen.«

Sie ärgert sich darüber, wie sie einmal war, über die Fehler, die sie gemacht hat, weil sie beliebt sein wollte, und dennoch fällt es ihr schwer zu verstehen, warum ihre Freundinnen derart wütend auf sie waren.

Diane geht es nicht anders. Sie hatte keine Vorstellung davon, wie sehr die Rache der Freundinnen ihre Tochter aus der Bahn werfen würde. Heute bedauert sie, die Schule nicht entschiedener gedrängt zu haben, etwas zu unternehmen.

In ihrem zweiten Highschool-Jahr verbesserten sich Erins Leistungen wieder, und sie brachte lauter gute Noten und sogar eine Eins mit nach Hause. »Eine erstaunliche Leistung!«, schrieb sie mir kürzlich triumphierend in einer E-Mail. Und sie sei verliebt.

Erins Fall illustriert mit erschütternder Klarheit, welche Folgen die Unterdrückung der wahren Gefühle haben kann. Drei Jahre lang fraßen Erins Freundinnen die alltäglichen Gefühle von Eifersucht, Rivalität und Verrat in sich hinein – bis diese dann plötzlich mit Macht die Oberfläche des Schweigens durchbrachen. Der Auslöser, der sie schließlich zum Handeln bewog, trägt zwei typische Merkmale: Es handelte sich um eine gemeinsame Erfahrung aller Mädchen, die gemeinsames Handeln erlaubte, und es bot ein akzeptiertes Motiv für weibliche Wut.

In einer Gesellschaft, die von der romantischen Liebe geradezu besessen ist, wussten die Mädchen sofort, dass die Knutscherei mit Luke ihnen einen triftigen Grund bot. Dies war nicht zu vergleichen mit dem hilflosen Neid, den man empfindet, wenn man selbst nicht beliebt ist oder nicht den Freund hat, den man sich erträumt, der Rivalität wegen der Noten oder mit der Traurigkeit, von einer Freundin verlassen worden zu sein. Hier handelte es sich um eindeutiges Fehlverhalten, um einen Fehltritt, den niemand in Abrede stellen konnte.

Problematisch war dabei, dass die verdrängten Aggressionen der Mädchen nun, da sie einmal zum Ausbruch gekommen waren, außer Kontrolle gerieten. Als Michelle feierlich verkündete, niemand brauche mehr Angst vor Erin zu haben, hätte sie noch hinzufügen können, dass auch niemand mehr Angst vor Konflikten und Wutausbrüchen haben müsse.

Auf dem Höhepunkt ihres Rachefeldzugs wollten die Mädchen Erin vor allem isolieren. Es ging nicht darum, ihr körperlich wehzutun,

Gerüchte über sie zu verbreiten oder sie bloßzustellen – nur darum, dass sie allein war. Als Erin sich mit weniger beliebten Mädchen zusammentat, wurden ihre Freundinnen noch wütender. »Sie schloss Freundschaften«, sagt Michelle. »Wir wollten aber, dass sie spürt, wie es ist, wenn niemand mehr da ist.«

Dass Michelle bereit war, mit mir über ihre Gefühle und Aggressionen Erin gegenüber zu sprechen, ist alles andere als selbstverständlich, denn wir tun uns ja damit alle schwer. Michelle ist ein ganz normales Mädchen, sensibel, freundlich und klug – und alles andere als grausam. Sie wusste nur nicht, wie sie mit ihrem Zorn umgehen und gleichzeitig eine noch größere Nähe zu der Freundin gewinnen sollte, die sie am meisten liebte.

Da Freundschaften und Beziehungen für Mädchen so wichtig sind, müssen wir der Isolation, die sie über andere verhängen können, besondere Aufmerksamkeit schenken. Wie wir gesehen haben, erleben Mädchen Alleinsein als etwas besonders Schreckliches. »Soziales Kapital« bilden sie vor allem durch ihre Beziehungen zu anderen, und deshalb trifft sie das Alleinsein im Kern ihrer Persönlichkeit und Identität.

Viele, die den psychischen Terror ihrer Altersgenossinnen überstanden haben, berichten ähnlich wie Erin von der Angst, sich den Zorn neuer Freundinnen zuzuziehen. Sie hatten das Gefühl, mit den elementarsten – ansonsten jedem selbstverständlichen – Beziehungsregeln nicht mehr vertraut zu sein. Sie sind unsicher geworden, was die anderen wütend oder sauer machen könnte, und wissen auch nicht mehr zu sagen, wann jemand wütend ist. Ihre emotionalen Antennen sind abgeschaltet – und das kann ein Mädchen zu einem Schatten seiner selbst machen, zu einem Wesen, das vor Angst erstickt und verstummt.

Bei Mädchen, die mit Alltagskonflikten nicht zurechtkommen, baut sich diese Angst immer weiter auf. Eines der Hauptsymptome für den Verlust der Selbstachtung ist das Gefühl, verrückt zu sein. Alle Mädchen, mit denen ich sprach, berichteten von dem verwirrenden Gefühl, ihren eigenen Augen und Ohren nicht mehr trauen zu können. Wenn Mädchen Meinungsverschiedenheiten austragen, steht ihre Körpersprache häufig in Widerspruch zu dem Gesagten, was das Opfer, auf das sie es abgesehen haben, irritiert. Das macht es so schwer, sich auf die eigenen Wahrheiten, die eigene Sicht der Dinge zu verlassen. Während der turbulentesten Jahre in ihrer Entwicklung klammern sich die Mädchen aneinander, um sich zu vergewissern, wie eine mir sagte, »dass wir nicht verrückt sind«. Doch gerade die engen Beziehungen mit den Altersgenossinnen und das unausgesprochene Verbot, die Wahrheit zu sagen, lösen nicht selten die Probleme aus.

4

Sie hält sich für was Besseres

Noch einmal zurück zu Erin aus dem letzten Kapitel: Auf den ersten Blick hätte niemand vermutet, dass Erin gemobbt werden könnte. Sie ist hübsch und beliebt – genau der Typ Mädchen, den ich in der Unterstufe der Highschool bewundert hätte. Und doch wurde Erin bestraft – auch deswegen, weil andere Mädchen ihr ihren Erfolg neideten. Im Verlauf meiner Recherchen erkannte ich, dass sie wohl sogar ein geborenes Opfer war. Erin ist nämlich ein Mädchen, das »sich für was Besseres hält«.

Um acht Uhr morgens lümmeln sich in Mississippi neunzehn Schülerinnen aus der siebten Klasse träge auf ihren Stühlen, hier und da hat ein Mädchen den Kopf auf die kühle Tischplatte gelegt. Ich fühle mich wie Sisyphos, während ich mich bemühe, das Gespräch in Gang zu halten. Schließlich frage ich: »Was ist eigentlich so verkehrt an Mädchen, die sich für etwas Besonderes halten?«

Die Mädchen rühren sich endlich, und Blicke schießen durch den Raum wie Pfeile.

Ausnahmsweise macht sich Amber einmal nicht die Mühe, die Hand zu heben. »Sie glauben, dass sie besser sind als wir anderen.«

»Sie machen alle anderen schlecht«, fügt Christina hinzu.

»Manchmal schieben sie ein Mädchen einfach beiseite und machen sich an die Jungs ran. Den Jungs gegenüber verhalten sie sich nicht so.«

»Vor allem flirten sie mit den Freunden aller ihrer Freundinnen und glauben, sie könnten jeden haben.«

»Sie sind hochnäsig«, sagt Lacey.

Am nächsten Tag frage ich auch die Fünftklässlerinnen: »Warum mögt ihr Mädchen nicht, die sich für etwas Besonderes halten?«

»Sie halten sich für hübsch!«, sagt eine Schülerin aufgebracht.

»Und was ist daran verkehrt?«

»Sie geben damit an«, meint Dee Dee. »Meistens stolzieren sie herum, spazieren durch die Flure, als wollten sie sagen: ›Ich bin besser als ihr alle!‹«

»Was macht so eine denn, wenn sie angibt?«, frage ich.

»Ich habe so schönes Haar«, äfft sie die Angeberin nach.

»Sagt sie das so?«

»Ich bin hübscher als ihr. Ich bin einfach viel besser als ihr!«, erwidert sie affektiert und fängt an zu kichern.

»Na schön«, sage ich. »Spielt es mir vor. Zeigt es mir.«

»Sie kämmt sich im Unterricht. Sie stolziert herum!«

»Also, zeigt es mir!«, dränge ich. Raneesha springt auf und schlendert in die Mitte des Kreises, wobei sie auffällig mit dem Po wackelt.

»Sie wackelt mit dem Hintern, stimmt's?«, frage ich. Die Mädchen biegen sich vor Lachen. »Und warum mögt ihr das nicht?«

Das Gelächter ebbt langsam ab, Schweigen breitet sich aus.

»Wenn man zusammen irgendwo hingeht, zieht sie vielleicht die Aufmerksamkeit der Jungs auf sich. Und vielleicht gefällt sie ihnen dann und nicht ich«, sagt Dee Dee.

»Und wie verhält man sich richtig?« Ich lasse nicht locker.

»Man zeigt es nicht die ganze Zeit«, erwidert Lizzie.

»Man behält es für sich.«

»Man verhält sich, wie es sich gehört.«

»Man verhält sich normal!«

»Was ist normal?«, frage ich weiter.

»Herumzulaufen, ohne mit dem Hintern zu wackeln!«, sagt Lana frustriert.

»So wie alle andern zu sein.«

»Ruhig und unauffällig«, sagt Raneesha bestimmt.

»Man kann doch einfach freundlich und fröhlich sein und ... na ja ... die Sachen machen, die alle machen, ohne andere zu verletzen!«, ruft Lizzie aus.

In einer weiteren Sitzung bitte ich die Neuntklässlerinnen, Mädchen zu beschreiben, die sich für was Besseres halten.

Katie erklärt: »Meistens hat man nicht so viel Geld wie sie. Sie kaufen sich dauernd schöne Klamotten und alles. Sie haben ständig viele Leute um sich. Sie geben einem zu verstehen: ›Tja, du wärst wohl gern in unserer Gruppe.‹«

Lauren greift den Gedanken auf. »So eine ist beliebt und glaubt, sie könnte jeden Jungen an der Schule haben, und außerdem hat sie noch einen Haufen Geld, schicke Klamotten und das ganze Zeug. Sie hält sich für total perfekt.«

»Genau«, sagt Tanya. »Sie trägt die Nase hoch und will mit niemandem sprechen, aber vielleicht ist sie gar nicht ... aber man gibt ihr auch gar keine Chance, man will gar nicht herausfinden, wie sie wirklich ist.«

»Und warum nicht?«, frage ich.

Heather antwortet: »Sie macht sich wichtig und so. Sie trägt Tommy Hilfiger, und die anderen Mädchen tragen Jordache, und sie setzt noch einen drauf und sagt: Schaut euch meine Uhr an, die habe ich da und da gekauft und sie hat 180 Dollar gekostet.«

»Es geht einfach um die Einstellung«, sagt Tanya.

»Natürlich will man beachtet werden«, sagt Kelly, »aber man sollte nicht versuchen, die Aufmerksamkeit auf sich zu ziehen, sondern sich durch seine Haltung und sein Selbstbewusstsein von der Masse abheben, ohne große Worte zu machen.«

»Was ist der wichtigste Streitpunkt unter Mädchen?«, frage ich in Ridgewood meine erste Gruppe von Neuntklässlerinnen.

Toya meldet sich zu Wort. »Wenn man in eine neue Schule kommt und total gestylt ist und die Haare lang trägt und so weiter, dann werden die anderen Mädchen einen hassen. Sie werden denken, sie hält sich für die Größte. Sie ist einfach zu hübsch.«

Tiffany fügt hinzu: »Wenn man neu in einer Schule ist, kommen andere auf einen zu und fragen: Wie heißt du, warum versuchst du, mit meinem Freund anzubandeln, und so weiter?«

»Warum tun Mädchen das wohl?«, frage ich.

»Sie wollen einen fertig machen!«, kreischt Keisha, und alle Mädchen fallen ein. Ihre Stimmen vermengen sich zu einem unverständlichen Wirrwarr.

Heute kann ein Mädchen Profisportlerin, Konzernchefin, Kampfjet-Fliegerin und was sonst noch alles werden. Im Zeichen der Mädchenpower stehen ihr alle Möglichkeiten offen.

Und doch lebt die Botschaft fort, dass Bescheidenheit und Zurückhaltung das Wesen der Weiblichkeit ausmachen. Zeitgenössische feministische Studien zeigen, dass unsere Gesellschaft Mädchen weiterhin aufträgt, keusch, zurückhaltend, großzügig – und schlank – zu sein und dabei sexuelle Lust, die Freude am Essen, die eigene Persönlichkeit und die eigenen Interessen zu verleugnen.[24]

Die American Association of University Women stellte fest, dass in Schulen »ein verborgener Lehrplan existiert, nach dem den Mädchen beigebracht wird, Schweigen und Unterwürfigkeit als Tugenden zu betrachten«. Die Journalistin Peggy Orenstein beobachtete, dass Mädchen aneinander Eigenschaften wie »süß« und »nett« schätzen, die ihrer Meinung nach gleichbedeutend sind mit »rücksichtsvoll«, »höflich« und »passiv«. Das gute Mädchen, folgerte Orenstein, »ist vor allem nett. Das ist wichtiger als stark, klug, ja sogar ehrlich zu sein.«[25]

Kein Wunder, dass die Sängerin Ani DiFranco ihren jungen weiblichen Fans erzählt, dass jede insgeheim das hübscheste Mädchen im Raum hasst. Sie könnte auch hinzufügen: das beliebteste, das klügste, das schlankste, das sexuell attraktivste oder das bestgekleidete. Mädchenpower hin oder her, die meisten Mädchen wissen ganz genau, dass es ihnen eine Menge Ärger einhandeln kann, wenn sie in irgendeiner Weise herausragen. In »USA Today« schrieb ein Highschool-Lehrer aus Virginia: Obgleich neue Schülerinnen nach seinen Beobachtungen gewöhnlich ignoriert werden, »werden sie niedergemacht, sobald sie zur Bedrohung werden, und ganz besonders, wenn die Jungs sie mögen«.[26]

Als ich mit meinen Befragungen begann, glaubte ich, die Geschichten nach den Eigenschaften gruppieren zu können, derentwegen Mädchen vermutlich gemobbt werden: Minderbegabtheit, Übergewicht, niedriger sozialer Status, Mangel an Coolness. Ich hatte nicht erwartet, dass Mädchen aus den genau entgegengesetzten Gründen zur Zielscheibe werden können.

Praktisch jedes Mädchen weiß, dass es eine der schlimmsten Beleidigungen ist, wenn es heißt, sie halte sich »für was Besseres«. Solche Mädchen gelten als eingebildet, angeberisch und von sich eingenommen. Spätestens mit Beginn der fünften Klasse sind Mädchen bestens vertraut mit diesem »was Besseres sein«, einem Attribut, das sie bis ins Erwachsenenalter begleitet und sich dann in die Formulierung verwandelt, »sie glaubt, mir überlegen zu sein«.

Wie kann man einem Mädchen zu verstehen geben, dass es sich für etwas Besonderes hält? Kommt ganz darauf an.

Die ersten Schülerinnen, die Stephanie kennen lernte, nachdem sie die Schule gewechselt hatte, waren Marissa und Lori. Die beiden Mädchen waren seit dem Kindergarten enge Freundinnen und gaben ein seltsames Paar ab: Marissa, hübsch wie aus dem Bilderbuch, war die lebhafte Stimmungskanone. Lori war spindeldürr und angriffslustig. Das Schicksal in Gestalt der alphabetischen Sitzordnung im Klassenzimmer wollte es, dass sich zu Beginn der Highschool zwischen Marissa und Stephanie eine Freundschaft entwickelte.

Stephanie war ebenfalls hübsch. Sie sah zwar nicht aus wie ein Model, aber sie war sehr groß und trug das blonde, gesträhnte Haar immer perfekt geföhnt. Dadurch wurde sie, wie sie im Gespräch mit mir trocken bemerkte, zum »adrettesten« Mädchen der Schule. Außerdem war sie intelligent und schauspielerisch begabt. Stephanie, die die letzten acht Jahre an einer kleinen katholischen Schule verbracht hatte, wo sie vor Langeweile fast umgekommen wäre, hatte ein mulmiges Gefühl dabei, an einer so viel größeren Schule anzufangen. Dass sie Marissa und Lori kennen lernte, machte es ihr leichter. Als sie sich dann auch noch in Josh verguckte, nachdem dieser mit einem Kopfstoß einen Fußball in ihren Schrank befördert hatte, spürte sie, dass sich alles wunschgemäß entwickeln würde.

An einem Samstag im Spätherbst war Stephanie zum ersten Mal eingeladen, bei Lori zu übernachten. Die drei Mädchen machten es sich mit ausreichend Kartoffelchips und Popcorn zwischen aufgetürmten Kissen und Schlafsäcken gemütlich. Während sie fernsahen und sich die Nägel lackierten, kam Loris Bruder Steve mit seinem Freund Jeremy ins Zimmer. Steve setzte sich neben Stephanie auf den Boden. Eine Zeit lang unterhielten sich alle und machten Witze, dann bewarfen die Jungen die Mädchen mit Popcorn, Lori wurde wütend auf Steve, und die Jungen zogen ab. Die Mädchen sahen sich den Film zu Ende an und schliefen dann auf dem Boden des Fernsehzimmers ein.

Am Montag, nachdem Stephanie im Lesesaal gelernt hatte, blieb sie regungslos vor ihrem Schrank stehen, denn sie spürte, dass sich etwas verändert hatte. Als sie den Schrank öffnete, fand sie dort nicht wie üblich eine Nachricht von Marissa und Lori. Sie ging zu den Toiletten. Niemand wartete dort wie sonst auf sie. Während des Nachmittagsunterrichts schweiften Stephanies Gedanken immer wieder ab, und sie fragte sich, was wohl los war.

Sie beschloss, die Sache zu überschlafen. Am nächsten Tag sprachen Marissa und Lori im Klassenzimmer kein Wort mit ihr, und es kostete sie ungeheure Anstrengung, ihren Blicken standzuhalten. Später erfuhr sie von zwei anderen Mädchen, dass über sie geredet wurde. Irgendetwas ging hinter ihrem Rücken vor. Mit ihr selbst hatte immer noch niemand gesprochen. Marissa und Lori waren wie vom Erdboden verschluckt. Und alle anderen schienen im Bild zu sein. Stephanie war draußen, sie gehörte nicht mehr zur Gruppe. Niemand beachtete sie mehr. Es war, als wäre sie unsichtbar.

Zu Beginn der fünften Unterrichtsstunde hatte Stephanie schon den Boden unter den Füßen verloren. Sie begriff nicht, was geschehen war, sondern nur, dass sie es nicht im Griff hatte. Sie hatte keine Freundinnen mehr. Was war bloß passiert? War es vielleicht die Tatsache, dass ein älterer Junge sie zum Jahresabschlussball eingeladen hatte, obwohl sie erst im ersten Jahr war? *(Aber sie hatte doch nein gesagt!)* War es, weil sie sich für das Theaterstück beworben hatte? War es vielleicht gar kein Scherz gewesen, als Marissa zu ihr gesagt hatte, sie müsse ihr wohl alles nachmachen, weil sie sich die gleiche Hose von Gap gekauft hatte? Vielleicht hatte sie sich zu sehr bemüht. Vielleicht musste sie sich mehr zurückhalten, um die anderen nicht gegen sich aufzubringen.

Doch schon bald erfuhr Stephanie die Wahrheit. Die Gerüchte holten sie in der Cafeteria ein, wo sie allein neben einem dicht besetzten Tisch saß: Angeblich hatte sie bei Lori zu Hause mit Steve geflirtet. Marissa war in ihn verknallt und entsprechend wütend. Stephanie war wie vom Blitz getroffen.

Sie hatte nicht mit Steve geflirtet. Und sie hatte es auch nie vorgehabt. Sie hatte sowieso die ganze Zeit nur Josh im Sinn, und das wussten die anderen auch! Was sollte das heißen, sie habe geflirtet? Was hatte sie getan?

Niemand klärte sie auf. Bis zum Ende des Schuljahres dachten sich Marissa und Lori immer neue Gemeinheiten für sie aus. Am Valentinstag schickten sie ihr in Joshs Namen Blumen. Als Stephanie ihn anrief, um sich zu bedanken, hatte er keine Ahnung, wovon die Rede war, und sie wäre vor Scham am liebsten im Erdboden versunken. Die Mädchen drohten, Stephanies Eltern zu erzählen, dass sie rauchte, falls sie jemals wieder ein Wort mit Steve wechseln sollte. Als

Stephanie in einer Klassenarbeit eine gute Note bekam, erzählten sie herum, sie würde abschreiben. Hinter vorgehaltener Hand rieten sie dem Lehrer, ein Auge auf sie zu haben. Lori schrieb einer Feindin von Stephanie einen Brief, in dem sie behauptete, Stephanie hätte ihr Schimpfnamen verpasst. Daraufhin nahm das Mädchen Stephanie beiseite und drohte ihr, sie umzubringen. Außerdem schrieb Lori einen Brief mit deutlich sexuellen Anspielungen an Josh und unterschrieb mit Stephanies Namen.

Stephanie, heute neunundzwanzig, sitzt auf einem Sofa in ihrer Wohnung in Washington, ihren winzigen Hund Buddy neben sich. Mit einem Gespür, wie es nur Hunde haben, hat Buddy sofort gemerkt, dass ich da bin, um schwierige Fragen zu stellen, und mir zu verstehen gegeben, dass wir keine Freunde werden würden. Ich sitze auf einem Barhocker, ziehe die Füße so hoch wie möglich und frage Stephanie, wie ihre Eltern mit ihrem Problem umgegangen sind. Sie seufzt.
»Bringt es die Leute nicht aus der Fassung, wenn Sie mit ihnen über diese Dinge sprechen?«, fragt sie.
»Manchmal schon.«
»Gut. Ich bin nämlich auch schon ganz durcheinander.« Ich biete ihr eines der Taschentücher an, die bei mir zu tragen ich mir angewöhnt habe. Der Hund knurrt. Ich erzähle Stephanie, dass auch gute Freundinnen Jahre gebraucht haben, bis sie mir ihre schmerzhaftesten Erlebnisse anvertrauten.
Stephanie erklärt mir, dass sie ihre Geschichte erst einmal jemandem erzählt habe, und da hatte sie schon ihr College beendet. »Um keinen Preis möchte ich noch einmal fünfzehn sein. Nie im Leben«, sagt sie. »Ich bin bereit. Ich bin voll und ganz bereit.« Und dann fährt sie mit ihrer Geschichte fort.

Monatelang hatte Stephanie es vermieden, ihre Eltern einzuweihen. Sie wollte nicht, dass sie sich Sorgen machten und merkten, welche Qualen sie durchlitt. Sie hatte ein paar Freundinnen aus einer nahe gelegenen staatlichen Schule und konnte so etwas verbergen, wie einsam sie sich fühlte. Sie begann strikt Diät zu halten und exzessiv Sport zu treiben. »Ich dachte, wenn ich zehn Kilo abnehme, wird alles besser.« Außerdem bildete sich Stephanie ein, wenn sie die Geschehnisse verbergen könnte, wären sie weniger real. »Wenn man es für sich behalten kann, wenn man nicht herausposaunt, dass jeder einen hasst, dann ist es auch nicht wahr. Verstehen Sie, was ich meine? Man legt sich einen Schutzpanzer zu.«

Allmählich zog sich Stephanie immer mehr in sich selbst zurück, und ihr Selbstvertrauen schwand dahin. Da sie nicht wusste, was sie getan hatte, da es keinen Streit, keine offene Konfrontation gegeben hatte, konnte das Problem eigentlich nur bei ihr selbst liegen. Es war offenbar ein Fehler, alles auszusprechen, was ihr durch den Kopf ging. Sie redete zu viel; sie war leichtfertig. Die einzige Lösung, so entschied sie, war, zu verschwinden.

»Ich machte mir Vorwürfe, weil ich geredet hatte; weil ich so viel Vertrauen zu ihnen gehabt hatte; weil ich zugelassen hatte, dass sie so viel von mir wussten«, sagt sie. Inzwischen vertraute Stephanie keinem Menschen mehr. »In allem, was jemand zu mir sagte, sah ich nur Negatives.« Sie konnte nicht mehr schlafen. Sie trat aus dem Schwimmverein aus, nachdem sie bei einem Staffelwettbewerb eine Panikattacke erlitten hatte. Sie ging mit ihrer neuen Teamjacke aus dem Haus und ließ sie absichtlich in der Schule liegen. Sie sah niemandem in die Augen, eine Angewohnheit, die sie sich erst nach Jahren wieder abgewöhnen konnte. Aus Angst, von anderen Mädchen heruntergemacht zu werden, wenn sie Halbschuhe, einen billigen Pullover oder nicht zueinander passende Farben trug, gab sie sich morgens mit dem Anziehen die größte Mühe. Wenn ihre Mutter Pullover zu ihrer Schuluniform gekauft hatte, die Stephanie zu bunt fand, trug sie sie auf dem Weg zur Schule, zog sie dort auf der Toilette aus und fror dann den ganzen Tag.

»Ich habe alles in meiner Macht Stehende getan, um so unauffällig wie möglich zu sein«, erklärt sie mir. »Ich wollte eigentlich überhaupt nichts. Und schon gar nicht etwas, was die Aufmerksamkeit auf mich gelenkt hätte.«

Wenn sich Stephanie für einen Jungen interessierte, geriet sie bei dem Gedanken, jemand könnte davon erfahren, in Panik. »Ich traute mich nicht einmal, ihn anzusehen«, sagt sie mir. Sie konnte an nichts anderes denken als daran, was wohl die Leute sagen würden. »Ich habe mich innerlich abgekapselt.«

In dieser Zeit rief sie sich die Wochen in Erinnerung, die der drastischen Veränderung in ihrem Leben vorausgegangen waren. Sie hatte sich nie Gedanken darüber gemacht, wenn Marissa und Lori gehässig zu ihr gewesen waren. Einmal hatten die beiden einander die Namen von Mädchen aus einer beliebten Band gegeben, aber Stephanie war dabei ausgeschlossen worden. In der Woche, bevor sie bei Lori übernachtet hatte, hatten sie in riesigen Buchstaben auf die Tafel im Klassenzimmer geschrieben, dass sie Josh liebte, was Stephanie als demütigend empfunden hatte. »Wir machen nur Spaß«, hatten sie dann gesagt. »Immer hieß es: ›Wir machen nur Spaß‹«, erklärt mir Stephanie. »›Sei doch nicht so verklemmt.‹ ›Sei kein Spielverderber.‹«

Dann fällt ihr ein, dass ein paar Wochen zuvor bei einer Schuldisko ein umschwärmter Typ auf sie zugekommen war und sie gefragt hatte, ob sie tanzen wolle. »Ja, einverstanden«, hatte Stephanie geantwortet. »Ich aber nicht«, hatte er höhnisch erwidert und war lachend davongegangen. Einige Tage zuvor hatte Stephanie bei einem Softball-Spiel Marissa und Lori erzählt, dass ihr der Junge gefiel. Aber sie ging lieber darüber hinweg, als die beiden zur Rede zu stellen. »Ich habe die Signale einfach nicht zur Kenntnis genommen«, erklärt sie.

Marissa und Lori spielten den Streich auf der Tanzveranstaltung herunter. »Sie sagten: ›Ach, Stephanie, wir wollten dich doch nur zum Lachen bringen.‹« Fünfzehn Jahre später erklärt Stephanie: »Ich weiß noch genau, was ich anhatte. Ich weiß, wie es dort roch. Ich weiß, welches Lied gerade gespielt wurde. Ich kann mich an jede Kleinigkeit erinnern. Und ich erinnere mich auch an jede einzelne Gelegenheit, bei der ich ihm später begegnete und mir die Kehle wie zugeschnürt war.«

Stephanie wurde damit fertig, indem sie sich etwas schuf, was sie ihre »zweite Persönlichkeit« nennt. Von Montag bis Freitag wurde sie gequält und litt Angst. Am Freitagabend ging sie mit Freundinnen aus einer anderen Schule aus und schien sich blendend zu amüsieren. Aber der Druck in der Schule fraß sie buchstäblich auf. Mit fünfzehn wurde bei ihr ein Magengeschwür diagnostiziert.

Irgendjemand schlug vor, Stephanie zum Psychologen zu schicken. Zwölf Wochen lang überreichte ihre Mutter am Ende jeder Sitzung dem Psychologen in Stephanies Beisein ein paar Geldscheine.

»Sie wollte keinen Scheck ausschreiben, damit mir nicht später Schaden daraus entstünde, dass ich bei einer Therapie war.« Das allwöchentliche Ritual trug jedoch wenig dazu bei, dass Stephanie offen über die Dinge sprach, die sie belasteten, ja, ihr wurde nicht einmal geholfen zu erkennen, dass es nicht ihre Schuld war.

Das Ganze war dann ebenso schnell vorüber, wie es begonnen hatte. Eines Tages verloren die Mädchen einfach das Interesse an ihr. Aber die unheimliche Stille, die zurückblieb, führte nur dazu, dass Stephanie umso mehr darüber grübelte, was sie getan haben könnte, was diesen ganzen Alptraum ausgelöst hatte.

Zu Beginn des neuen Schuljahres ging Stephanie allein durch die Flure. Alles sah noch genauso aus wie zuvor, aber sie selbst hatte sich verändert. »Ich traute niemandem mehr über den Weg ... und wenn sie nett zu mir waren, traute ich ihnen erst recht nicht. Wenn eines der beliebten Mädchen zu mir sagte: ›Stephanie, du hast schöne Haare‹, glaubte ich, sie hätten Mitleid mit mir, so nach dem Motto: ›Die Ärmste, niemand interessiert sich für sie‹. ... Ich vertraute auch niemandem ein Geheimnis an. Niemandem. Keiner wusste auch nur im Geringsten, was ich dachte, ich behielt alles für mich. Ich weiß noch, dass ich einmal bei der letzten Disko am Ende des Schuljahres jemanden geküsst habe, und ich hatte panische Angst, das war schon richtiggehend krank, weil ich dachte, was werden die Leute sagen, und ich weiß nicht einmal mehr, wer es war. Ich habe mich von den Menschen abgeschottet ... Selbst wenn man das Gefühl hat, es ist vorbei.«

Gegen Ende des zweiten Schuljahres überzeugte Stephanie ihre Eltern davon, dass die Schule sie unterforderte. Sie bat sie, an die andere, staatliche Schule wechseln zu dürfen, und die Eltern willigten ein.

An der neuen Schule war Stephanie im Nu anerkannt und beliebt – während sie mir davon erzählt, wendet sie den Blick ab, als könne sie sich nicht vorstellen, dass ich ihr das glaube. Zu ihrer Geburtstagsfeier war die halbe Klasse bei ihr zu Hause. »Ich konnte das einfach nicht verstehen, und ich habe es auch gar nicht versucht. Ich wusste nicht, woher das kam, aber ich begann, mich richtig mit Leuten anzufreunden.« Immer noch vorsichtig, tat sie die Fragen ihrer neuen Freundinnen nach dem Grund für ihren Schulwechsel immer mit der gleichen Antwort ab: Der Unterricht sei so schlecht gewesen.

Als Stephanie zum zehnjährigen Klassentreffen an ihrer früheren Schule eingeladen wurde, ließ sie sich die Sache durch den Kopf gehen. »Irgendetwas in mir hoffte ... Nun, ich hätte auftauchen können und sagen, ich bin Therapeutin und lebe allein, ich habe ein tolles Leben und mir geht's blendend, ich bin zufrieden mit dem, was ich mache. Und nicht etwa, weil ich so tue als ob, nicht weil ich euch etwas vormache, sondern weil ich wirklich so bin. Mit mir ist alles in Ordnung, es ist zwar nicht alles perfekt, aber doch ziemlich gut. Und genauso fühle ich mich jetzt. Es würde mir Freude machen, ihnen das zu zeigen, und ich kann kaum glauben, dass es immer noch da ist. Dass die Wunden vor fünfzehn Jahren so tief waren ... Am liebsten hätte ich gesagt, zur Hölle mit euch allen, schaut nur, wie ich heute dastehe. Ihr hattet total Unrecht. Und ihr habt keine Ahnung, wie tief die Wunden waren. Aber ich habe es nicht gesagt.«

Trotz allem, was geschehen ist, erzählt mir Stephanie, dass sie den Frauen in ihrem Leben sehr dankbar ist. »Frauen«, sagt sie, »sind unglaublich stark. Wir haben es in jeder Hinsicht schwerer, davon bin ich überzeugt.« In ihrer Kindheit seien es Frauen gewesen, die ihr beigebracht hätten, an ihrem Selbstwertgefühl festzuhalten, egal, welche Hindernisse sich ihr in den Weg stellten. Und da sie findet, dass sie »den Mädchen, die nach mir kommen, etwas schuldig« ist, arbeitet sie häufig ehrenamtlich mit Kindern. »Ich glaube«, sagt sie, »ich werde immer etwas machen, was mit Kindern zu tun hat – einfach deshalb, weil ich es so wichtig finde, ihnen unsere Geschichten zu erzählen, zuzuhören, was sie zu sagen haben, und ihnen das Gefühl zu geben, sie können alles sagen, was für sie wichtig ist.«

Im Laufe meiner Gespräche mit Mädchen ist mir klar geworden, dass jede Clique ihre eigenen unsichtbaren Grenzen zieht. Kein Wunder, dass neue Mitschülerinnen diese Grenzen oft unabsichtlich überschreiten und damit bei ihren Altersgenossinnen anecken. Hören wir, wie Megan und Taylor, zwei Neuntklässlerinnen, über ihre beste Freundin Jenny reden, die neu in die Klasse gekommen war.

»Weißt du noch«, sagt Megan, »wie Jenny an die Schule kam? Noch bevor sie neue Freundinnen gefunden hatte, hatte sie gleich diese großkotzige Art drauf. Niemand kannte sie, und ihre Angeberei war Gesprächsthema Nummer eins. Weißt du noch, was für ein Miststück sie war?«

»Ja.« Taylor nickt. »Sie hatte auch ziemlich viel Selbstvertrauen. Und wenn jemand in eine neue Umgebung kommt, dann fragt man sich doch, warum tut sie das? Sie hat doch gar keinen Platz ...«

»Und kein Recht!«, wirft Megan ein.

»... sich so zu verhalten. Bevor Jenny kam, daran erinnere ich mich genau, erzählte sie mir, dass sie ja ach so viele Leute kennt. Sie tat, als wisse sie alles. Keine Ahnung, aber in mir machte sich sofort das Gefühl breit, o Gott, ich kenne überhaupt niemanden. Ich habe keine Freundinnen. Es tut mir Leid, aber da fragt man sich wirklich: ›Wofür hältst du dich eigentlich?‹«

Oder hören wir uns die Antworten einer Gruppe Neuntklässlerinnen in Mississippi an, als ich frage: »Was empfindet ihr, wenn ein hübsches Mädchen den Raum betritt, das ihr nicht kennt?«

»Wir hassen sie automatisch«, antwortet Keisha wie aus der Pistole geschossen.

»Wir sind beleidigt«, wirft Toya in die Runde.

»Sie ist wahnsinnig attraktiv ...«, sagt Melissa.

»Und sie ist neu und wird alle Aufmerksamkeit auf sich ziehen«, ergänzt Torie.

»Wir wollen, dass sie nicht so selbstsicher ist, damit sie nicht mit unseren Jungs spricht«, sagt Keisha. »Wenn eine Neue in die Klasse kommt, kriegen alle Angst. Seht nur, seht sie euch an! Sie wird mir die Freundinnen wegnehmen, sie wird mir meinen Freund wegnehmen.«

Ich frage: »Schätzen Mädchen es im Allgemeinen, wenn andere Mädchen selbstbewusst auftreten?«, frage ich.

»*Nein*«, kommt die Antwort im Chor.

Warum nicht?

»Weil sie sich dann in Frage gestellt sehen.«

Jede Klasse, jede Schule bastelt sich eine eigene Definition des Mädchens, das sich für »was Besseres« hält – je nachdem, was gerade angesagt ist. Auch das Schulmilieu spielt eine Rolle: An »ärmeren« Schulen bedeutet »was Besseres sein« häufig, sich einen bestimmten Luxus wie lackierte Fingernägel oder neue Turnschuhe leisten zu können. An »reicheren« Schulen geht es eher um kokettes oder eingebildetes Verhalten. Der Ausdruck taucht quer durch alle Klassen und ethnischen Gruppen auf; egal, wo ich mich befinde, egal, ob ich das Thema selbst zur Sprache bringe oder nicht – es findet immer Eingang in unsere Diskussionen und ist stets mit heftigen Emotionen verbunden.

Doch trotz der vielfältigen Definitionsmöglichkeiten gibt es einen gemeinsamen Nenner. Es existieren nämlich Regeln, die von dem Mädchen, das sich für »was Besseres« hält, gebrochen werden. Es sind die Regeln der Weiblichkeit: Mädchen müssen bescheiden, selbstlos und zurückhaltend sein. Mädchen müssen nett sein und dürfen sich selbst nicht wichtiger nehmen als andere; Mädchen beziehen ihre Kraft nicht aus sich selbst, sondern von anderen Menschen, auf deren Zuneigung und Zustimmung sie angewiesen sind. Man braucht nur gegen diese Regeln zu verstoßen, schon denken alle, man halte sich für »was Besseres«.

Und das ist auch der gemeinsame und unveränderliche Nenner: Das Mädchen, das sich für etwas Besonderes hält, strahlt Selbstvertrauen oder Durchsetzungsvermögen aus. Dabei spielt es keine Rolle, ob sie sich in sexueller, körperlicher oder intellektueller Hinsicht überlegen fühlt oder einfach nur auf ihre Unabhängigkeit pocht. Das Mädchen, das sich für etwas Besonderes hält, will sich nicht mir der Opferhaltung und Selbstbeschränkung abfinden, die das »gute Mädchen« ausmachen. Ihre Körpersprache, die Art, wie sie spricht und sich kleidet – alles signalisiert, dass es ihr nicht in erster Linie um andere geht.

Das Etikett des »Besonderen« ist für Mädchen eine verwirrende Angelegenheit. Einerseits wissen sie, dass es nicht cool ist, eingebildet zu sein oder zu glauben, man sei besser als die anderen. Andererseits müssen sie sich eingestehen, dass sie manchmal neidisch auf solche Mädchen sind. »Es ist schlecht, sich für schlank zu halten, weil das heißt, dass man von sich eingenommen ist. Aber was, wenn man dick ist? Das ist auch schlecht«, sagt Sarah, eine Achtklässlerin aus Marymount.

Unsere Gesellschaft zwingt Mädchen zu einem perversen Verwirrspiel, in dem sie sich heillos verstricken. Mädchen erhalten einander widersprüchliche Botschaften: Sie sollen zugleich kühn und schüchtern, gierig und bescheiden, sexy und zurückhaltend sein. Sie sollen sich beeilen und abwarten.

Eine Gesellschaft, die sich nicht entscheiden kann, wie Mädchen sein sollen, nimmt in Kauf, dass sie die Summe all dieser verworrenen Vorstellungen werden. Die Mädchen kommen zu dem Schluss, dass sie indirekt agieren müssen, dass Intrigieren – also Machtausübung gepaart mit Passivität – anscheinend der beste Weg ist. Die Medien verstärken dieses Hintenherum-Agieren und fördern dieses Doppelspiel und die Doppelzüngigkeit bei Mädchen noch.

In diesem Verhalten spiegelt sich der gesellschaftliche Wunsch, den Mädchen die Welt zu Füßen zu legen und sie gleichzeitig an die Leine zu legen. Es ist das *ja, aber: Ja,* du kannst sein, wie du willst, *aber* nur, wenn du dich innerhalb der Grenzen des Akzeptierten bewegst. *Ja,* Mädchen können miteinander konkurrieren und siegen, *aber* nur, wenn sie gleichzeitig bescheiden, selbstlos und zurückhaltend sind. Wenn du zu weit gehst und die Waage auch nur antippst, vielleicht sogar ohne es zu merken, dann gehörst du vielleicht bald zu den Mädchen, die sich für »was Besseres« halten.

Die Kultur des indirekten Agierens bestimmt das gesamte Leben der Mädchen. Täuschung wird von den Medien erotisiert; der Anblick einer mustergültigen, fast prüden Fassade, hinter der eine echtere, gefährliche Leidenschaft lauert, ist erregend. Denken wir an das Klischee von der mausgrauen Bibliothekarin, die ihr Haar hochsteckt und Brüste, Hüften und Augen unter unmodischen Kleidern und hinter dicken Brillengläsern versteckt. Das ist genau die Art Mädchen, die »anmacht«: Sie wirkt zuckersüß, während unter der Oberfläche die Sünde brodelt. Das in sexueller Hinsicht indirekt vorgehende Mädchen ist die Quintessenz der Dichotomie gutes Mädchen/böses Mädchen.

Sexuell am attraktivsten, schreibt Elizabeth Wurtzel, ist »das liebe Kleinstadtmädchen, das förmlich trieft vor Zucker und Saccharin, in Wahrheit aber ein geheimes, sündiges Schattenleben führt voller Begehrlichkeit und Arg... voller Schlechtigkeit und böser Gedanken«.[27] Die erotische Anziehungskraft solcher Mädchen erwächst unmittelbar daraus, dass die Wahrheit hinter der trügerischen Fassade verborgen liegt. Gerade die Lüge erregt, getreu dem Motto in dem Film »Sorority«: »Wenn sie schlecht sind, sind sie sehr, sehr brav.«

Intrigieren und Manipulieren, insbesondere im Bereich der Sexualität, wird den Mädchen oft als der Weg zur Macht gewiesen. Eine Frau, die das, was sie will, nicht erreichen kann, indem sie es sich verdient, täuscht ihre Umgebung und manipuliert. Die klassische weibliche Schurkin, so Wurtzel, »überfällt keine Bank, nein, sie ist verführerisch und lieb, bis zu jenem gruseligen Augenblick, in dem sie es dann auf einmal nicht mehr ist. Dann ist sie durchtrieben und gerissen, verlockend und verlogen.«

Die Glorifizierung des weiblichen Doppelspiels ist jedoch keineswegs auf Hollywood beschränkt, auch Zeitschriften bedienen sich hier im Milliardengeschäft mit den Bedürfnissen junger Mädchen. In einer Ausgabe der Zeitschrift »Teen« vom Juli 2000 werden zwei Fotos desselben Teenagers gezeigt: links ist sie gepierct, trägt Lederklamotten, dickes rot-schwarzes Make-up und ein schwarzes Oberteil mit Spitzen-BH. Ihre Hände sind über der Brust gefaltet, die Lippen vielversprechend geöffnet. Auf der rechten Seite steckt dasselbe Mädchen in einer biederen Strickjacke und trägt mit einem Lächeln à la Shirley Temple ihre Schulbücher unterm Arm. Über dem erotischen Foto steht: »Drei Uhr – in der Mall«. Über dem anderen: »Drei Uhr fünfzehn – für Mama«. Das Produkt? Make-up-Entferner von Jane Cosmetics, der, so wird versprochen, »dein süßes Geheimnis wahrt«.

In anderen Werbekampagnen wird Doppelbödigkeit als eine Form der Schönheit dargestellt. Solche Bilder legen nahe, dass das ideale Mädchen seine wahre Natur verbirgt oder zweideutig ist. Werbung dieser Art verstärkt die Botschaft, dass allzu selbstbewusste Mädchen unattraktiv sind. Einige Feministinnen haben das Argument ins Feld geführt, das Bild der sexuellen Verführerin sei Zeichen einer neuen Macht, da es den Frauen die Zügel in die Hand gibt. Das Bild der Verführerin legt jedoch auch nahe, dass weibliche Macht nur in der Sexualität akzeptiert wird, und auch dann nur, wenn sie sich in Unaufrichtigkeit und Hinterlist äußert.

Neid und Konkurrenzverhalten

Die fünfzehnjährige Tasha Keller erzählt mir von einer attraktiven Mitschülerin, die durch ihr forsches Verhalten gegenüber Jungen den Ärger der Clique auf sich gezogen hat. »Du siehst sie zu den Jungs rübergehen, und das macht den Mädchen Angst ... In Filmen sieht man ein Mädchen auf einen Jungen zugehen, während man selbst noch nie mit einem Jungen zusammen war. So läuft das nicht. Es läuft nie so. Sie sagen, du bekommst den Typen, aber in Wahrheit bekommt man ihn am ehesten, wenn man sich wirklich an ihn ranmachen würde. Aber das darf man ja nicht. Jetzt, wo es darum geht, dass Mädchen die Initiative ergreifen und Macht haben und so, werden einem ständig ganz unterschiedliche Dinge gesagt. In den Medien heißt es, Mädchen sollten die Macht ergreifen, so wie in der Nike-Werbung. Solche Szenen zeigen einem die Leute im Fernsehen, aber sie zeigen einem nie, wie das Leben wirklich ist.«

»Und wie ist das Leben wirklich?«, frage ich sie.

»Es ist ein einziger Konkurrenzkampf«, erwidert sie betrübt. »In der Schule ist die Welt um dich herum nicht so perfekt ... da gibt es jede Menge Eifersucht, jede Menge Unsicherheit.«

Zwei Schritte vorwärts, einen zurück. Der Fehler war nicht, den Mädchen beizubringen, nach den Sternen zu greifen. In Amerika werden Mädchen, die das Glück haben, eine Schule zu besuchen, in der sie gefördert werden, von machtvollen weiblichen Vorbildern geradezu überrollt: Amelia Earhart, Sojourner Truth, Rigoberta Menchu, Lisa Leslie. Sie wissen, dass inzwischen zum Beispiel mehr Frauen als Männer Jura studieren, dass sie auf dem Weg sind, auch auf anderen Gebieten Fuß zu fassen. Sie fragen bereits: »Wer wird die erste Präsidentin sein?«

Das Problem ist, dort hinzukommen. Man hat sich so sehr darauf konzentriert, den Mädchen das Recht auf Träume zu erkämpfen, dass die grausame Realität übersehen wurde, die auf dem Weg von A nach B herrscht. Diesen Weg aber müssen sie zurücklegen, um ihre Träume zu verwirklichen. Im wahrsten Sinne des Wortes wurde das Pferd von hinten aufgezäumt.

Was meine ich damit? Durch die Angst, als eine zu gelten, die sich für »was Besseres« hält, und durch die Dämonisierung der Mädchen, die entschieden auftreten oder selbstsicher wirken, werden genau die Verhaltensweisen diskreditiert, die Mädchen brauchen, um erfolgreich zu sein.

Konkurrenzverhalten ist mit dem Ideal des »guten Mädchens« nicht vereinbar. So sind ehrgeizige Menschen zum Beispiel nicht »nett« und zuallererst auf andere hin orientiert. Mit anderen zu konkurrieren bedeutet, besser sein zu wollen als andere. Bei Konkurrenzverhalten und Sieg geht es darum, das, was man gern selbst haben möchte, nicht anderen zu überlassen.

Folglich ist die Konkurrenz der Mädchen untereinander, sagt mir eine Sechstklässlerin, ein »lautloser Kampf. Sie sagen nicht zu ihren Freundinnen: ›Ich bin besser‹ oder ›Ich konkurriere mit der und der‹, sondern sie fordern einander mit Blicken und Taten heraus, nach dem Motto: ›Das musst du mir erst mal nachmachen.‹ Sie tun das alles vor den Augen der Konkurrentin, damit diese sehen kann, wie großartig man ist.«

Wollen Sie herausfinden, welches die beliebtesten Mädchen der Klasse sind? Es sind diejenigen, die achselzuckend behaupten: »Es gibt keine besonders beliebte Gruppe« oder die darauf beharren, dass »jeder gut Freund mit jedem ist«. Wie Aggression und Betrug ist auch das Konkurrenzverhalten mit der offiziellen Lesart von Weiblichkeit nicht vereinbar und muss daher sorgfältig vor anderen verborgen werden. (Eine erfreuliche Ausnahme von dieser Regel bildet der Sport; dort ist Konkurrenz unter Mädchen akzeptiert und wird gefördert. In allen anderen Bereichen muss die Freiheit zur offenen Konkurrenz erst noch erkämpft werden.)

Das Gleiche gilt für den Neid. Neidisch zu sein bedeutet, mehr zu wollen, als man bekommen hat, und eher aufs Nehmen aus zu sein als aufs Geben. Neid macht Freundinnen zu bloßen Objekten, denn die Neidische konzentriert sich ausschließlich auf das, was sie von der anderen selbst gern hätte: den Körper, das Haar, den Freund. Eine Gruppe Neuntklässlerinnen erzählt mir, dass sie während der Freistunden dasäßen und Vergleiche über ihre körperlichen Vorzüge anstellten. »Wenn wir nichts anderes zu tun haben«, sagt eine von ihnen, »ist das unser Thema: ›Ihre Beine möchte ich haben‹, ›Mir gefällt, dass sie so groß ist‹, ›Ich finde ihre Haare schön‹.«

Den Mädchen ist vage bewusst, dass Neidgefühle den an sie herangetragenen Erwartungen zuwiderlaufen. »Neidisch zu sein«, erklärt mir eine Neuntklässlerin aus Ridgewood, »nervt uns, denn wir wollen nicht, dass die anderen meinen, wir würden uns selbst nicht akzeptieren.« Manche Mädchen verstehen Neid als eine Form des Egoismus, als etwas Unerwachsenes. »Wenn ich neidisch bin, fühle ich mich unreif«, erzählt mir eine Neuntklässlerin, » man darf einfach solche Gefühle nicht haben. Das ist total kindisch.«

Mädchen lernen, Neid- und Konkurrenzgefühle ebenso zu verdrängen wie Aggressionen. Aber auch diese Gefühle verschwinden nicht einfach, sondern nehmen eine »allgemein akzeptierte« Form an. Um weiterhin als »gut« und »nett« zu erscheinen, müssen die Mädchen zu geheimen Codes greifen – wie im Fall der Aggression. Mit anderen Worten: Sie lernen, auch Konkurrenz- und Neidgefühle indirekt auszudrücken.

»Was Besseres sein« bildet den Dreh- und Angelpunkt dieses Geheimcodes. »Manchmal«, so sagt mir eine Neuntklässlerin, »werde ich wegen irgendeiner Kleinigkeit wütend, und dann ...« Ihre Stimme klingt jetzt gespielt weinerlich. »Dann sage ich: ›Ich bin ja nur neidisch auf dich!‹« Eine Mitschülerin fügt hinzu: »Man läuft ja nicht herum und sagt: ›Sie ist so hübsch!‹ Stattdessen sagt man etwas Böses, um sich besser zu fühlen.«

In Codes sprechen

Das Leben von Mädchen steckt voller Codewörter. Oft werden sie benutzt, um Verhaltensregeln aufzustellen. »Was Besseres« sein zum Beispiel verweist auf eine Grenze, die überschritten wurde, auf eine verbotene Zone. Auf diese Weise zwingen sich die Mädchen gegenseitig in die Passivität, wenn sie allzu selbstbewusst geworden sind.

Die Äußerungen, die das Urteil »Sie hält sich für was Besseres« nach sich ziehen, sind oftmals nicht einmal eindeutig: »Gefallen dir meine Schuhe?« kann von der Zuhörerin bereits als Angeberei verstanden werden. »Ich weiß nicht, auf welche Party ich dieses Wochenende gehen soll!« wird als Eingebildetsein verstanden. Äußerungen wie »Wie findest du meine Haare?« oder »Sind meine Nägel in Ordnung?« werden, ebenso wie das häufige Kontrollieren von Make-up und Frisur, als Zeichen dafür interpretiert, dass sich das Mädchen für hübsch hält. Es gibt jedoch auch eindeutigere Signale: Ein Mädchen, das sich für etwas Besonderes hält, kann auch direkt zu verstehen geben, dass es sich hübsch findet. Oder sie spricht den ganzen Tag lang mit niemandem und lächelt auch niemals. Sie macht sich an Jungs heran und flirtet selbst mit denen, die bereits vergeben sind.

All das soll natürlich nicht heißen, dass die Mädchen, die sich »für was Besseres halten«, nicht tatsächlich eingebildet sind. Die meisten sind es sehr wohl. Aber »was Besseres sein« ist weniger eine fest umrissene Identität, eher so etwas wie eine verborgene Kammer, in der Mädchen unangenehme Gefühle von Neid, Missgunst und Konkurrenz verstauen können.

Und tatsächlich werden üblicherweise genau diejenigen Mädchen geächtet, die das haben, was sich die meisten wünschen. Um was beneiden Mädchen einander? Eine Schülerin des ersten Highschool-Jahres aus Mississippi zählt auf: »Um die Typen, mit denen sie ausgeht, um ihre Klamotten, um ihr Geld, um ihre Beliebtheit, um ihre Freundinnen und manchmal um ihre guten Noten.« »Was Besseres sein« bedeutet also nur, dass das betreffende Mädchen auf *demonstrative Weise* ihren Stolz über den Besitz dieser Dinge zeigt, anstatt selbstverständlich und unbekümmert damit umzugehen.

Jacqueline aus dem zweiten Highschool-Jahr erklärt, dass ein Mädchen, das sich für etwas Besonderes hält, »alles zur Schau stellt. Wenn sie zum Beispiel intelligent ist, hat sie im Unterricht immer alle Antworten parat. Sie weiß, dass sie immer gelobt wird.« Auf meine Frage, warum sich Mädchen darüber so ärgern, antwortet sie: »Weil jeder eben einfach hat, was er hat ... meine Mutter hat mir immer erklärt, dass kein Mensch besser ist als der andere.« Ich bohre nach: Warum lassen sich Mädchen dadurch so verunsichern?

»Weil wir das auch wollen, und weil es uns nicht passt, dass sie es hat. Wir wollen auch so sein. Man muss ja nicht hinausposaunen, dass man gute Noten hat, denn dann fühlen andere sich schlecht.«

Ein weiteres Codewort unter Mädchen ist »sie flirtet gerne«. Man möchte meinen, es sei normal, dass Mädchen sich Mühe geben, für Jungen attraktiv zu sein, aber als eine, die gern flirtet, bezeichnet zu werden ist selten als Kompliment gemeint. Viele Mädchen glauben, mit einem Jungen zu flirten laufe darauf hinaus, mit ihm körperlich intim zu werden. Wenn also ein Mädchen dabei gesehen wird, wie sie mit einem bereits vergebenen Jungen flirtet, bringt sie sich in Gefahr.

Das Problem ist nur, dass man nur schwer definieren kann, was Flirten eigentlich ist. Ebenso wie im Falle des »Besonders-Seins« kann unter diesem Stichwort alles subsumiert werden, woran ein Junge beteiligt ist. Wie Stephanie herausfand, ist das Entscheidende dabei, wenn ein Mädchen mit einem Jungen spricht – oder ihn ansieht, mit ihm zusammen lernt, ihm einen Zettel schreibt, E-Mails mit ihm austauscht –, ob sie dabei beobachtet wird. Was flirten ist, definiert nicht derjenige, der es tut, sondern derjenige, der es beobachtet.

Dass es von »einer, die gern flirtet« bis zur »Nutte« nur ein kurzer Weg ist, versteht sich von selbst. Aber häufig ist das stigmatisierte Mädchen nur einfach selbstbewusst. Sie wird als Nutte tituliert, nur weil sie sich figurbetont kleidet und keine Scheu vor Jungen hat. Nicht ihr sexuelles Verhalten erregt Zorn, sondern ihr Abweichen vom weiblichen Ideal der Zurückhaltung in sexuellen Dingen.

Auch das Mädchen, das sich weigert, immer und überall »nett« zu sein, wird manchmal als Nutte bezeichnet. Vielleicht flirtet sie mit einem Jungen, der schon eine Freundin hat, oder sie schwärmt für einen, der bereits vergeben ist. Wie Lyn Mikel Brown in ihrer Studie über Aggression bei Mädchen beobachtet hat, ist »eine ›Nutte‹ nicht ein Mädchen, das per se sexuell aktiv ist, sondern eher eines, das von seinem Partner oder von anderen Mädchen unabhängig ist«.[28]

In einer ähnlichen Bedeutung wie »Nutte« wird mancherorts unter Mädchen auch das Wort »Schlampe« verwendet. Auch die »Schlampe« ist in sexueller Hinsicht unverfroren, darüber hinaus jedoch auch noch eingebildet. »Eine ›Schlampe‹ spricht fast immer nur von sich«, meint eine Neuntklässlerin. Ständig rühme sie sich: »Also, ich kann dieses und jenes. Und ich kann jeden haben.« Eine »Schlampe« sitzt bisweilen mit gespreizten Beinen, trägt weite Kleidung im Skaterstil oder aber hauteng, »nuttige« Klamotten. Sie spricht Slang oder prügelt sich sogar. Mit ihrem Freund knutscht sie ungeniert in der Öffentlichkeit herum.

Einige Codewörter haben eine Vielzahl von Bedeutungen. »Ich

bin zu dick« ist eine Klage, die häufig zu hören ist und für die es mindestens drei verschiedene Übersetzungen gibt. Schon bei meinen ersten Gesprächen beschwerten sich Schülerinnen aus der Mittelschicht über Altersgenossinnen, die diesen Satz ständig im Munde führen. Eine Studie mit dem Titel »Fat Talk« ergab übrigens, dass die Mehrzahl der Mädchen, die dies behaupten, gar nicht dick sind.[29]

Zum Ersten wird die Aussage »Ich bin zu dick« benutzt, um die andere indirekt zu übertrumpfen. »Mädchen fragen einander, ob sie dick sind, und das ist eine Form der Konkurrenz untereinander«, sagt eine Achtklässlerin. »Wenn sie dünn sind und sich trotzdem fragen, ob sie dick sind – was bedeutet das für mich? Es ist eine versteckt aggressive Art, dem anderen Mädchen zu sagen, dass es nicht schlank ist.« In »Fat Talk« beschreiben Mädchen, »wie ihre Freundinnen ihnen regelrecht ›vorwarfen‹, dünn zu sein, ›als könnte ich etwas dafür‹«.

»Ich bin zu dick« wird auch verwendet, um durch die Blume positive Rückmeldungen einzufordern. »Wenn man sagt: ›Ich bin zu dick‹, will man hören, dass das Gegenteil der Fall ist«, sagt die dreizehnjährige Nicole. »Mädchen wollen Aufmerksamkeit.« Die Studie bestätigt, dass »viele Mädchen nur deswegen behaupten, sie seien zu dick, um herauszufinden, was andere über sie denken. Unter Mädchen herrscht ein ständiger Konkurrenzkampf, der vertuscht wird«, meint Mary Duke.

Und schließlich verwenden Mädchen den Satz »Ich bin zu dick« auch noch, um der Gefahr zu begegnen, als eine angesehen zu werden, die »sich für was Besseres hält«. Ein Mädchen, das nicht sagt, es halte sich für zu dick, suggeriert, dass es sich für perfekt hält. »Mit anderen Worten: Indem sie sagt, dass sie keine Diät nötig hat, gibt sie zu, dass sie nicht an sich arbeiten muss – dass sie zufrieden ist.« Das »gute Mädchen« hingegen muss sich selbst schlecht machen und dadurch indirekt das Kompliment einfordern, auf das sie aus ist.

Ein weiteres Codewort ist der Vorwurf, »einer anderen alles nachzumachen«. Ein Vorfall aus Marymount: Eine Achtklässlerin war in Tränen aufgelöst, weil Lisa, ein besonders beliebtes Mädchen, sich darüber aufgeregt hatte, dass die andere die gleichen teuren Shorts wie sie trug. Nachdem sich entsprechende Bündnisse gebildet hatten und die ganze Klasse darüber tratschte, schrieb das verzweifelte Mädchen Lisa einen Brief und verbarrikadierte sich im Büro des Schulpsychologen. Ich finde es erstaunlich, in welch hitzige Wut Cliquen geraten, wenn ein Mädchen das Aussehen oder Benehmen eines anderen Mädchens kopiert. Ob sie nun acht sind oder in der achten Klasse, die Reaktion ist immer überzogen. Das lässt vermuten, dass »anderen etwas nachmachen« eine versteckte Bedeutung hat.

Auch hinter der Anschuldigung, einer anderen »alles nachzumachen«, verbergen sich bisweilen Konkurrenz und Neid. Oft hört man von Mädchen, sie würden die Nachahmerei deshalb verabscheuen, weil sie ihren eigenen, einzigartigen Stil bewahren wollen. Wenn man jedoch ein wenig nachbohrt, kommt Folgendes heraus: »Wenn sie mir was nachmacht, denken die anderen, dass sie besser aussieht als ich.« Eine Sechstklässlerin erklärt in einer E-Mail: »Es ist, als würde sie meine Ideen klauen ... wahrscheinlich, weil wir irgendwie in Konkurrenz zueinander stehen.« Indem ein Mädchen ein anderes beschuldigt, ihm alles nachzumachen, tritt es selbst aus der Defensive und verändert die Koordinaten des Konflikts. In ihrem nunmehr »gerechtfertigten« Zorn kann die Nachgeahmte die Aufmerksamkeit von ihren eigenen unschönen Gefühlen von Neid und Konkurrenz ablenken und ihren Ärger gegen eine andere richten.

Und was ist mit dem beliebten Mädchen, das wütend wird, weil eine, die genauso beliebt sein möchte, sich anzieht wie sie? Der Vorwurf, einem alles nachzumachen, ist ausgesprochen effektiv. Damit liefern die, die sich angeblich so verhalten, dem beliebten Mädchen einen handfesten Grund für den Angriff. Die Aufmerksamkeit wird vom eigentlichen Problem abgelenkt: dem Wunsch einer Außenstehenden, in die Clique der Beliebten aufgenommen zu werden.

Passivität

Von Mädchen wird erwartet, dass sie passiv und stark zugleich sind. Das ist mir nie klarer vor Augen geführt worden als an einem Nachmittag, an dem ich einen Workshop für Mädchen zum Thema Führungsqualitäten leitete. Die Mädchen sind dreizehn bis siebzehn

Jahre alt; ein Viertel von ihnen Farbige. Ich stehe vor einem Flipchart, und achtundzwanzig Augenpaare beobachten mich.

»Caroline« – ich deute auf eine junge Schulpsychologin, die mit mir zusammenarbeitet – »wird am Glücksrad stehen.« Die Mädchen kichern. »Sagt mir doch, welche Eigenschaften das ideale oder perfekte Mädchen haben muss. Als Nächstes will ich dann von euch wissen, wie das Anti-Mädchen aussieht – das Mädchen, das niemand sein will. Denkt an ein Mädchen, das ihr kennt, oder an eines, das in den Medien auftaucht.« Ich nicke Caroline zu, die die Kappe von einem roten Stift zieht.

Und hier das Ergebnis (die Hervorhebungen sind von mir):

DAS IDEALE MÄDCHEN	DAS ANTI-MÄDCHEN
sehr schlank	*gemein*
hübsch	hässlich
blond	überschwänglich
kann gut schauspielern	sportlich
dumm	*intellektuell*
groß	*eigenwillig*
blaue Augen	*streberhaft*
große Brüste	dunkle Haut
fit	nicht schlank
teure Kleidung	Mängel
nackt	geht mit jedem ins Bett (Nutte)
modisch	*professionell*
beliebt	unsicher
Verehrer	dämlich
lächelnd	unglücklich/deprimiert
glücklich	*maskulin/männlich*
hilflos	*ernst*
telefoniert (hat Freundinnen)	*stark*
oberflächliche Konflikte	*unabhängig*
(leicht zu lösen)	lesbisch
sieht älter aus, als sie ist	*macht auf Künstlerin*
Girlie	*klagt über prämenstruelles Syndrom*

abhängig	*ungehemmt*
unpraktische Kleidung	*egozentrisch*
intrigant	nicht sozial
Sex = Macht	schwierig im Umgang
reich	Bücherwurm
gute Zähne/reine Haut	
gescheit	
perfekt	
Liebesverhältnis mit jemand,	
der angesehen ist	

Was mir als Erstes auffiel, war, dass das ideale Mädchen *körperlich* perfekt sein muss – eine weißhäutige Barbie-Puppe: gertenschlank, hoch gewachsen, hübsch, blond, blauäugig, mit großen Brüsten, guten Zähnen und reiner Haut – das heißt, genauso, wie man es erwarten würde. Bei näherem Hinsehen stellte ich fest, dass für diese Mädchen nicht nur ein makelloser Körper den Ausschlag gibt, sondern auch indirektes, ausweichendes Verhalten. Für sie bestand die wahre Perfektion eines Mädchens in seiner Fähigkeit, sich aus allem herauszuhalten und mit Intrigen und Hintenherum-Agieren durchzukommen.

Sehen wir uns die Liste noch einmal an. Das ideale Mädchen ist dumm, aber intrigant. Sie ist abhängig und hilflos, benutzt jedoch Sex und Liebesbeziehungen, um Macht zu erlangen. Sie ist beliebt, aber oberflächlich. Fit, aber nicht sportlich oder stark. Glücklich, aber nicht überschwänglich. Sie kann schauspielern. Mit größter Vorsicht umgeht sie die Grenzen, die zu übertreten sofort die Alarmanlage auslösen und das Mädchen zu »was Besserem« machen würde.

Dem Anti-Mädchen hingegen fehlt die subtile Indirektheit des perfekten Mädchens. Sie ist das pure Gegenteil des »netten«, an anderen orientierten, von Beziehungen abhängigen Mädchens. Das nichtperfekte Mädchen ist gemein, eigenwillig und streberhaft. Sie ist egozentrisch und selbstsüchtig. Sie ist nicht das süße Mädchen, das jeder gern um sich hat, sondern unglücklich und unsicher. Sie ist nicht sozial, hat ihre Gefühle nicht im Griff, ist launisch, und mit ihr ist schwer auszukommen.

Das Anti-Mädchen fügt sich nicht ein. Sie widerspricht und kommt schlecht mit anderen aus. Und doch sind Ausdauer, Querdenken und Kampfgeist genau die Eigenschaften, die Mädchen bei Heldinnen bewundern und schätzen sollen. Das sind wahrlich widersprüchliche Botschaften – und welche Vorstellung sollen Mädchen nun haben, wie sie einmal als erwachsene Frauen sein wollen? Ich muss gestehen, dass ich mich an jenem Tag mutlos fühlte.

Zu den Grundwerten der westlichen Kultur zählen Unabhängigkeit und Wettbewerb – Werte, die dem zuwiderlaufen, was Mädchen besonders ans Herz gelegt wird: Nähe, Fürsorglichkeit und Freundschaft. Wenn Mädchen erfolgreich sein sollen, müssen sie vollen, gleichwertigen Zugang zu dem Instrumentarium bekommen, ohne das sie bei diesem Spiel nicht mitspielen können. Dazu zählen vor allem die Fähigkeit, mit anderen offen zu konkurrieren und die eigenen Ziele zu verfolgen, der Wunsch, etwas erreichen zu wollen, dazu die Gewissheit, dass ihre Beziehungen darunter nicht leiden müssen. Wenn Ehrgeiz nicht auf gesunde Weise ausgelebt werden kann, sind ressentimentgeladene Reaktionen und Vergeltungswünsche nur zu wahrscheinlich.

In den letzten fünfundzwanzig Jahren hat sich eine wachsende Zahl von Psychologen mit dem unterschiedlichen Verhalten von Jungen und Mädchen in Schule und Freizeit befasst, doch noch immer ist die Tendenz, weibliche Aggression auszublenden und weibliche Beziehungen zu idealisieren, ungebrochen. Ein typisches Zitat aus einer solchen Studie: Während es Jungen »um die eigene Position und Hierarchie allgemein zu tun ist, konzentrieren sich Mädchen darauf, Nähe und Verbundenheit herzustellen. Mädchen stehen für Solidarität und Gemeinsamkeit ein, also für das, was man als ›Ethos der Gleichheit‹ bezeichnet.« Leider halten solche Darstellungen das Klischee lebendig, Mädchen lebten in einer Idylle, fernab jedes Ehrgeizes und jeder Konkurrenz.

Nicht nur Mädchen müssen lernen, Konkurrenz als etwas Positives zu begreifen. Selbstbewusste, zielstrebige Frauen werden allzu oft als kalt, frigide und unglücklich diffamiert – ein Stereotyp, das die schlimmsten Ängste der Mädchen nährt: Selbstbewusstes Auftreten könnte ihre Beziehungen zerstören.

Es wäre schön, wenn wir tatsächlich in einer Zeit des kulturellen Wandels lebten und den Mädchen allmählich auch auf diesem Gebiet Gleichberechtigung zugestanden wird. Solange Ehrgeiz und Zielstrebigkeit stigmatisiert werden, werden Mädchen nicht in der Lage sein, ihren Gefühlen auf gesunde Weise Luft zu machen – was jedem Menschen zusteht. Und damit bleiben sie einer zweideutigen Kultur ausgeliefert. Wir verlangen von Mädchen, die »Spannung auszuhalten, wenn die Ideale des Frauseins und der Weiblichkeit ›Selbstlosigkeit‹ verlangen und die Ideale der Reife und des Erwachsenseins Ablösung und Unabhängigkeit«.[30] Wollen wir den Mädchen dieselbe Freiheit wie den Jungen zugestehen oder nicht? Wie sollen Mädchen ein klares Selbstbild gewinnen, wenn unsere Gesellschaft keine Antwort auf diese Frage bereithält? Und solange Mädchen nicht ganz sicher sein können, wer sie eigentlich sein sollen, werden sie ihre (und unsere) Ängste aneinander auslassen, sich selbst und andere bestrafen und quälen und unablässig nach einer Antwort suchen.

5

Und raus bist du!

Beliebt zu sein war – genau wie trigonometrische Berechnungen – schon immer etwas, was mir nie richtig gelang. Es war damit wie mit einem Schuh, der sich unters Bett verirrt hat und den ich hervorholen will. Ich strecke den Arm und mache die Finger lang, aber ich bekomme den Schuh nicht zu fassen. Gewiss, ich konnte mich nicht beklagen; die beliebtesten Mädchen waren meine Freundinnen, ich saß mittags mit ihnen am Tisch, wir tauschten Briefchen aus und besuchten Partys. Aber irgendetwas trennte uns. Etwas, das man nicht genau benennen konnte, etwas, das unsichtbar und dennoch sehr präsent war. Dieses Bewusstsein verfolgte mich überallhin. Ich war ein Anhängsel, eine Statistin. Was hätte ich nicht dafür gegeben oder getan, um zum innersten Kreis zu gehören!

Als ich mich eines Abends mit Anne in Washington auf einen Drink treffe, habe ich nicht vor, mit ihr über den Tag vor über zehn Jahren zu sprechen, an dem ich aufgehört hatte, mit ihr zu reden. In der fünften Klasse war Anne meine beste Freundin, wir waren unzertrennlich. Oft schickte uns Mrs. Katz auf die Eselsbank, wo wir vor unterdrücktem Lachen keine Luft mehr bekamen und darum rangen, die Beherrschung wiederzugewinnen. Wir nannten uns die Booger-Zwillinge nach den Wonder-Zwillingen aus dem gleichnamigen Zeichentrickfilm. Wir schrieben uns Briefe mit einem Totenkopf und zwei gekreuzten Knochen darauf.

Anne wohnte in Cleveland Park in Washington, und so kam es, dass ich zum ersten Mal mit der U-Bahn fuhr. Wir schliefen beide in ihrem riesigen Bett und hörten abends um zehn die Top Ten im Radio. Tagsüber bastelten wir uns Armreifen aus Sicherheitsnadeln mit einer Perle, die wir auf einen Gummi auffädelten. In diesem Schuljahr streckten wir eine Zeit lang beide zaghaft die Fühler zu der führenden Clique aus. Dann plötzlich, eines Tages, gehörte sie dazu.

In der neunten Klasse waren Anne, Rebecca, Sandy und Julie das tonangebende Quartett. Sie waren das Maß aller Dinge: Am besten gekleidet, am hübschesten, und sie hatten die meisten Verehrer. Ich unternahm viel mit ihnen, genau wie in den vergangenen vier Jahren. Rebecca und Anne waren beide in Geoffrey verknallt, einen sommersprossigen, rothaarigen Jungen im zweiten Highschool-Jahr. Eines Tages, kurz bevor die Glocke zum Unterrichtsschluss läutete, steckte mir jemand ein Briefchen zu: »Stell dir vor«, stand darin, »Rebecca hat Anne abserviert!«

Rebecca hatte beschlossen, die Freundschaft mit Anne zu beenden, und es ihr gesagt, als sie ihr Sandwich aßen und ihr Sunkist tranken. Von heute auf morgen sprach niemand mehr mit Anne. Ich auch nicht.

Ich weiß nicht mehr genau, was danach geschah. Eine Zeit lang bewegte sich Anne bleich und mit leerem Blick durch die Schulflure. Schließlich sahen wir sie beim Mittagessen oder im Bus mit anderen Mädchen, die nicht besonders beliebt waren. Gegen Ende des Schuljahrs söhnte sie sich zwar mit Rebecca aus, aber die enge Verbindung zwischen uns war abgerissen. Als ich sie zum letztenmal sah, räumte sie ihren Schrank aus. Im folgenden Herbst kehrte sie nicht mehr in die Schule zurück. Drei Jahre später, in meiner ersten Woche am College, trafen wir uns zufällig wieder. Sie saß im Schatten unter einem Ahornbaum. Es dauerte Jahre, bis wir in der Lage waren, mehr als nur ein paar gezwungene Worte zu wechseln. Wenn ich sie sah, krampfte sich etwas in mir zusammen. Ich erinnerte mich an das, was geschehen war, so wie man sich nach dem Aufwachen an einen Traum erinnert: in Bruchstücken, die nicht so recht zusammenpassten, die mir aber Unbehagen einflößten. Kurz nach dem Collegeabschluss bekamen wir beide eine Stelle in der Politik und wurden Freundinnen. Ich glaubte mir das Recht erworben zu haben, zu vergessen, was ich getan hatte, und war darüber ungeheuer erleichtert.

Jetzt sitzen wir, zwei fünfundzwanzigjährige Frauen, in einer eleganten Lounge in Washington und nippen an unseren Drinks. Ich erzähle von meinem Buchprojekt über Mädchen und Mobbing einfach drauflos, ohne auch nur einen Gedanken an unsere Vergangenheit zu verschwenden, die für mich in so weiter Ferne liegt.

Anne spielt geistesabwesend mit dem Aschenbecher. »Weißt du noch, in der neunten Klasse?«, fragt sie plötzlich. Ich erstarre. Als sie anfängt zu erzählen, hole ich mein Aufnahmegerät heraus. Sie nickt.

Ich höre zu. Als sie fertig ist, sagte sie: »Ich war das ganze Jahr wie ein *verwundetes Tier*. Ich wusste nicht, wie ich mich wieder fangen sollte. Es war so ... Mein Gott. Man fühlt sich schrecklich verletzlich. Und keiner hilft einem. Es ist, als stünde man splitternackt in einem Raum voller Menschen, die alle auf einen zeigen und einen auslachen, und keiner reicht einem eine Decke, um sich die Blöße zu bedecken. In dem Alter hat man keine Möglichkeit, sich aus eigenen Kräften wieder hochzurappeln und wieder auf die Beine zu kommen.«

Es folgt langes Schweigen. »Du warst auch dabei. Du hast das alles mitbekommen«, sagt sie. Sie nimmt einen Schluck Wasser und sieht mich an. »Was meinst du war das eigentlich?«

Ich fühle mich, als hätte mir jemand ein Messer in den Bauch gerammt. Wie habe ich so etwas bloß tun können? Wie habe ich, eine ewige Außenseiterin und einmal sogar selbst Opfer, so etwas tun können?

Ganz einfach.

Als ich in Linden über die hufeisenförmige Einfahrt vorfahre, steht Megan mit ihren Freundinnen schon da. Sie winkt mir zu und steigt hinten ein, ein anderes Mädchen setzt sich neben mich auf den Beifahrersitz. »Hallo, ich bin Taylor«, sagt sie. »Kann ich mitkommen? Coole Musik«, fügt sie hinzu und deutet mit einer Kopfbewegung auf meine Jill-Scott-CD.

Wir fahren zu Starbucks und ergattern einen Tisch. Während die beiden sich nach den anderen Mädchen im Café umsehen, hole ich uns etwas zu trinken. Dann erzählt mir Megan ihre Geschichte.

In der fünften Klasse ihrer kleinen katholischen Schule gehörte Megan zum ersten Mal zu einer exklusiven Clique. Es gefiel ihr zwar, beliebt zu sein, aber es war alles andere als ein Zuckerschlecken. Es war harte Arbeit. »Ich hatte ständig Angst, dass sie etwas ohne mich unternehmen«, sagt sie. »Dass sie mich nicht mit einbeziehen. Ich gehörte nicht zu denen, die den Ton angaben. Ich gehörte nicht zu denen, auf die alle Jungs flogen.« Megan bemühte sich um die Aufmerksamkeit Jackies, des Stars der Klasse. Wenn sie einen mochte, konnte einem nichts mehr passieren.

Megan macht eine Pause. Sie will mit mir darüber sprechen, dass sie andere schikaniert hat; das hatte sie jedenfalls in ihrer E-Mail geschrieben. Ich starre in meinen Kaffeebecher, um sie nicht zu verunsichern, und frage mich, ob Megan, wie so viele Mädchen, dichtmachen und alles abstreiten würde; ob auch sie behaupten würde, sie könne sich nicht mehr erinnern. »Ich war irgendwie, na ja, die Nette. Nichts Besonderes«, sagt sie. Es sieht aus, als wolle sie einen Rückzieher machen.

»Da war dieses eine Mädchen, Liane«, fährt sie fort und atmet tief aus. Die Clique hatte sie schon immer für nicht ganz normal gehalten. In der fünften Klasse tat Liane plötzlich so, als gehöre sie dazu. »Sie hat uns alles nachgemacht«, sagt Megan. »Sie versuchte, in allem so zu sein wie wir.« Und das ärgerte die anderen.

Eines Tages nach der Schule hatte eines der Mädchen plötzlich eine Idee. Was wäre, wenn sie eine Rockband erfinden und sehen würden, ob Liane behauptete, sie zu kennen, also so weit ging zu lügen? »Wir fragten sie: ›Liane, kennst du Jawbreaker?‹ Und sie antwortete: ›Ja klar!‹ Und wir darauf: ›Ach, wirklich?‹« So fing es an. Die Mädchen schrieben Liedtexte, sangen sie in Lianes Beisein und kicherten, wenn Liane versuchte mitzusingen. »Sie sagte zum Beispiel: ›Ja, das habe ich gestern im Radio gehört‹, und wir: ›Ach, wirklich?‹«

Es war ein Spiel, das nie seine Schwungkraft verlor, und für Megan war es eine Riesenchance. Sie legte sich mächtig ins Zeug und schrieb mehrere Lieder. Jackie war begeistert. Am Jahresende gab es von Jawbreaker ein ganzes Liederalbum, und eine Choreographie für ein Video hatten sie sich auch schon ausgedacht. Megan war dem innersten Kreis so nah wie nie zuvor. »Ich hatte das Gefühl, dass mein Platz in der Gruppe jetzt sicherer war«, erklärt Megan. »Wenn ich Songs schrieb, schwärmten sie: ›Super, das ist total lustig!‹ Und ich dachte: ›Meine Güte, du kannst ja richtig gemein sein.‹«

Es war ganz einfach, wie der Wechsel von Schlittschuhen zu Rollerblades. Die anderen sagen: Das schaffst du schon, aber du kannst es nicht glauben, bevor du nicht selbst die Erfahrung machst, dass es tatsächlich geht. Genauso war es mit dem Mobben. Hinzu kam, dass die Mädchen nie ein böses Wort zu Liane sagten, im Gegenteil. »Wir waren nett zu ihr. Oder vielmehr: Wir taten nett mit ihr, aber hinter ihrem Rücken, da redeten wir schlecht über sie. Wir ließen kein gutes Haar an ihr.« Es war einfach, Liane bei der Stange zu halten, denn sie betrachtete Megan als ihre gute Freundin, seitdem sie ein Jahr zuvor im Sommer gemeinsam im Zeltlager gewesen waren, lange bevor Megan zu den Beliebtesten gehörte.

In ihrer alten Schule, so erzählt mir Megan, hatte ihre beste Freundin Anna sie benutzt, um selbst in die Clique der Beliebten aufzusteigen. Sie hatte sie links liegen lassen und in aller Öffentlichkeit bloßgestellt. »Es war so schlimm«, sagt sie mit leiser Stimme. »Es war entsetzlich. Ich hatte keine Freundinnen. Ich sah in den Spiegel und dachte: ›Du bist hässlich, äußerlich und auch innen. Du bist widerlich.‹« Gemein zu Liane zu sein, fährt Megan fort, sei leicht und schwer zugleich gewesen. »Wir lachten ihr ins Gesicht, und irgendwie dachte ich: Was Anna mit mir gemacht hat, das mache ich jetzt mit ihr.«

Eines Tages bot sich dann plötzlich, wie aus heiterem Himmel, für Megan die Chance aufzusteigen. Jackie war die Sonne, die die anderen Mädchen umkreisten, und jede von ihnen stellte alles Mögliche an, um ihr näher zu kommen. Als sich Megan und Jackie einmal auf der Mädchentoilette die Haare richteten, bückte sich Megan aus dem unwiderstehlichen Drang, zu sehen, wer im Klo war, und entdeckte unter der Tür die Plateauschuhe von Jenny, dem zweitbeliebtesten Mädchen in der Klasse. Ausgerechnet in diesem Moment begann Jackie, über Jenny herzuziehen. Megan nickte und pflichtete Jackie bei und warf dabei heimliche Blicke auf die Schuhe, die sich nicht von der Stelle rührten. »Ich habe nicht gesagt, sie soll aufhören«, sagt Megan, »weil ich wusste, dass Jenny zuhörte.«

Genau wie Megan es sich vorgestellt hatte, kam es daraufhin zu einem sechs Monate dauernden Krieg zwischen den Mädchen, und die Feindseligkeiten wurden nie beigelegt. Megans Stillschweigen über das, was sich in der Toilette abgespielt hatte, führte zu einer Verschiebung des gesamten sozialen Gefüges. »Alle wollten wissen, was passiert war, aber ich sagte nur: ›O mein Gott.‹ Ich konnte nach Lust und Laune übertreiben. Ich war mit Jackie und Jenny, den beiden beliebtesten Mädchen der Klasse, in der Toilette gewesen. Das war einfach super.« Mädchen, die Megan gar nicht kannte, kamen auf sie zu, um sich nach dem Vorfall zu erkundigen. »Wenn man dabei gewesen ist«, sagt sie zu mir, »dann ist man auf dem Laufenden, und man gehört dazu.« So einfach ist das.

Aber der Vertrauensmissbrauch, dessen Zeugin Megan gewesen war, löste bei ihr selbst Angst aus. »Diese Angst hat mich bis heute nicht verlassen«, sagt sie. »Ich bekomme Panikattacken. Mein Problem ist, dass ich immer denke, die anderen reden über mich. Wenn ich zwei miteinander tuscheln höre, versuche ich, ihre Lippen zu lesen und etwas von ihrem Gespräch mitzubekommen. Ich hasse es, wenn andere ohne mich etwas unternehmen. Dann denke ich immer: Mein Gott, jetzt verpasse ich wieder etwas Wichtiges. Oder vielleicht reden die über mich.«

Immer wieder hört man, dass ein Mädchen allein selten ein Problem ist; wenn aber zwei oder drei zusammen sind, sind sie wie verwandelt. Da Mädchen meist nur in der Gruppe aggressiv auftreten, sind Ausgrenzung und die damit verbundenen Grausamkeiten eine »gute« Möglichkeit, sich die Zugehörigkeit zu einer Gruppe zu sichern. Wenn ein Mädchen ausgeschlossen wird – was erst durch den Zusammenschluss der anderen möglich wird –, gelten keine Abmachungen mehr, und die Grenzen sind unbewacht. Jeder, der eine Waffe besitzt, kann Ansehen gewinnen, wenn er das Opfer ins Visier nimmt. Megan bekam die Chance, sich hervorzutun, indem sie Songtexte schrieb, und sie konnte sich in einer Auseinandersetzung in der Mitte positionieren. Das war der Weg zum Aufstieg – auch wenn es sich nur um flüchtige Augenblicke handelte.

Wenn aber dieses grausame Handeln nur kurzzeitige Vorteile verspricht, stellt sich die Frage: Was motiviert einen dazu, diesen Impulsen nachzugeben? Was versprach ich mir davon, dass ich Anne den Rücken kehrte und sie ihrem Kummer überließ?

Wenn ich ein gemeinsames Merkmal vieler Täter und Opfer nennen müsste, würde ich sagen, dass beide aus engen Beziehungen Macht und Sicherheit schöpfen – eine vielversprechende Kombination. Und beide haben Angst vor dem Alleinsein. Beliebt zu sein ist für Mädchen zweifellos so erstrebenswert, dass sie sich zu Verhaltensweisen gedrängt sehen, die man eigentlich als ungeheuerlich ansehen müsste. In manchen Fällen ist jedoch das Streben nach Beliebtheit zweitrangig oder spielt überhaupt keine Rolle. Die Mädchen, mit denen ich gesprochen habe, erzählen von einem nicht minder starken Bedürfnis, der Trostlosigkeit des Alleinseins zu entgehen.

Das Alleinsein untergräbt die weibliche Identität. Das beständige Gefühl, von Isolation bedroht zu sein und jederzeit den Boden unter den Füßen verlieren zu können, kann ein Mädchen zur Verzweifung treiben. Ohne Sicherheit in den sozialen Beziehungen wird ein Mädchen alles tun, um in der Schule zu überleben – im Klassenzimmer, auf dem Pausenhof und in den Schulfluren. Andere in diesen Situationen auszugrenzen, verleiht einem Mädchen die Gewissheit, als Teil einer Gruppe zu agieren und selbst nicht ausgeschlossen zu sein.

Und tatsächlich schildern manche Mädchen ein Hochgefühl, wenn sie eine aus ihrer Gruppe ausgrenzen, das dem Glücksgefühl einer engen Freundschaft verblüffend ähnlich ist. Michelle, von der im dritten Kapitel die Rede war, schilderte die Faszination, die Erin schon bei ihrer ersten Begegnung auf sie ausübte. Die Freundschaft zu Erin war »wie eine Droge ... Sie sagt all das, was man gerne hören möchte; sie verhält sich wie eine richtig gute Freundin und als wäre man das Beste, was ihr passieren konnte. Und deshalb ist man ganz aus dem Häuschen, denn eigentlich ist man eher unsicher, aber sie tut so, als wäre man ihr Ein und Alles. Und das möchte ja wohl jeder sein. Jeder möchte für jemand anderen wichtig sein.«

Später beschrieb Michelle die Vergeltungsmaßnahmen ihrer Clique gegen Erin fast mit den gleichen Worten: »Es war großartig, es einfach so laufen zu lassen, wo doch die anderen auch mitgemacht haben. Man war ja nicht allein. Man hatte das Gefühl, Macht über sie auszuüben, und das ist ein absolut großartiges Gefühl. Ich weiß, dass es mit einem Machtgefühl zu tun hat, das ich bis dahin nicht kannte ... Ich glaube, es war vor allem das Gefühl, niemand kann auf mich wütend sein. Ich war die gute Freundin. Ich war nicht das Problem ... Ich habe alles, was sie zu haben glaubte. Es war eine Art Machtgefühl. Ich brauchte niemanden, ich hatte ja alles, was ich brauchte.«

Michelle betont dieses rauschhafte Gefühl, das sie empfand, als ihr die Beziehungen zu den anderen als unverbrüchlich erschienen und sie das Gespenst des Alleinseins gebannt zu haben glaubte. In solchen Augenblicken empfindet man die Freundschaft als etwas Reines, Unangreifbares und absolut Sicheres.

Die Reise nach Jerusalem

Lisa ist früh dran und beobachtet, wie der Kaffee aus meiner Tasse schwappt, als ich die Tür zu dem Raum aufzusperren versuche, wo wir verabredet sind. Sportlich und mit dunklen Augen, tief schwarzen, zu einem Pferdeschwanz zusammengebundenen gelockten Haaren, sieht sie mir unter ihrem dicken Pony schweigend zu. Als wir es uns in dem Sprechzimmer auf dem Campus ihres College bequem gemacht haben und zu reden anfangen, sind ihre Worte genauso knapp und scharf wie ihre Blicke.

In den ersten drei Jahren an einer kleinen katholischen Gesamtschule in New Jersey wurde Lisa von kaum jemandem beachtet. Schon in den Vorschulklassen spielte sie vom ersten Tag an immer allein. In der Pause verschanzte sie sich hinter einer großen Metallkiste, besah sich ihr Spiegelbild und nahm verschiedene Posen ein. »Wenn mein Mantel den Boden berührte«, sagt sie, »war ich eine Prinzessin, wenn nicht, dann nicht. Das war meine Welt. Ich war entweder eine Prinzessin oder gar nichts.« Gegen Ende des zweiten Schuljahrs verkroch sich Lisa nach dem Unterricht immer häufiger zu Hause in ihr Zimmer und weinte. Ihre schulischen Leistungen waren schlecht, und die Lehrer tippten auf eine Entwicklungsstörung.

Lisa überredete ihre Eltern, sie in eine staatliche Schule zu schicken, wo sie nur gute Noten schrieb und wo ihr eine Erholungspause vergönnt war. Zwei Jahr später wechselte sie an eine größere Mittelschule. Es verging kaum ein Tag, an dem Lisa nicht an Magenkrämpfen litt. »Hier erlebte ich genau dasselbe wie früher. Mädchen waren zu anderen Mädchen gemein. Aber diesmal«, sagt sie seelenruhig und sieht mich dabei fest an, »diesmal war ich es, die gemein war.«

Lisa lernte Karen in der zweiten Unterrichtswoche kennen, als sie erfolgreich vorgab, ein Taschentuch zu benötigen, um Karen einen Zettel von Jason zuzustecken. Karen lächelte ihr dankbar zu und gab ihr ihrerseits einen Zettel. Darauf stand: »Danke! Von welcher Schule kommst du?« Darunter ein lachendes Gesicht und Kringelchen. Als die Mädchen an jenem Tag beim Mittagessen zusammensaßen, merkten alle sofort, dass Karen in ihrer alten Schule beliebt gewesen war. Von ihr ging etwas Elektrisierendes aus. Wenn Lisa mit ihr zusammen war, hatte sie ein seltsames Gefühl von – ja, was eigentlich? Glück? Schuldbewusster Freude?

»Ich fand sie so viel toller als mich selbst, und die Gemeinheiten – das war etwas, was wir zusammen machten«, sagt Lisa. »Damit hatten wir das Gefühl, besser zu sein als alle anderen.« Beim Mittagessen und in den Arbeitsgruppen schrieben sie sich Briefchen und kicherten und tuschelten über andere Mädchen. Sie gründeten den Club »Wir hassen Vicki« und ließen eine Liste herumgehen, auf der die ganze Klasse unterschrieb. Das nächste Opfer war das pummelige Mädchen im Chor. Lisa und Karen schrieben ein Lied über ihre Leibesfülle und darüber, dass niemand sie leiden könne; sie nannten sie eine Prostituierte und sahen weg, wenn sie sang. Nach den Frühjahrsferien kam sie nicht wieder.

Für Lisa gehörten Gemeinheiten ebenso zum Schulalltag wie das Mittagessen und die Lautsprecherdurchsagen. Und doch bestand zwischen Lisa und Karen kein echter Zusammenhalt. Lisa konnte jede Wette eingehen, dass auch über sie geredet wurde. Die Luft war erfüllt von geflüsterten Bemerkungen, von Tuscheleien und gehässigen Blicken. Selbst wenn sie mit ihren Gemeinheiten aufhörte – sofort würde eine andere an ihre Stelle treten, das wusste sie. »Du hast das Gefühl, alle sind deine Freundinnen. Aber wenn alle so waren wie du, dann redeten sie auch hinter deinem Rücken. Es war fürchterlich. Ich fühlte mich schrecklich. Denn ich wusste, dass meine Freundinnen die ganze Zeit über mich redeten und ich über sie.«

Die ständigen Intrigen und Cliquenbildungen, das dumpfe Gefühl, dass keine so war, wie sie vorgab zu sein – das alles war zum Verrücktwerden. Lisa fragte sich unablässig, wer eigentlich ihre echten Freundinnen waren, und gelegentlich auch, ob sie überhaupt welche hatte. »Ich sehnte mich nach einer richtigen Freundin. Nach einer Freundin, auf die ich mich verlassen konnte. Aber die gab es nicht. Es war eine Zeit«, sagt sie, »da hatte ich das Gefühl, außer den Mädchen, mit denen ich Gemeinheiten gegen jemanden aushecke, niemanden zu haben. Ich dachte immer, mit mir stimmt etwas nicht. Ich fühlte mich, als sei ich ein durch und durch böser Mensch. Entweder war ich ein Trottel, weil ich ein Opfer war, oder ein gemeines, bösartiges Miststück, weil ich anderen wehtat.« Ihre Mutter hatte sie ermahnt, andere nicht zu schikanieren. »Aber das war unmöglich«, sagt sie. »Ich wollte schließlich nicht der Trottel sein.«

Nach dem Ende der Highschool fühlte sich Lisa erschöpft – und sie war überzeugt, »ein Trottel, ein Verlierer und ein Miststück« zu sein. Als ihre Mitschülerinnen aus Jux sagten, sie würde wahrscheinlich ins Kloster gehen – und ihr damit das Etikett »prüde« anhefteten –, war sie am Boden zerstört. Zwei Jahre später fing alles von vorn an. Als sie ein paar Jungs, die sich mit ihr treffen wollten, einen Korb gab, nannte man sie eine Lesbierin. Das Gerücht verbreitete sich schnell, und Lisa spürte, wie sie der alte Kummer einholte. Sie suchte Trost im Gedichteschreiben und wurde gebeten, eines ihrer Werke in der Aula vorzulesen. Am folgenden Tag nannte man sie eine Feministin, was in ihrer Schule gleichbedeutend mit Lesbierin war. Es war das letzte Gedicht, das sie je verfasste.

Heute beschreibt sich Lisa als jemand, der »ziemlich abblockt. Es fällt mir schwer, mich anderen mitzuteilen und Freunde zu finden.« In ihrem ersten Jahr am College nannte man sie »Eiskönigin«, weil sie nichts von sich preisgab. Am Ende des ersten Jahres begegnete sie einem Menschen, der sie ermunterte, anderen Vertrauen entgegenzubringen: ihrem Freund. »Ich sage das nur ungern«, meint sie. »Es stimmt nicht, dass er mich aus dieser Sackgasse herausgeführt hat. Ich habe es selbst geschafft. Er hat mich so geliebt, wie ich bin. Ihm war es egal, ob ich in der Schule ein Miststück oder ein Trottel war. Ich bin jetzt ich selbst.«

Lisas Erfahrungen in der Mittelschule gleichen einer Reise nach Jerusalem, einem Spiel, bei dem Gewinner und Verlierer ständig und ohne zwingenden Grund wechseln. Manche der Frauen und Mädchen, mit denen ich sprach, erzählten, sie seien wochenlang ausgegrenzt gewesen und hätten dann plötzlich wieder an der Spitze der Rangliste gestanden, weil eine andere an der Reihe war. »Ständig ging es darum, dass jemand ›draußen‹ war«, erinnert sich Maggie. »Wenn drei Mädchen zusammen waren, taten sich zwei von ihnen zusammen und machten auf Kosten der Dritten ihre Späße, bis es der dreckig ging.« Wer in diese Rolle gedrängt wird, das ist absolut willkürlich. Eine Schulpsychologin drückt es so aus: »Dieselben Mädchen, die ganz offensichtlich die anderen quälen, kommen irgendwann mal zu mir und jammern darüber, was andere ihnen antun.«

Lisas Geschichte belegt ein ungeheures Verlangen nach Vergeltung. »Auge um Auge, Zahn um Zahn« – das ist die Vorstellung, von der viele Opfer besessen sind. »Die ganze Zeit, als ich ausgegrenzt war, wollte ich, dass sie am eigenen Leib verspürt, wie das ist«, sagt die Neuntklässlerin Emily. »Ich war so wütend auf sie. Und ich habe mich so gefreut, als es ihr schlecht ging, weil es ihr Spaß gemacht hatte, mich leiden zu sehen.« Und Jessica aus der sechsten Klasse: »Ich will es ihnen heimzahlen. Sie sollen erleben, wie es ist, nicht gemocht zu werden.«

Untersuchungen zeigen, dass Mädchen, die selbst Kränkungen erlitten haben, sehr viel eher zum Mobben bereit sind als andere.[31] Erinnerungen an das eigene Ausgegrenztsein stehen tatsächlich an erster Stelle bei den Mädchen, die bereit sind zuzugeben, dass sie andere schikaniert haben.[32] Genau wie Lisa geht es diesen Mädchen vor allem darum, sich zu schützen und selbst nicht zum Opfer zu werden. Mit anderen Worten: Sie terrorisieren andere, weil sie sich selbst bedroht fühlen und glauben, keine andere Wahl zu haben.

Verrat

Es ist Donnerstag, und Kathy Liu hat vergessen, dass wir uns verabredet haben. Schon zum zweiten Mal. Als sie mir schließlich die Wohnungstür öffnet, hält sie Papiertaschentücher in der Hand. Aha, denke ich. Es geht ihr zu schlecht, um mir entwischen zu können. Kathy lässt mich rein und lächelt entschuldigend. Sie schließt bald ihr Studium an der Georgetown-Universität ab und wohnt in einem Zimmer in einem Mädchenwohnheim, das mehr oder weniger einer Bruchbude ähnelt. An den Wänden hängen Plakate von Independent-Filmen. Der zottelige Langflorteppich ist wohl einmal grün gewesen, aber ich würde nicht darauf wetten. Über einen Sessel, dessen Polsterung hervorquillt, ist ein Sweatshirt mit dem Emblem der Georgetown Hoyas gebreitet.

»Entschuldigen Sie das Durcheinander«, sagt sie schüchtern. »Macht nichts«, erwidere ich und denke an mein Zimmer im College. »Ich fühle mich ganz wie zu Hause.«

»Ob ich wohl vom College verwiesen werde«, fragt Kathy mit hochgezogenen Brauen, »wenn ich in Ihrem Buch auftauche? Oder werde ich reich und berühmt?« Wir lachen. Sie zündet sich eine Zigarette an.

Kathy ist dreiundzwanzig. Sie ist in South Carolina aufgewachsen. Ihre Eltern sind in Korea geboren und nach der Hochzeit nach New York ausgewandert. Kathys Vater bekam in South Carolina einen Studienplatz in Maschinenbau und fand nach dem Studium dort auch eine Anstellung.

Sie waren die einzige asiatische Familie in dem kleinen Ort und für einige Bewohner sogar die ersten Asiaten überhaupt, die sie je gesehen hatten. Wenn Kathy im Alter von drei, vier Jahren mit ihrer Mutter einkaufen ging, bemerkte sie die ausgestreckten Zeigefinger, die verstohlenen Blicke, die Knüffe mit dem Ellbogen und das Getuschel. In der Mittelstufe fand niemand etwas dabei, in ihrer Anwesenheit »Chinesenwitze« zu erzählen, und man gab ihr den Spitznamen Suzy Wan. In den Fluren hörte sie hinter sich oft mit unnatürlich hoher Stimme intonierte »Ching-chong«-Laute. Die meisten, auch ihre Freundinnen, fanden das lustig.

Kathy nicht. Dazuzugehören war das Wichtigste für sie. Sie bat ihre Mutter, nicht Koreanisch zu kochen, wenn Freundinnen bei ihr zu Hause waren, denn sie fanden, dass es in der Küche komisch roch und das Essen eigenartig aussah. Das war schrecklich für Kathy. Sie war ein modebewusstes, hübsches Mädchen und trug, wie sie sich ausdrückte, »die richtigen Marken«. Viel Zeit verwendete sie auf ihre Frisur und ihr Make-up. In der Popularität stand sie an zweiter Stelle, nur um Haaresbreite von der Spitze entfernt. Mit anderen Worten: Sie besaß durchaus Potenzial.

In der achten Klasse war Nancy ihre beste Freundin. Die beiden waren seit drei Jahren unzertrennlich, schrieben sich während des Unterrichts lange Briefe, die sie zu bizarren Formen falteten und einander ins Schließfach steckten.

Eines Nachmittags schrieb Nancy über eines der beliebten Mädchen, es sei fies. »Stimmt«, wollte Kathy zurückschreiben, hielt aber

inne. »Ich erkannte plötzlich«, sagt sie mir, »dass ich die Gunst der beliebten Mädchen gewinnen konnte, wenn ich ihnen verriet, was Nancy gesagt hatte.« Kathy gab ihnen Nancys Brief. Die Mädchen versprachen, nichts weiterzuerzählen.
Am nächsten Morgen kam Nancy zur Schule, in der Hand ein paar zerknitterte Fetzen Papier. Ihr Gesicht war rot, ihre Augen geschwollen. Kathy fragte, was los sei, obwohl sie »genau wusste, warum Nancy weinte und völlig aufgelöst war«. Nancy sah sie verständnislos an.
»Wie haben sie das hier in die Finger bekommen?«, fragte sie.
»Ich weiß nicht.«
»Wie haben sie das hier in die Finger bekommen?«, wiederholte Nancy.
Kathy versagte die Stimme, und plötzlich wurden ihr klar, was sie angerichtet hatte. »Ich hatte nicht die Kraft, die Schuld auf mich zu nehmen«, sagt sie zu mir und nimmt einen tiefen Zug aus ihrer zweiten Zigarette. Den ganzen Tag wurde sie von allen Seiten bestürmt, zu erklären, was los war. Aber sie tat so, als wüsste sie nichts. »Ich versuchte, die Verantwortung abzuschütteln und auf einen ominösen Dritten abzuwälzen, um heil aus der Sache herauszukommen«, sagt sie und schnäuzt sich.
Natürlich war die Freundschaft mit Nancy zu Ende. »Es war ein totaler Verrat«, seufzt Kathy. »Es ist unvorstellbar, dass der Wunsch, beliebt und anerkannt zu sein, mich dazu gebracht hat, etwas derart Gemeines zu tun. Jemanden zu verraten, der mir so nahe stand. Ich war – ich bin sicher, es hat sie unheimlich verletzt.« Sie möchte gern vergessen, was damals geschah. »Aber man kann es nicht vergessen, wenn man jemanden so tief verletzt hat.«
Sie schweigt. »Es fällt mir nicht leicht, darüber zu sprechen.« Ich frage sie, warum es so wichtig sei, beliebt zu sein.
»Wahrscheinlich dachte ich, auf diese Weise akzeptiert zu sein und dazuzugehören«, sagt sie. »Ich war früher selbst gemobbt worden. Von den Mädchen akzeptiert zu werden bedeutete, aus dieser Position der Minderwertigkeit herauszukommen. Es war nicht so, dass ich unbedingt mit ihnen befreundet sein wollte. Ich bildete mir ein, dann würde es keine Rolle mehr spielen, dass ich Asiatin bin.«

Nancy war nicht das einzige Mädchen, das Kathys Opfer wurde. Einmal brüskierte sie eine gute Freundin – aus Eifersucht, weil diese so viel Aufmerksamkeit bekam. »Ich weiß noch, ich dachte: Warum kann ich nicht damit aufhören? Warum kann ich es nicht ertragen, dass sie eine Weile im Rampenlicht steht?« Im Rückblick meint Kathy: »Ich hatte das Gefühl, dass so viele über mir standen, und das Bewusstsein, dass jemand unter mir war, tröstete mich.«

»Na ja«, murmelt Kathy, »vielleicht kann ja jemand aus meinen Erfahrungen etwas lernen...«

»Was könnte man denn daraus lernen?«, frage ich.

»Wenn man zum Beispiel begreift, wie sehr man durch sein Verhalten das Leben eines anderen beeinflusst«, erwidert Kathy. »Ich muss sagen, dass es mir jahrelang unmöglich war, Nancys Freundschaft zurückzugewinnen. Ich fragte mich, ob ich überhaupt loyal zu anderen sein kann. Ich habe sie praktisch verkauft. Man gibt etwas auf, das man für erstrebenswerter hält, einen höheren Status oder sonst was. Ich weiß nicht, wie ich das wieder gutmachen kann. Ich habe gehofft, dass meine Schuldgefühle mit der Zeit verschwinden, aber ich habe nicht den Eindruck. Vielleicht werde ich mich irgendwann einmal bei Nancy entschuldigen und mit ihr darüber sprechen.«

Alles im Griff

Wie Samantha, deren Beziehung zu Annie im zweiten Kapitel beschrieben wurde, sind sich einige Mädchen jedoch gar nicht bewusst, wie grausam sie sich verhalten. Als ich anfing, für mein Buch Interviews zu führen, sprach ich auch mit meinen Freundinnen.

Roma, die ich seit dem College kenne, erzählte mir, sie sei früher von einer ihrer besten Freundinnen terrorisiert worden. Die Aggressivität von Jane, so hieß die Freundin, war äußerst einfallsreich, sei es, dass sie Roma wünschte, bei einem Brand ums Leben zu kommen, sei es, dass sie Clubs gründete, zu denen Roma keinen Zutritt hatte. Jane spielte ihr üble Streiche, sagte, ihre Kleidung sei billig und ihre Mutter ein Hippie, brachte all ihr Können auf, um ihre Freundinnen gegen sie aufzuhetzen, und machte sich über Romas Anhänglichkeit lustig. Aber, so Roma, zugleich konnte sie »ein wirklich bezaubernder

Mensch sein. Das war die andere Seite ihrer Persönlichkeit. Wenn man ihre Gunst genoss, war das großartig. Sie machte Spaß und alle möglichen Dummheiten und war wirklich reizend.« Die Qual dauerte acht Jahre. In der neunten Klasse ließen die beiden endlich voneinander ab.

Viele Jahre später, Roma war dreiundzwanzig, bekam ihre Mutter Ellen einen Anruf. Janes Mutter wollte sich nach Romas Telefonnummer erkundigen, weil Jane mit ihr sprechen wollte. Ellen erklärte, ihre Tochter habe kein Interesse an Jane. »Was wollen Sie damit sagen?«, fragte Janes Mutter ungläubig. »Sie waren doch so gute Freundinnen.« Als Ellen erzählte, was ihre Tochter getan hatte, fiel Janes Mutter aus allen Wolken.

Kurze Zeit später waren Roma und ihre beste Freundin Sally in den Semesterferien zu Hause und besuchten ein Café, als plötzlich Jane hereinkam. Roma erinnert sich: »Sie fing an, mit Sally zu sprechen, als sei ich Luft. Sie sagte beispielsweise: ›Ich wohne jetzt in San Francisco. Wohnt deine beste Freundin nicht auch in San Francisco?‹« Schließlich fragte Roma, ob Jane ihr etwas zu sagen hätte. Jane sah Roma an und sagte: »Warum hast du zu deiner Mutter gesagt, dass wir nie Freundinnen waren?« Dann brach sie in Tränen aus. »Wenn wir nie Freundinnen waren«, schluchzte sie, »wie kann ich dann wissen, dass du nachts die Füße unter der Decke hervorstreckst und dass du Erdnussbutter magst?« Jane kramte alle möglichen Geschichten hervor, und Roma hörte ihr mit wachsendem Befremden zu. Jane hatte so vollkommen andere Erinnerungen an die Freundschaft, dass Roma gar nicht wusste, wie sie reagieren sollte.

Die fünfzehnjährige Danielle von der Linden-Schule erzählt mir beim Mittagessen, wie sie jahrelang zwei Freundinnen gemobbt hat. Sie tut sich schwer, ihr Verhalten zu beschreiben. »Ich weiß nicht, wie ich ... wie ich es sagen soll. Ich wollte sicher sein, dass sie zu den anderen Mädchen keine engere Beziehung hatten als zu mir. Und dass sie mit ihnen nichts unternahmen, wenn ich nicht auch dabei war.«

Danielle wollte für diese beiden Mädchen die einzige Freundin sein, obwohl sie sich selbst viele andere Freundinnen zugestand. Sie befürchtete, die anderen Mädchen würden mehr gemocht als sie selbst. »Deswegen, glaube ich, habe ich das mit Jessica gemacht«, sagt sie mit leiser, gepresster Stimme. »Sie war wirklich nett, und alle mochten sie. Ich glaube, ich wollte sie beherrschen. Ich wollte nicht, dass sie etwas ohne mich unternimmt, zum Beispiel ausgehen. Ich wollte nicht, dass sie ohne mich bei jemandem übernachtet. Das war die Hauptsache. Ich brauchte jemanden, der immer für mich da war und ohne mich nie etwas unternahm.«

Danielle und ihre Eltern, beide berufstätig, leben in einer wohlhabenden Gemeinde im Nordosten der Vereinigten Staaten. Ihre Eltern und insbesondere ihr Vater nehmen regen Anteil am sozialen Leben der Tochter. »Ich habe immer das Gefühl, er will mich lenken und möchte, dass ich mehr erreiche – ich bin sehr viel aufgeschlossener als meine Eltern. Sie wollen, dass ich viele Freundinnen habe und dass ich glücklich bin.«

Nach einer langen Pause fügt sie hinzu: »Ich sage meinem Dad nicht, wenn ich Probleme mit meinen Freundinnen habe, weil er dann enttäuscht wäre. Ich habe Angst, dass er auf mich herabschaut nach dem Motto: Wieso hast du Probleme?«

Ich hätte nie gedacht, dass die sonst so überschwängliche Danielle derart schweigsam sein kann. »Wenn ich jetzt daran denke, erkenne ich, wie gemein und grausam ich war«, sagt sie. Irgendwann nach der sechsten Klasse, erzählte sie, habe sie sich »völlig verändert. Ich wollte Freundinnen gewinnen, indem ich nett war und nicht ...« Sie vollendet den Satz nicht. Sie könne sich heute kaum mehr vorstellen, sagt sie, dass sie sich einmal so verhalten hat.

Erneut zeigt sich, welchen zentralen Stellenwert Beziehungen im Leben von Mädchen haben. Wie der Entschluss, an unguten Freundschaften festzuhalten, durch die Angst vor dem Alleinsein bestimmt ist, so auch Danielles beherrschendes Verhalten. Adrienne Rich schreibt, die Lügnerin »lebt in der Angst, die Kontrolle zu verlieren. Sie kann sich eine Beziehung ohne Manipulation nicht einmal wünschen, denn sich vor den anderen Blößen zu geben, verletzlich zu sein, bedeutet Kontrollverlust für sie.«[33]

Lohn der Unterdrückung

»Als sich meine Eltern scheiden ließen, war ich furchtbar wütend«, sagt Molly, die mit mir auf dem vertrockneten Rasen vor ihrer Highschool in der Sonne sitzt. Sie hat braunes Haar, grüne Augen, trägt eine Zahnspange und ist blass und schlaksig. »Ich war sauer auf meine Freundinnen, die im Gegensatz zu mir alle einen Vater und eine Mutter hatten.«

Molly ist in der achten Klasse und lebt in Ridgewood mit ihrer Mutter, die an einer degenerativen Krankheit leidet. Zwar ist sie nicht an den Rollstuhl gefesselt, kann sich aber nur mühsam fortbewegen und leidet unter chronischen Schmerzen. Ihr Vater, den Molly jedes zweite Wochenende sieht, wohnt in einer anderen Stadt. Die Krankheit ihrer Mutter macht es der Tochter noch schwerer, die Abwesenheit des Vaters zu verkraften.

Molly findet, dass ihre Freundinnen oft mit ihren intakten Familien prahlen. Sie erzählen vom Einkaufsbummel mit ihren Müttern – etwas, was für Molly völlig undenkbar ist. Neulich feierte eine Freundin Geburtstag und lud aus diesem Anlass sämtliche Mädchen und deren Mütter ein, gemeinsam einkaufen zu gehen. Molly konnte nicht mitkommen. Wenn ihre Freundinnen wissen wollen, warum Mollys Mutter nicht in der Kirchengemeinde mitarbeitet oder an Aktivitäten mit ihrer Tochter teilnimmt, wird Molly verlegen und fühlt sich ausgegrenzt. »Es ist schwer für mich«, meint sie, »aber sie sagen: ›Wir können nichts dran ändern‹, und ich sage: ›Ich kann auch nichts dran ändern.‹« Molly sieht mich an. »Es ist unfair. Es ist, als würden sie einen auslachen oder so.«

Ich frage Molly, ob sie sie einmal ausgelacht hätten.

»Nein, eigentlich nicht«, meint sie nachdenklich. »Die meisten haben Mitleid mit mir. Ich denke nur, wenn ich so etwas sage, werfen sie sich Blicke zu und schauen weg und versuchen, das Thema zu wechseln oder so. Und das kränkt mich.«

Wenn sie wütend wird, erzählt Molly, versucht sie, es zu ignorieren und nicht daran zu denken. »Ich versuche, das Positive zu sehen, und ich denke: Wenigstens hast du eine Mutter, manche haben nicht einmal das.« Sie zählt Dinge auf, die viel schlimmer sind. Aber manchmal, wenn es ihr nicht gelingt, ihren Ärger zu ignorieren, spürt sie ihn den ganzen Tag, »bis ich verrückt werde«. In dieser Situation bräuchte sie die Hilfe ihres Vaters, der aber gerade dann nicht zur Verfügung steht, und dann wird sie wütend auf ihre Freundinnen oder auf deren Eltern. »Sie sind nicht schuld daran«, sagt sie, »aber ich muss meine Wut irgendwie rauslassen, und dann bekommt sie eben derjenige ab, der gerade in der Nähe ist.«

Nur ein einziges Mal hat Molly ihre Mutter »angeschnauzt«, weil deren Krankheit ihr Leben so sehr bestimmt und vor allem, weil sie keinen Freund hat. »Ich hab's nicht so gemeint«, sagt Molly und drehte ein paar Gräser zu einem Strang. »Aber jetzt tut es mir Leid.« Nachdem Molly ihre Wut herausgeschrien hatte, schwieg ihre Mutter lange. »Nach dem Motto: Ich kann nichts dafür. Ich bin behindert. Keiner will mich und so weiter.« Aber sie sei ja schließlich nicht allein, wandte Molly ein. »Sie sah mich nur mit einem seltsamen Blick an.« Der Streit ist »irgendwie verflogen«, und sie sprachen nie mehr über diesen Vorfall.

Im Allgemeinen versucht Molly, ihre Mutter auf Distanz zu halten. Sie kauft ihr keine Pop-CDs, und zu Hause hören sie nur christliche Musik. Sie musste die Plakate in ihrem Zimmer abhängen, weil ihre Mutter ihre religiösen Überzeugungen verletzt sah, sogar das Poster der Backstreet Boys. Als sie das ihren Freundinnen erzählte, »haben sie mich angeschaut, als wäre ich nicht ganz bei Trost. Und das macht mich wütend, weil meine Mutter nun mal so ist, da kann ich auch nichts dran ändern.«

Molly sagt, sie habe andere Mädchen immer wieder verspottet, »ihre Kleidung, Frisur, alles Mögliche«. Danach habe sie sich immer schlecht gefühlt und vergeblich versucht, es wieder gutzumachen. Einmal kam es auch zum Streit. »Ich war so wütend«, sagt sie, »und ich wollte unbedingt Streit anfangen.« Nachdem sie einem Mädchen gedroht hatte, gingen sie hinaus, aber dann geschah nichts. Genau wie bei dem Streit mit ihrer Mutter. Es war »irgendwie verflogen«.

Ich frage Molly, wie es sei, wenn sie wütend ist. »Man empfindet Hass, ob man will oder nicht. Du hast das Gefühl, jemand zerrt an dir, und es ist schwer, sich zu beherrschen, wenn jemand an einem zerrt. Man denkt ständig darüber nach, und je mehr man darüber nachdenkt, desto schlechter geht es einem. Man möchte am liebsten über den anderen herfallen. Man ist voller Hass, oft kann man sich gar nicht zügeln. Es ist schwer, sich zu beherrschen, wenn man einmal angefangen hat.« Analog zu dem, was Anne Campbell über Aggression bei Frauen herausgefunden hat, kommt auch Mollys Aggression urplötzlich zum Ausbruch, wenn sie keine Kraft mehr hat, ihr zu widerstehen.

Molly hält fest zu ihrer besten Freundin Kate, aber in letzter Zeit gibt es oft Spannungen. »Wenn sie sauer auf mich ist, tue ich alles, damit sich die Freundschaft wieder einrenkt. Alles«, betont sie. Aber da Kate oft nicht sagt, warum sie auf Molly böse ist, fragt Molly nach; sie wartet geduldig und schreibt ihr »nette Briefe«. Dann plötzlich, »eines Tages, am nächsten Tag, redet sie wieder mit mir, und alles ist vorbei. Ich denke dann auch nicht mehr daran.«

»Da kann ich auch nichts dran ändern«: Das ist Mollys Leitmotiv. Sie hat mehr Entbehrungen und Stress zu bewältigen, als die meisten Erwachsenen verkraften könnten. Scheidung, Krankheit der Mutter, finanzielle Not, religiöse Restriktionen – die Liste ist lang. Trotz allem versucht Molly, ein »gutes Mädchen« zu sein; sie versucht, verständnisvoll zu sein, »das Positive zu sehen«, sich um ihre kranke Mutter zu kümmern, das Leben ohne die väterliche Fürsorge zu bewältigen.

Wie viele andere Mädchen platzt Molly nur dann heraus, wenn es gar nicht mehr anders geht, wenn sie ihre Wut nicht mehr zügeln kann, obwohl meistens, wie sie sagt, der Streit »verfliegt«. Ihr passiver Ton straft ihre Worte Lügen: In Wirklichkeit hat sie gar keine Möglichkeit, Konflikte auszutragen, ihrem Ärger Luft zu machen und ihre starken Emotionen zum Ausdruck zu bringen. Die Mutter kann die Frustration ihrer Tochter nicht auffangen, ebenso wenig ihr Vater, den sie so selten sieht und dem sie sich von ihrer besten Seite zeigen muss. Unter diesen Umständen kann sie sich Aggressionen kaum leisten. Wahrscheinlich fühlt sich Molly am wenigsten eingeschränkt und am wohlsten, wenn sie mit ihren Freundinnen zusammen ist.

Molly ist leidenschaftlich und impulsiv. Eifrig versichert sie mir, sie wolle besser sein als andere – die Klassenbeste, die Hübscheste und »all das«. Sie kandidiert als Klassensprecherin und als »Homecoming Queen« bei der großen Highschool-Party im Herbst (eine frustrierende Erfahrung; sie gewinnt nie, weil sie kein bisschen beliebt ist). Selbst als sie mir von ihrer Neigung berichtet, andere niederzumachen, die sie als Konkurrentinnen empfindet, sich über die Familie dieser Mädchen lustig zu machen und hinter deren Rücken zu tuscheln und Gerüchte zu streuen, sagt sie mir: »Ich versuche, zu allen nett zu sein. Ich möchte mit allen befreundet sein. Ich will, dass mich alle mögen, und wenn ich etwas tue, was andere verletzt, möchte ich ihnen zeigen, dass ich es nicht so gemeint habe.«

Molly illustriert vielleicht in besonderem Maße, dass es schier unmöglich ist, Aggressionen – wie man Mädchen gemeinhin nahe legt – zu ignorieren. Gerade weil sie zu anderen nicht per se grausam ist, zeigt Molly uns auf eindrucksvolle Weise, zu welchen unangemessenen Aktionen die Verdrängung der eigenen Gefühle führen kann. Aggression ist Molly zugleich fremd und gehört zu ihr, folglich gesteht sie sich diese Wut nicht ein und wird trotzdem von ihr überwältigt.

Viele Frauen und Mädchen, die ich gebeten hatte, mit mir darüber zu sprechen, wie es war, als sie andere schikanierten oder gemein waren, hatten plötzlich keine Zeit. Sie mussten Schränke ausräumen, Hausaufgaben machen und zum Zahnarzt gehen. Ein Mädchen, dem ich meine Fragen gemailt hatte, forderte mich auf, ihr niemals wieder eine E-Mail zu schicken.

Zunächst dachte ich, meine Unfähigkeit, aggressive Mädchen zu finden, sei ein fataler Schwachpunkt meines Projekts, aber dann stellte sich heraus, dass diese Suche der Inhalt meines Projekts war. Wenn Mädchen alles taten, ihre Aggression zu verstecken, würden sie mir kaum die Tür einrennen, um darüber Auskunft zu geben. Mädchen glauben, dass »gemein sein« – also jemandem offen negative Gefühle zu zeigen – genauso schlimm ist wie dick, hässlich oder uncool zu sein. Das gilt auch für die meisten Frauen. »Gemein sein« unterminiert den Kern der weiblichen Identität. Wie sich herausstellte, war ich hier mit demselben Problem konfrontiert wie die Forscher, die sich zum erstenmal des Themas Aggression annahmen und die Beteuerung der von ihnen befragten Frauen, niemals aggressiv zu sein, für bare Münze nahmen.

Jetzt sehe ich die Dinge klarer. Ich erinnere mich an Mädchen, die allgemein als aggressiv angesehen werden, Mädchen, deren Opfer stundenlang mit mir gesprochen hatten und die mir versicherten: »Wenn ich wütend werde, lese ich in der Bibel« oder »Wenn ich mich ärgere, werde ich traurig. Es ist ein schreckliches Gefühl, wütend zu sein.« Ich wartete auf ein Bekenntnis, das nie abgelegt wurde.

Das Gleiche erlebte ich, als ich zum erstenmal eine Gruppe von mehrheitlich weißen Mädchen aus der Mittelschicht bat, zu erzählen, wann sie gemein waren. Sie sahen mich an, als hätte ich sie gebeten, einen lebendigen Goldfisch zu schlucken. Beim nächsten Mal ging ich anders vor. Ich bat die Mädchen, ein Rollenspiel mit fiktiven Täterinnen und fiktiven Opfern aufzuführen. Die Schleusen öffneten sich. Solange sie sich nicht selbst als gemein offenbaren mussten, hatten sie jede Menge zu sagen.

Seltsam, dass ich mich selbst genauso verhalten habe. Zu Beginn meines Projekts hatte ich völlig ausgeblendet, dass ich vielleicht selbst einmal gemein gewesen war. Dass ich in der dritten Klasse die Rolle des Opfers einnehmen musste, war ein Trumpf, der in meiner Lebensgeschichte einen festen Platz gefunden hatte. Alle nickten ernst, als ich verkündete, warum ich dieses Buch schrieb. »Ja, natürlich«, sagten sie mitfühlend. Die Wahrheit ist, dass ich ganz unbekümmert an mein Buchprojekt haranging: Ich verschwendete keinen Gedanken an meine eigene Bereitschaft zur Grausamkeit. *Ich bin nicht so,* dachte ich; *ich* tat, was ich tun musste. Ich war nur eine Komplizin, ich brachte andere zum Sprechen. Ich war anders als Abby oder Rebecca: Sie waren die Teufel. Sie verkörperten das Böse.

Als ich dann die Geschichte von Kathy, Megan und all den anderen niederschrieb, hatte ich das Gefühl, irgendetwas stimme nicht. Ich konnte es nicht benennen, aber dann plötzlich wurde es mir klar: Ich konnte den Teufel nicht dingfest machen. Das »böse Kind« gab es nicht. Diese Mädchen waren gute Menschen, die etwas Schlimmes getan hatten, und zwar aus verständlichen, wenn nicht sogar guten Gründen. Sie waren nicht die kaltblütigen und durchtriebenen Monster, als die aggressive Mädchen so oft hingestellt werden.

Die Überzeugung, dass wir entweder nur Opfer sind oder nur Täter, verstellt uns den Blick auf die Vielschichtigkeit unseres eigenen Verhaltens. Wenn wir leugnen, dass wir die Bereitschaft mitbringen, anderen wehzutun, bestätigen wir das Stereotyp, Mädchen und Frauen seien nicht aggressiv. Wir machen uns zu Komplizinnen der

Unterdrückung entschieden auftretender Frauen und Mädchen, wenn wir deren Aggression als etwas Pathologisches betrachten. Damit verhindern wir auch die öffentliche Diskussion über weibliche Aggression. Was noch schlimmer ist: Wir werden einander fremd. Wenn wir derartige Vorkommnisse in den privaten, emotionalen Raum verbannen, wenn wir uns weiterhin einreden, dass diejenigen, die uns terrorisiert haben, in der Gosse leben und abstürzen werden – und, glauben Sie mir, das habe ich getan –, verhindern wir, dass über verdeckte Formen der Aggression gesprochen wird und dass wir Frauen ehrlicher miteinander umgehen. Denn würden wir die Dinge beim Namen nennen, müssten wir uns eingestehen, dass wir alle gemein und aggressiv sind. Und, liebe Freundinnen, das sind wir tatsächlich.

»O ja«, habe ich oft gehört, »das ist mir auch passiert.« Fast jede, mit der ich sprach, hatte eine Geschichte zu erzählen und erinnerte sich an eine Situation, in der sie gepeinigt wurde. Doch die Bereitschaft zu gemeinem, wütendem, impulsivem und gedankenlosem Verhalten liegt in uns allen. Auch mein Gewissen konnte sich nicht schnell genug einschalten, wenn die Gemeinheit aus mir herausbrach. Dann schwelgte ich im Bewusstsein eines mir anvertrauten Geheimnisses, schaute jemanden bitterböse an oder rollte wutentbrannt die Augen. Ich beteuerte, ich sei nicht wütend, obwohl ich es in Wirklichkeit war; ich zog über andere her, wenn sie nicht dabei waren. Und ich genoss das Gefühl der Zugehörigkeit auf Kosten eines Mädchens, das ausgegrenzt wurde. Und Sie?

Es ist Zeit, dass wir uns endlich unsere Gefühle eingestehen, wie Rosalind Wiseman sagen würde.[34] Es ist Zeit, dass wir uns mit der aggressiven Seite in uns beschäftigen.

Wenn wir natürliche Gefühle wie Rivalität, Eifersucht, Hass und Unmut verdrängen, belügen wir uns und andere. Wie viele von uns erfahren haben, geht dies auf Kosten unserer Freundschaften.

Als ich im College mit meiner engsten Freundin Jenny ein gemeinsames Zimmer bezog, schwelte unser erster großer Krach in unserem kleinen Apartment still und leise vor sich hin, bis es eines Tages zum Eklat kam.

»Deinetwegen fühle ich mich schlecht, weil ich erst um elf Uhr morgens aufstehe!«, sagte sie.

»Dein Freund macht zu viel Krach, wenn er nachts zu Besuch kommt«, schoss ich zurück.

So ging es hin und her, wir lockten uns gegenseitig an den Rand des Abgrunds, bis wir beide beinahe abgestürzt wären. Ich schwankte zwischen Wut und Panik. Ich wusste, dass ich abblockte, ja irrational wurde, aber ich konnte meinen Zorn kaum bezähmen.

»Ich weiß nicht, ob wir das schaffen«, sagte Jenny leise. Es klang resigniert und traurig. »Ich weiß nicht, ob es geht.«

Ich hielt den Atem an. »Was ist denn los?«, schrie ich schließlich. »Ist es denn so schlimm, dass wir nicht mehr Freundinnen sein können?«

Und dann fragte Jenny plötzlich: »Meinst du nicht, dass du überheblich bist?« Ich erstarrte. War das eine Fangfrage?

»Ja?«, erwiderte ich halb fragend und bangte.

»Gut«, sagte sie. »Denn wenn du das nicht gesagt hättest, hätte ich dir nicht mehr vertrauen können.«

Sagen wir ruhig, wie es ist: Ich war neidisch. Ich beneidete sie um ihren wohlgeformten Körper und ihren unwiderstehlichen Sexappeal. Ich beneidete sie um ihre geistige Unabhängigkeit, um die Unbekümmertheit, mit der sie liebte und geliebt wurde. Auch Jenny war neidisch: auf meine eiserne Selbstdisziplin und meine schnelle Auffassungsgabe. Sie beneidete mich um meine geselligen Aktivitäten und die Konsequenz, mit der ich meine Gymnastikstunden absolvierte.

Wir waren zwei junge Frauen, die zitternd und bebend vor dem großen und mächtigen Unbekannten standen. Der Vorhang war zurückgezogen, und Neid und Eifersucht, die bisher in ein schwarzes Loch verbannt gewesen waren, lagen offen zu Tage. Jetzt, da wir uns voreinander dazu bekannt hatten, war dieser Neid nichts Besonderes, kein unüberwindliches Hindernis mehr. Als wir uns so ansahen, wie wir absolut unbeschadet dasaßen, schien der Neid gar nicht mehr so bedrohlich, nicht halb so schlimm, wie wir befürchtet hatten.

Wenn ich an damals zurückdenke, fällt mir wieder der Sommer ein, als ich Kajakfahren lernte. Der Lehrer hatte mir gesagt, ich müsse mich in die Strömung des Flusses hineinlehnen, aber beim ersten Versuch zuckte ich zurück, mit angespannten Muskeln. Unmöglich:

Ich würde todsicher kentern. Mein Instinkt sagte mir, ich müsse mich gegen die Strömung lehnen, um das Gleichgewicht zu halten. Wenn du das machst, so mein Lehrer, wirst du unweigerlich kentern. Mit dem Neid war es ähnlich: Wir hatten das Gefühl, wir müssten ihn wegsperren, und es würde das Ende unserer Freundschaft bedeuten, wenn wir ihn ans Tageslicht ließen. Aber was unsere Freundschaft an jenem Tag rettete, war, dass wir Neid und Wut als Gefühle akzeptierten, die zu uns gehörten. Als wir den Neid beim Namen nannten, verlor er seinen Schrecken.

Aber wie nah war ich drangewesen zu behaupten, ich sei keineswegs überheblich, sondern bescheiden und nett, ja rücksichtsvoll anderen gegenüber. Wie leicht wäre es gewesen, Anne zu vergessen, meinen Verrat aus meinem Bewusstsein auszublenden. Wie Brown und Gilligan gezeigt haben, ist es wichtig, dass Mädchen lernen, ihre unangenehmsten Gefühle »der Luft und dem Licht der Beziehung«[35] auszusetzen. Denn in uns stecken natürliche Gefühle der Aggression und der Sehnsucht – verworrene, unbequeme Gefühle, die uns, auch in unseren Beziehungen zu den Menschen, die wir lieben, unvollkommen machen.

6

Beliebt sein

Ich bin zu einer Pyjamaparty anlässlich eines Geburtstags eingeladen. Als ich eintrete, nehmen mich die Gäste, allesamt Schülerinnen an einer exklusiven Mädchenschule im Nordosten der Vereinigten Staaten, kaum zur Kenntnis. Sie sitzen auf dem Boden im Zimmer des Geburtstagskindes. Alle haben ihre Kosmetiktäschchen mitgebracht, die überquellen von Glitzergels, Lippenstiften, Lidschatten und Rouges. Einige sitzen geduldig vor einer Freundin, lassen sich das Haar kämmen und mit einem klebrigen Schaum einschmieren. Sie haben noch nicht zu Abend gegessen, doch ein paar tragen bereits Schlafanzüge. Weiche Hemdchen aus Baumwolle mit kurzen Hosen, deren Beine hochgerollt sind, scheinen der letzte Schrei zu sein. Haare werden geföhnt, Nägel geschnitten und poliert.

Nach einem kleinen Snack ziehen die Mädchen ins Wohnzimmer um, wo sie anfangen, sich die Zehennägel zu lackieren. Der Fernseher läuft. Als Marc Anthony und Christina Aguilera auf dem Bildschirm erscheinen, schwärmt ein Mädchen: »Ach, der ist sooo geil!« »Absolut!«, ertönen ein paar Stimmen von der Couch. Dann folgt die Werbung für einen Film mit Matt Damon. »Er ist wieder Single, das finde ich total aufregend!«, säuselt ein Mädchen und schaut kurz von ihren Zehen auf.

Kaum ist eine andere, schlank wie eine Gerte, mit dem Lackieren fertig, stürzt sie sich auf ein Trimmrad und ruft: »Ich muss mein Abendessen abstrampeln!« Ein paar andere springen auf und beanspruchen ebenfalls eine Runde auf dem Gerät. Eine Stunde lang wechseln sich die Mädchen auf dem Fahrrad ab, und keine versäumt es, dabei kundzutun, wie viel Kalorien sie gerade verbrennt.

Sie sind neun Jahre alt.

Was macht Mädchen beliebt? Die Sozialwissenschaft hat dazu ein paar Thesen aufgestellt, doch das erinnert mich an meine Mutter, wenn sie ohne ihre Lesebrille mit mir zum Essen geht: Sie weiß zwar, in welchem Restaurant wir sitzen, aber sie kann die Speisekarte nicht lesen. Ein bekanntes Forscherteam hat Schüler an einer öffentlichen Grundschule in Ohio beobachtet und beim Kampf um die Beliebtheit jene Geschlechtsunterschiede identifiziert, die am meisten hervorstechen. Für Mädchen, so fanden sie heraus, bedeutet Erfolg Geld zu besitzen, gut auszusehen und »sich im sozialen Umgang zu entwickeln«, was als »früher Erwerb sozialer Kompetenzen Erwachsener« bezeichnet wird.[36] Das hätten ihnen die meisten Mütter auch so sagen können.

Coole Mädchen verstehen es hervorragend, sich mit den Attributen der Weiblichkeit auszustatten. Coole Mädchen entdecken als Erste Make-up und Jungs. Sie haben Eltern, denen die Gene für die Überwachung von Partys, die Festlegung der Schlafenszeit und das Überwachen des Kreditkarteneinsatzes zu fehlen scheinen. Diese Mädchen wirken und geben sich so, als wären sie geradewegs einem Modekatalog entsprungen. Kurz, sie tun einfach alles, um Weiblichkeit zu simulieren.

Nun aber zur Wahrheit über den Wettlauf der Mädchen um das Beliebtsein: Es handelt sich um einen mörderischen Konkurrenzkampf, in den die Mädchen unbegrenzt Energie stecken und der mit unendlicher Angst verbunden ist. Beliebt zu sein ist eine Sucht, ein Sirenengesang, ein teuer erkaufter Erfolg. Die Mädchen verändern sich, viele lassen sich zum Lügen, Betrügen und Stehlen verführen. Sie lügen, um akzeptiert zu werden, betrügen ihre Freundinnen, indem sie sie benutzen, stehlen anderen ihre Geheimnisse, um sie zu einem höheren Preis, nämlich größerer sozialer Anerkennung, wieder zu verhökern. Es gilt als allgemein anerkannt, so eine Elfjährige, dass »ein Mädchen jede Gelegenheit nutzt, um beliebt zu werden; und dabei kümmert sie sich nicht darum, ob jemand auf der Strecke bleibt«.

Lange haben Frauen über die Beziehung zu anderen ihren sozialen Status zu verbessern gesucht, und das Rangeln um Beliebtheit ist im Grunde nichts anderes als ein harter und gnadenloser Wettkampf um solche Beziehungen. Als Frauen noch keine Macht besaßen und noch nicht gleichgestellt waren, neigten sie insbesondere dazu, »sich hochzuheiraten: Männer zu ehelichen, die größer, reicher, älter, stärker sind und zumindest mehr sozialen Einfluss versprechen«.[37] Doch trotz Mädchenpower sind auch heute viele Mädchenfreundschaften nach demselben Muster gestrickt. Lexie erzählt mir, wie aufregend sie es fand, als sie eine Freundin hatte, die beliebt war. »Es bedeutete so viel für mich und mein Selbstbewusstsein. Bei Gesprächen mit Freundinnen ließ ich ihren Namen fallen, oder ich schrieb ihn in meine Schulbücher, weil alle wissen sollten, dass Susan, eines der coolen Mädchen, mich mochte!« Jessie, eine Sechstklässlerin, erklärt: »Man setzt sich selber unter Druck. Ich wünschte, sie wäre meine beste Freundin, weil sie wirklich beliebt ist, was mich auch beliebt machen würde.« Eine Schülerin der Unterstufe einer Highschool drückt es freimütiger aus: »Man benutzt andere, um in der Hierarchie aufzusteigen.«

Mit wissenschaftlicher Präzision nehmen die Mädchen das Beziehungsgefüge ins Visier, zeichnen Bündnisse in sehr professionell gestaltete Grafiken ein und behalten auf diese Weise die Machtverhältnisse im Auge. Auf einer solchen Zeichnung hat eine Sechstklässlerin ihre Mitschülerinnen auf einer Achse angeordnet, die mit B (Bekanntschaft) beginnt und mit BF (Beste Freundin) endet. Lily Carter schildert in ihrem Tagebuch aus der siebten Klasse, das sie mir zu lesen gab, ihren Alltag ausschließlich unter dem Aspekt von Beziehungen. »Es ist sehr schwer für mich, über mein Leben zu schreiben«, heißt es darin, »aber ich werde es versuchen. ... Heute hat Arlyn über Asia gesprochen und dass sie keine eigene Persönlichkeit hat. Das hat mich dazu gebracht, über mich nachzudenken. Julia redet seit ihrer Bar Mitzwa nicht mehr mit mir. Das ärgert mich furchtbar. Liz ist zwar nett zu mir, aber sie ruft mich nie an, immer muss ich sie anrufen. Deshalb fühle ich mich minderwertig oder so was. Jedenfalls dachte ich, dass Liz vielleicht nicht mehr so nett zu mir ist wie zu Beginn des Jahres ...«

Da die Beziehungen im Fluss sind, fordern die Mädchen von ihren Altersgenossinnen, dass sie ihre Freundschaften, ihr Aussehen, ihre Persönlichkeit bewerten. Ein Mädchen führte in der neunten Klasse den Vorsitz über ein wöchentliches Ritual, bei dem sich ihre Clique in einen Kreis setzen musste und sie jedem Mädchen eine Bewertung zwischen eins und hundert gab. Solche Prozeduren sind kein Spaß. In der unsicheren Welt der Mädchenbeziehungen besteht die dringende Notwendigkeit, über alles Gewissheit zu haben. Eine Zahl ist unter Umständen etwas, woran man sich festhalten kann.

»Man wird gefragt, wen magst du als beste Freundin lieber, mich oder die und die?«, berichtet Ashley, nachdem sie mir unmittelbar zuvor schüchtern erzählt hat, sie sei das beliebteste Mädchen in ihrer Klasse. Als sie ihrer Freundin erklärte, sie möge alle gleich gern, erwiderte diese: »Tja, eine von uns musst du lieber mögen. Du musst eine wirklich richtig gute Freundin haben.« Einmal, als diesem Mädchen aufging, dass sie beliebter war als eine andere in ihrer Clique, hinterließ sie eine hämische Botschaft im Schrank der Konkurrentin. Ashleys Freundinnen wetteifern darum, neben ihr zu sitzen. Häufig lassen sie sie eine Zahl nennen, und dann bekommt diejenige, die mit ihrem Tipp dieser Zahl am nächsten ist, den Glücksplatz. »Sie halten es für ein Privileg oder so«, sagt sie mit großen Augen.

Im Wettlauf um die Beliebtheit suchen sich Mädchen so viele Freundinnen wie möglich und fangen dann an zu jonglieren. AOL traf mit seinem Instant Messenger-Dienst (AIM) voll ins Schwarze, da er den Mädchen erlaubt, in Echtzeit Botschaften mit ihren Altersgenossinnen auszutauschen – also mit so vielen Online-Kontakten, wie auf den Bildschirm passen. Mädchen haben bisweilen hundert oder mehr Adressen auf ihren Kontaktlisten. Sie können gleichzeitig mit fünf Personen Botschaften austauschen, jemanden zu Besuch haben und am Telefon hängen und so in einem einzigen Augenblick eine Vielzahl von Beziehungen pflegen. »Es ist, als könne man sechs Gespräche gleichzeitig am Telefon führen!«, prahlt die Achtklässlerin Shelley. »So hat man die Möglichkeit, die Zahl der Freundschaften zu erweitern.« Instant Messenger wird vorwiegend von Mädchen genutzt, zweifellos weil es aufs Haar genau ihren sozialen Bedürfnissen entspricht. »AIM ist für Teenager ein Geschenk Gottes!«, gluckst denn auch ein Mädchen aus der Unterstufe vergnügt.

In ihrem Tagebuch berichtet Lily mit wachsender Panik über die wechselnden Bündnisse. »Heute war es schrecklich«, schreibt sie im Januar 1998. »Julia war die ganze Woche nicht nett zu mir, und ich weiß nicht, warum. Julia hat sich an Liz herangemacht, und die beiden schließen mich komplett aus. Asia geht es mit Arlyn und Julia genauso.« Beim Fußballspiel stellt sie voller Schrecken fest, dass Liz und Arlyn plötzlich in einer anderen Reihe sitzen. »Weder Liz noch Arlyn haben nach dem Spiel auf mich oder Asia gewartet ... Arlyn hat mir in der GANZEN STUNDE keinen Blick zugeworfen!«

Für Mädchen, die sich auf dem Beliebtheitskarussell befinden, ist Freundschaft nur selten einfach Freundschaft. Sie ist ein Ticket, ein Instrument, eine Gelegenheit – oder eine Last. Man kann die exklusivsten Klamotten besitzen, aber wenn man nicht die richtigen Freundinnen hat, ist man ein Niemand.

In dem Film »Heathers« rangeln die Protagonistinnen darum, »Heather 1« zu werden, das beliebteste Mädchen an der Schule. Jason Dean, der dunkelhäutige neue Schüler, verführt die Hauptfigur Veronica und hilft ihr, ihren unterdrückten Zorn auf ihre Freundinnen in gewaltsamen Racheakten zu entladen. Er zwingt eine der Heathers dazu, ihm zu Diensten zu sein, indem er mit einem alten Foto von ihr und Martha »Dumptruck« wedelt, der absoluten Verliererin der Klasse. Heather ringt nach Luft. Eine längst vergangene Beziehung mit einer, die einen »niedrigeren« Status hat, könnte ihr eine vernichtende Niederlage beibringen.

Nachdem Veronica Heather Chandler in Verlegenheit gebracht hat, weil sie sich bei einer College-Party übergeben hat, treibt die Rädelsführerin sie in die Enge und knurrt wütend: »Du warst gar nichts, bevor du mich kennen gelernt hast. Du und Betty, ihr habt mit Barbie-Puppen gespielt.« Ohne mich, prahlt sie, »bist du Montagmorgen unten durch. Ich werde allen von heute Abend erzählen.«

An ihren Beziehungen lässt sich der soziale Status der Mädchen ablesen. So überrascht es nicht, dass sie oft zu Misstrauen Anlass geben: *Warum ist sie meine Freundin? Warum hat sie ihr das Geschenk gekauft? Was will sie von mir?* Der Beliebtheitswettbewerb lässt Mädchen oft an den Absichten ihrer Altersgenossinnen zweifeln. So sinniert Daniella: »Wenn man mit seinen Freundinnen allein ist, heißt es: ›Oh, du bist viel besser als die anderen, wie du das machst, das ist toll.‹ Man kriegt lauter Komplimente, aber man kann nicht immer etwas darauf geben. Oder sie sagen, du hast schönere Haare, oder, du bist viel besser als sie. Aber was sie einem sagen, ist bedeutungslos ... sie wollen einen nur auf ihre Seite ziehen.«

Emily aus Marymount zählt auf, welche Überlegungen sie und ihre Freundinnen anstellen. »Sie wird zur nächsten Party eingeladen, also werde ich mich mit ihr anfreunden. Oder: Ich freunde mich mit ihr an, weil sie reich ist.« Die Strategie funktioniert auch umgekehrt. Eine Fünftklässlerin aus Mississippi erklärt mir: »Einmal tun sie, als wäre man der wichtigste Mensch, und dann wieder lassen sie einen fallen. Wenn man sie am meisten braucht, lassen sie einen im Stich ... Wenn sie beliebt genug sind, ist ihnen alles egal.« Und Jessie meint: »Ich lege mich lieber nicht fest, denn wenn man in der Gruppe der Beliebten ist und etwas passiert, mag einen plötzlich niemand mehr. Bei dem Einfluss, den sie haben, kann man total abstürzen.«

Im Wettlauf um die Beliebtheit gehen die echten Freundschaften zuerst in die Brüche. Beliebt zu werden erfordert strategische Überlegungen und Berechnung, man muss seine Zuneigung selektiv verteilen, die einen links liegen lassen, andere heimlich umwerben und die Regeln tagtäglich ändern. »Es ist kein Wettbewerb«, warnt eine Anzeige für »Popular«, eine beliebte Fernsehshow in den Vereinigten Staaten, »es ist ein Krieg.«

Teilzeit-Freundinnen

Eine enge Freundin, die plötzlich im Mittelpunkt steht, zu verlieren, ist eine verstörende Erfahrung, die viele Mädchen gemacht haben. Es ist alles ganz einfach: Sobald sich für ein Mädchen das Fenster zur Beliebtheit öffnet, springt sie und lässt ihre enge oder beste Freundin hinter sich zurück. Die Verlassene steht allein da und weiß, dass ihr etwas fehlt, was man braucht, um cool zu sein.

Die Folgen eines solchen Bruchs, der häufig erst allmählich erfolgt, sind komplizierter. Es gibt verschiedene Szenarien. Manche Mädchen verhalten sich in größerer Runde gemein und sind nett, wenn sie mit der alten Freundin allein sind. Bei anderen ist es genau umgekehrt. Und manche Mädchen tun so, als existierten ihre Freundinnen gar nicht mehr.

Doch wenn sich das im Stich gelassene Mädchen an die Bruchstücke ihrer Freundschaft mit derjenigen klammert, die ihr nur halb den Rücken zugekehrt hat, leidet sie über den Augenblick des anfänglichen Verlusts hinaus. Wie aufmerksame Eltern wissen, handelt es sich hierbei nicht einfach nur um »Halbtags«-Freundschaften, sondern um falsche. Ein Mädchen beschreibt die Situation so: »Eine neue Freundschaft beginnt, und drei Stunden später ist sie schon wieder zu Ende. In der nächsten Woche beginnt sie erneut und endet wieder drei Stunden später.« Doch wie soll ein Mädchen Selbstachtung bewahren, wenn es erfährt, dass es von der Willkür anderer abhängt, ob sie gemocht wird oder nicht. Die Bereitschaft, sich in einer Freundschaft der Allmacht des anderen zu überantworten, hat verblüffende Ähnlichkeit mit der Bereitschaft eines Opfers, in einer gewalttätigen Beziehung zu verharren.

Für Kinder hat es fast etwas Entweihendes, wenn sie von einer guten Freundin verlassen werden. Es unterhöhlt die wenigen Grundüberzeugungen, die sie in diesem Alter haben können – dass Freunde nett sind, dass Liebe und Zuneigung erwidert werden.

Lucia und Haley von der Sackler-Schule sind seit der dritten Klasse enge Freundinnen, und in diesem Jahr – der fünften Jahrgangsstufe – sind sie mit den meisten beliebten Mädchen im selben Kurs. In der zweiten Schulwoche hatte Haley das unangenehme Gefühl, dass Lucia sie ignorierte. Sie beschloss, der Sache auf den Grund zu gehen, und bat Lucia mehrere Male, in der Pause mit ihr zu spielen. Natürlich lehnte Lucia ab und erklärte, sie wolle mit einer anderen spielen, und das war immer eins der tollen Mädchen. Von einem Augenblick auf den anderen war klar, dass Lucia beliebt wurde, in der Mittagspause Fußball spielte und im Unterricht mit anderen Mädchen zusammensteckte.

Haley und ich sitzen in der milden Aprilluft auf einer feuchten Holzschaukel vor ihrem Haus. Ich bemerke den starken Kontrast zwischen ihrer blassen Haut und den kleinen Sommersprossen unter den Augen. Haley hat kaffeebraunes, glattes Haar, sie trägt eine Brille mit Metallgestell und blickt ernst zu Boden. Ich frage sie, wie sie sich fühlt.

»Ich fühle mich verletzt«, sagt sie langsam und bedächtig. »Ich glaube, sie hat jetzt andere Dinge im Kopf, und andere Leute sind ihr wichtiger als ich. Manchmal versuche ich einfach, das beiseite zu schieben, aber ich kann's nicht, und ich habe das Gefühl, na ja, dass es bald zu Ende ist mit unserer Freundschaft. Wir haben uns nie gestritten, und auf einmal ist sie in einer anderen Clique und kümmert sich nicht mehr um mich. Wir reden nicht mehr miteinander, es ist vorbei.«

Ich stelle die nahe liegende Frage: »Hast du mit Lucia darüber gesprochen?« Haley reißt die Augen auf und streckt das Kinn vor, als ärgere sie sich über diese dumme Frage. Natürlich hat sie das getan. Lucia leugnete, dass sich an ihrer Freundschaft irgendetwas geändert hätte.

»Also ... wer hat nun Recht?«, frage ich zögernd und bin wieder auf ihren Unmut gefasst.

Haley antwortet mit gepresster Stimme. »Manchmal bin ich sicher, dass ich Recht habe, weil ich weiß, wer mich verletzt. Ich sage: ›Du verletzt mich.‹ Aber dann bekomme ich zu hören: ›Ich weiß gar nicht, wovon du sprichst. Ich mache doch gar nichts.‹« Einen Augenblick lang hört man nur das leise Quietschen der Schaukel. »Vielleicht bin ich mir meiner Gefühle nicht sicher«, sagt sie dann etwas gelassener. »Ich weiß es nicht! Ich denke: Sagt sie das wirklich? Dabei war ich mir ganz sicher, dass sie mich gestern ignoriert hat oder in der Pause nicht mit mir gesprochen hat oder so. Und dann frage ich mich, ob das wirklich so war.«

Auch Haley hat das Gefühl, »verrückt« zu sein. Sie weiß, dass sie ignoriert wird, aber das Mädchen, das sie liebt und dem sie vertraut, bestreitet dies. Für Haley ist das so, als behaupte Lucia felsenfest, der Himmel sei braun, obwohl Haley ihn als blau wahrnimmt; und sie kann nicht entscheiden, wer Recht hat. Lucia ist es gelungen, Haley zu verletzen und ihr gleichzeitig zu versichern, dass sie sich das nur einbilde.

Trotzdem, so meint Haley, während sie die Schaukel in Bewegung setzt, sei Lucia manchmal immer noch eine gute Freundin.

»Wann?« Habe ich etwas überhört?

»Jeden Donnerstag nach der Schule habe ich von fünf bis sechs Tanzunterricht. Ich bleibe also noch eineinhalb Stunden. Dann sind wir Freundinnen.« Ich weiß nicht recht, was ich sagen soll.

»Man muss genau aufpassen«, meint sie dann, »dass man nicht grundlos jemanden anbrüllt und einen Fehler macht.«

»Warum?«, frage ich.

Und dann nennt sie den wahren Grund, warum sie Angst hat, ihre wahre Meinung zu äußern. Es ist die Angst, die so viele Mädchenfreundschaften beherrscht: die Angst, dass irgendein Konflikt zu einem Ende der Freundschaft führt. »Weil man sie dann verlieren würde ... sie würden sagen: ›Aber warum tust du mir das an? Ich glaube, ich sollte nicht mehr deine Freundin sein.‹«

»Sie können einen fertig machen«, erklärt Haley, »bis man denkt: Ich sollte mich in der Pause in eine Ecke verkriechen und mit niemandem mehr sprechen. Manchmal denkt man sogar, man hat keine Freundinnen, selbst wenn man welche hat. Und manchmal verletzt man dann andere.«

Haley glaubt, zwei Möglichkeiten zu haben: sich mit dem zu begnügen, was sie bekommen kann, oder das Problem offen anzusprechen und alles zu verlieren. Also lieber an den Scherben einer Freundschaft festhalten, weil das immer noch besser ist als gar keine Beziehung. Mit ihren zehn Jahren lernt Haley also bereits, sich zu begnügen, und fühlt sich deshalb fremdbestimmt und ausgenutzt. Wie viele andere Mädchen lernt auch sie, in einer Freundschaft einen winzigen Raum für sich zu erobern – in diesem Fall neunzig Minuten pro Woche, während der Tanzstunde –, wo sie sich sagen kann, sie sei glücklich und mehr habe sie nicht verdient. Und sie gibt sich selbst die Schuld daran, dass sie so schlecht behandelt wird.

Haley würde endgültig Schluss machen, wenn Lucia nicht mehr nett zu ihr wäre, wenn sie allein sind. »Ich weiß, dass sie immer eine gute Freundin bleibt und ich mit ihr reden kann. Nur, wenn wir in der Klasse sind oder ...« Sie stockt. »Ach, ich weiß nicht.«

Wie viele Mädchen fühlt sich Haley in dieser »Halbtags-Freundschaft« schlicht und einfach »mies«. In ihrer Stimme schwingt Resignation mit, die düstere Erkenntnis, dass ihre Welt nun einmal so ist, wie sie ist. »Auch wenn du weißt, dass ein Mädchen nur für ein paar Stunden deine Freundin sein will, musst du tun, was nötig ist, um beliebt zu sein.«

Der Preis der Beliebtheit

Manche Mädchen zahlen einen hohen Preis für ihre Beliebtheit. Oft sehen sich Mädchen gezwungen, eine Freundin zu attackieren, um sich über die Normalsterblichen zu erheben. Ich habe zwei Varianten dieses Vorgangs kennen gelernt: Bei der ersten schikaniert die Anwärterin, wie ich sie nenne, ihre Freundin im größeren Kreis, während sie nett zu ihr ist, sobald sie allein sind. Dann konzentriert sie sich ganz auf ihre Freundin. Einige Stränge der Freundschaft bleiben erhalten, während andere absterben, sodass die Beziehung zwar schwer gestört ist, aber immer noch aufrechterhalten bleibt. Bei der zweiten Variante wird das Opfer der beliebten Clique als Beute dargeboten, und der Deckmantel der Freundschaft fällt vollständig ab.

Janet, heute vierzig, lebt mit ihrem Partner im Nordwesten der Vereinigten Staaten. Sie erzählt, dass sie oft an Cheryl zurückdenkt, die von der dritten bis zur achten Klasse ihre beste und bisweilen einzige Freundin war. Jeden Tag nach der Schule telefonierten die beiden Mädchen miteinander oder spielten zusammen. Ganze Abende lang veranstalteten sie mal bei der einen, mal bei der anderen Tanzwettbewerbe. Im Winter fuhren sie zusammen Schlittschuh und zeichneten Karten von den breiten Flüssen, die die College-Stadt im südlichen Illinois durchziehen.

Doch wenn die Glocke zum Unterricht ertönte, wusste Janet nie, ob Cheryl weiterhin ihre Freundin sein würde. Cheryl wollte sich der angesagten Clique anschließen, und Janet, die klein war und mit ihren dicken Brillengläsern etwas unbeholfen wirkte, stellte in dieser Hinsicht ein Hindernis dar. Cheryl war kräftiger und größer als Janet und eine blitzschnelle Läuferin. In ihrer Schulkleidung sah sie immer perfekt aus. Wenn sie bei den »Coolen« stand, verjagte sie Janet. Sie nannte sie »Brillenschlange« und befahl den anderen Mädchen, ihr ihre Brille zu klauen. Wenn Janet dann ängstlich und halb blind über den Schulhof schlich, lachte Cheryl am lautesten von allen. Aber sobald die Clique Cheryl einmal links liegen ließ, kam sie zu Janet zurück, die nie ein Wort des Protestes verlauten ließ.

Janet fand Trost in ihren schulischen Erfolgen, die sie an den schlimmsten Tagen von ihrem Elend ablenkten. Häufig war sie die Einzige, die sich im Unterricht meldete, und noch heute erinnert sie sich daran, dass sie unbedingt gut sein und immer alles richtig machen wollte. Doch »es zählte in meinen Augen nicht besonders«, so Janet, »dass ich in der Schule die Bessere war. Sie beherrschte mich. Sie wollte über mich bestimmen.« Als Cheryl sie einmal fragte, warum sie bei einer Klassenarbeit eine bessere Note bekommen hatte, erwiderte Janet: »Ich glaube, ich konzentriere mich mehr als du.« Daraufhin machte sich Cheryl gnadenlos darüber lustig, dass sie das Wort »konzentrieren« gebraucht hatte. Und sie schrieb in das Jahrbuch: »Für die doofste Person, die ich kenne. Na ja, vielleicht wächst du da mal raus. Deine Freundin Cheryl.«

Schließlich weitete Cheryl ihre Attacken über die Schule hinaus aus. Für jemanden, der aus dem Küchenfenster auf den Garten hinterm Haus blickte, waren die beiden Mädchen der Inbegriff der Freundschaft; in Wahrheit höhlte Cheryl diese Freundschaft aus und füllte sie mit Gemeinheit und Hass. Sie beherrschte Janet und verlangte von ihr, dass sie ihr jeden Wunsch erfüllte. Das Gemurmel hinter Janets Tür erschien wie das vertraute Tratschen der Mädchen; tatsächlich zischte Cheryl, Janets Schuhe seien doof, und drängte sie, einen BH und andere »coole« Sachen zu tragen.

Heute macht Janet eine Therapie und ist sich sicher, dass sie mit dem lebenslangen Minderwertigkeitsgefühl besser fertig wird, wenn sie ihre Gefühle Cheryl gegenüber verarbeitet hat. Es überrascht nicht, dass der schwierigste Teil dabei bisher war, die Freundschaft als das zu bezeichnen, was sie wirklich war, nämlich Missbrauch und Verrat. »Es fällt mir immer noch schwer, mir einzugestehen, dass sie mich benutzt hat«, sagt sie zu mir. »Damals glaubte ich, mit mir stimme etwas nicht, ich hätte es verdient, so behandelt zu werden. Ich hielt sie für eine echte Freundin. Ich dachte, Freundschaft sei eben so. Ich habe immer noch damit zu kämpfen, mich von dieser Einstellung zu lösen.«

Als Kind wurde Janet sexuell missbraucht. Heute, im Rückblick, sieht sie Parallelen zu ihrer Freundschaft mit Cheryl. Beides, so meint sie, habe sie ihrer Kraft und Selbstbestimmung beraubt. »Jemand nimmt sich das Recht, mit mir zu machen, was er will, und mir kommt nicht einmal der Gedanke, nein zu sagen. Es ist das Gefühl, es sei schon richtig so, einfach deshalb, weil jemand anderes es macht.«

Elizabeth fällt es nicht schwer, mir zu gestehen, dass Deirdre keine Freundin gewesen sei und ihr die sechste Klasse vermiest habe. Sie hat mir in einer E-Mail mitgeteilt, dass sie darüber gern mit mir reden würde, und so rufe ich sie in Indiana an, wo sie Psychologie studiert. Sie sei, so erzählt sie, in der dritten Klasse zur Außenseiterin geworden, obwohl eigentlich nur die beliebten Mädchen sie nicht gemocht hätten. Doch während sie im Sommerlager und bei den gemeinsamen Aktivitäten nach der Schule gut mit den anderen zurechtkam, wurde sie in der Schule zur Zielscheibe. Jedes Jahr im September betete Elizabeth, es möge eine neue Schülerin in die Klasse kommen. »Das war meine einzige Hoffnung«, sagt sie mit bedauerndem Lächeln. »Wenn eine Neue kam, setzte ich alles Mögliche daran, neben ihr zu sitzen, mit ihr zu sprechen und vor den anderen an sie heranzukommen, denn so konnte ich beweisen, dass ich es wert war, ihre Freundin zu sein, bevor sie herausfand, dass ich nicht toll genug war.«

In der sechsten Klasse bekam Elizabeth ihre Chance, als Deirdre sich am ersten Schultag neben sie setzte. Es war Freundschaft auf den ersten Blick, und die beiden erlebten einen herrlichen Monat mit gemeinsamen Übernachtungen, Mittagessen und Pausen. Doch bei der »Oktoberfestfeier« meldete sich Deirdre zusammen mit zwei der beliebten Mädchen zum Kuchenverkauf, und damit war die Freundschaft so schnell zu Ende, wie sie begonnen hatte.

»Sie hatte wohl gemerkt, dass sie keine Chance hatte, beliebt zu sein, solange sie sich mit mir abgab«, meint Elizabeth. »Sie hatte herausgefunden, dass es einfach nicht cool, dass es ihrer Zukunft nicht zuträglich war. Ganz plötzlich drehte sie sich um 180 Grad; sie gehörte jetzt zu den beliebten Mädchen und quälte mich. Sie war die Rädelsführerin der Mädchen, die mir das Leben schwer machten.«

Deirdre legte eine unübersehbare Grausamkeit an den Tag, um ihre neuen Freundinnen zu beeindrucken. Von ihrem Platz am Mittagstisch zeigte sie mit dem Finger auf Elizabeth, lachte und beleidigte sie, wobei sie häufig ihr intimes Wissen über Elizabeth als besonders scharfe Waffe benutzte. Die beliebten Mädchen umkreisten Deirdre wie die Planeten einen Stern, und Elizabeth sah verblüfft und schweigend zu. In der Schule war sie verschlossen, um nicht zu zeigen, wie schlimm das alles für sie war; zu Hause aber brach sie jeden Abend zusammen und weinte ihrer Mutter etwas vor. »Ich hatte kein Selbstwertgefühl. Ich traute niemandem«, erzählt sie.

Sobald Deirdre einen sicheren Stand in der Clique hatte, ließ sie von ihren Gehässigkeiten ab, aber die Gruppe strahlte weiterhin Verachtung aus. Als Elizabeth in der achten Klasse ihren Abschluss machte, hatte sie »eine kilometerdicke Wand« um sich. »Ich war die reine Abwehr, niemand kam an mich ran. Alle hatten mich verletzt. Alle, denen ich vertraut hatte, hatten mich im Stich gelassen, sodass ich mich wie ein Stück Scheiße fühlte. Ich hatte ihnen vertraut und gedacht, sie wären meine Freundinnen, aber sie rammten mir ein Messer in den Rücken.« Elizabeth sah sich als ihre eigene Zwillingsschwester und erfand Geschichten über deren Leben, die sie neu zugezogenen Kindern in der Nachbarschaft erzählte. »Ich dachte, wenn ich ihnen nicht sagte, wer ich wirklich war, würden sie mich vielleicht mögen.«

Wie viele Frauen, mit denen ich sprach, ist sich auch Elizabeth sicher, dass diese Erfahrung ihre Entwicklung stark beeinflusst hat. »Ich war immer weich und unbeschwert gewesen, und mit einem Mal war ich aggressiv, sarkastisch und verbittert«, meint sie. Heute studiert Elizabeth auch deshalb Psychologie, weil sie verstehen will, warum sie sich so verändert hat und wie ihr »jemand so etwas hatte antun können. Es ist so furchtbar. Ich konnte es einfach nicht kapieren. Es ergab keinen Sinn.«

In der Highschool war Elizabeth über ihre plötzliche Beliebtheit schockiert. Es erstaunte sie, dass Menschen sie mochten, wie sie war. Trotzdem, so meint sie nüchtern, »hatte ich an dieser Erfahrung lange zu knapsen«. Erst jetzt, mit Ende zwanzig, schließt sie wieder Freundschaften mit Frauen. Im Umgang mit Jungen fühlte sie sich sicherer, weil es, wie sie sich ausdrückte »dort keinen Ärger gab, keine Bosheiten, keine Rivalität, nichts von alledem«. Ähnliches habe ich von zahllosen Frauen gehört. Auf dem College stellte sie fest, dass sie immer noch Angst vor anderen Frauen hatte. »Ich ging auf Distanz. Ich vertraute ihnen nicht auf Anhieb und hatte immer den Verdacht, dass sie etwas vor mir verbargen.« Bis heute kann sie das Gefühl nicht abschütteln, »eine Außenseiterin zu sein, nie wirklich dazuzugehören. Und ich glaube, ich will es auch gar nicht.«

Geheimnisse und Lügen

Im Wettlauf um die Popularität fällt ein grelles, unbarmherziges Licht auf die Konkurrentinnen. Jedes Wort, das sie sagen, jeder Schritt, den sie tun, hat Gewicht, jede Äußerung, jedes Kleidungsstück ist dem System von Strafe, Belohnung oder, noch schlimmer, Gleichgültigkeit unterworfen. Ein Mädchen aus der Linden-Schule erklärt: »Mädchen taxieren einen ständig und überlegen, ob sie mit einem Freundschaft schließen wollen oder nicht.« Eine andere Schülerin fügt hinzu: »Man beurteilt Mädchen nicht nach dem, was sie sind, sondern nach ihren Klamotten und ihren Freundschaften. Alles gehört zusammen.« Das Gefühl, ständig auf dem Prüfstand zu stehen, schafft ein unberechenbares Beziehungsgefüge, in dem plötzliche Verhaltensänderungen an der Tagesordnung sind.

An einem Nachmittag sitze ich mit Chloe, einer Fünftklässlerin der Sackler-Ganztagsschule, auf ihrem großen Himmelbett inmitten weißer Rüschen und Stofftiere. Die Wand über ihrem Schreibtisch ist mit ausgefransten Postern von *NSync und den Backstreet Boys bedeckt, und die Rattankommode ist übersät mit Glitzercremetuben und Lipgloss-Döschen. Wir sitzen uns im Schneidersitz gegenüber und kauen Kaugummi.

Für eine Zehnjährige besitzt Chloe einen erstaunlichen Einblick in die Mechanismen von Beliebtheit und Verrat. Sie ist auch durch eine harte Schule gegangen. In den ersten Wochen der dritten Klasse war Alisa zu ihr gekommen und hatte sie gebeten, ihre beste Freundin zu werden. Erfreut willigte Chloe ein. Damals, so erzählt sie mir, »hatte ich nicht gerade viele Freundinnen, und ich schloss so viele Freundschaften wie möglich«. Jeden Tag spielten Chloe und Alisa zusammen und verbrachten die Pausen gemeinsam, plauderten, tauschten Sticker aus und veranstalteten mit Vorliebe Wettbewerbe, wer am längsten mit dem Kopf nach unten am Reck hängen konnte.

Ein paar Monate später erfuhr Chloe, dass Alisa den beliebten Mädchen Lügen über sie erzählte und ihnen ihre Geheimnisse verriet. Chloe fühlte sich »furchtbar elend. Es war, als würde jemand mein Tagebuch lesen und anderen verraten, was darin steht.« Chloe hatte Angst, es anzusprechen, weil »die meisten meiner Freundinnen von ihr kamen. Wenn ich sie verlor, verlor ich die anderen auch.«

Zwei Jahre danach ist Chloe immer noch traurig und kann es nicht fassen, dass jemand, der so viel mit ihr zusammen war, eiskalt ihr Vertrauen missbraucht hatte. Doch sie hat sich inzwischen Gedanken darüber gemacht.

Zum einen, so Chloe, wisse sie jetzt, dass manche Mädchen sich anders verhalten, je nachdem, mit wem sie zusammen sind. Wenn ihre Mutter, die Vorsitzende der Eltern-Lehrer-Vereinigung ist, mit ihr in eine Eisdiele geht und wenn dort Mädchen sind, die zu den Beliebten gehören, »verhalten sie sich total anders – als wären sie schon ewig mit einem befreundet«. Aber in der Schule »tun sie so, als würden sie einen nicht kennen und als wäre man ihnen egal«. Und eine Altersgenossin, die in der Schule grausam ist und sie ständig kritisiert, sei im Ferienlager »ein ganz anderer Mensch ... viel netter«.

Zum anderen, so Chloe weiter, wisse sie jetzt, dass Alisa alles, was sie – Chloe – je getan und gesagt habe, registriert und weitergetratscht habe. Sie habe in diesem Jahr gespürt, dass sie ihr wie ein Schatten gefolgt sei und sie taxiert habe. Die anderen Mädchen erzählten alles weiter: was sie aß, was sie anzog, mit wem sie spielte. »Über alles machen sie sich Gedanken, nur nicht über die Person selbst«, sagt sie niedergeschlagen. Ich frage, was sie damit meint. In ihrer Klasse, erklärt sie, sei zum Beispiel ein Mädchen gewesen, das Caprihosen mit Herzen darauf und ein dazu passendes T-Shirt trug. »Alle erinnern sich noch daran, weil das babymäßig aussah. Alle wissen, dass das Zeug aus einem Laden für Kinderklamotten war. Und allen, die beliebt sind, wäre es peinlich, ihre Freundin zu sein, weil sie nur die neuesten Sachen tragen.«

Chloe gibt mir zu verstehen, dass die fünfte Klasse ein Minenfeld ist: Ein Fehltritt, und man ist geliefert. »Wenn man auch nur einmal etwas Dummes macht«, erklärt sie, »vergessen die anderen das nie mehr. Dann wissen sie, dass man nicht immer nur toll ist. Und wenn man es dann anders macht, merken sie es nicht, weil sie nur im Kopf haben, dass man einmal so blöd war.«

Ich frage sie nach einem Beispiel.

»Wenn man etwas Blödes sagt«, erwidert sie und formt mit dem Mund eine Kaugummiblase.

»Und das wäre?«

»Wenn wir in der Schule Witze erzählen und so, und man erzählt einen blöden Witz, zum Beispiel den mit den Tomaten, die die Straße überqueren. Oder im Musikunterricht, wenn der Lehrer rausgeht und alle sagen: ›Was für ein dämliches Lied‹, ich aber finde, dass es zum Teil ganz nett ist. Dann sind alle gegen mich. Es ist einfach verrückt«, meint sie, »je weniger man sagt, desto besser steht man da, weil dann niemand etwas über einen erfährt. Niemand weiß dann, wen man mag und so. Man sagt einfach nichts. Dann gibt's auch keine Gerüchte, und alle denken, dass man ein stiller, netter Mensch ist.«

Sie legt den Kopf in den Nacken und starrt zur Decke. »Es ist, als gäbe es für jedes Mädchen eine Akte, und alles, was man anzieht – wenn man etwas Unmodernes trägt –, wird darin festgehalten«, fährt sie fort. »Und dann plötzlich interessieren sie sich nicht mehr für einen und werfen die Akte weg.«

Von manchen Feministinnen hört man, Frauen seien aufgrund der typisch weiblichen Orientierung auf Beziehungen und Verbundenheit, auf Zuwendung und Fürsorglichkeit, im Umgang mit anderen so besonders kompetent. Der Kampf um Beliebtheit jedoch stellt die Sache auf den Kopf. Im Wettlauf darum, möglichst toll zu sein, werden manche Mädchen berechnend und benutzen ihre Freundschaften als Mittel zum Zweck.

Wenn der Kampf um Beliebtheit ein Kampf um Beziehungen ist, bedeutet »sozialer Aufstieg«, dass neue Beziehungen angestrebt und gebildet, alte aufgegeben und abgelegt werden müssen. Juliet, eine Neuntklässlerin aus Linden, erklärt mir, warum sie und ihre beiden besten Freundinnen in der fünften Klasse Codenamen benutzten, wenn sie sich über ihre Mitschülerinnen lustig machten: »Wir wollten nicht, dass jemand, den wir nicht mochten, bei uns mitmachte. Wir waren zu dritt und wussten so viel voneinander, und wir wollten nicht, dass das kaputtging. Wir hatten keinen Spaß daran, andere zu verletzen. Aber wir mussten uns schützen.«

Mädchenbeziehungen sind durch den Austausch von Geheimnissen und durch Intimität gekennzeichnet; und eben dies nutzt diejenige, die zu den Beliebten zählen will – die »wanna-be«, »Möchtegern«, wie die Mädchen sagen – zu ihrem Vorteil aus. Sie benutzt die Nähe als Waffe, um selbst in den inneren Kreis der »richtigen« Leute zu gelangen. Sie signalisiert, dass man sich auf sie verlassen und ihr vertrauen kann. Um ihre Loyalität zu demonstrieren, erweckt sie bisweilen den Anschein, andere Beziehungen fallen zu lassen – daher das Verhalten nach dem Motto »gemein, wenn andere dabei sind, nett unter vier Augen«. Um ihre Position zu untermauern oder ein anderes Mädchen auszugrenzen, muss die Anwärterin vielleicht auch die Beziehungen eines anderen Mädchens zerstören – daher das Schikanieren und Ausplaudern von Geheimnissen in Gegenwart beliebter Altersgenossinnen. Eine Neuntklässlerin aus Mississippi erklärt mir: »Vielleicht wird Melissa wirklich von vielen gemocht, aber diejenige, mit der man gerade spricht, mag sie nicht. Um mit beiden befreundet zu bleiben, redet man dann bei der, die Melissa nicht mag, schlecht über sie.«

Trotz ihrer Träume von Ruhm und Glanz fürchten viele »wannabes« die unmittelbare Auseinandersetzung. Ein Mädchen, das »die Gelegenheit beim Schopf packt«, gibt womöglich die weniger angesehenen Freundinnen ohne Erklärung auf. Anstatt sich einer unangenehmen Konfrontation zu stellen, bei der sie ihre Absicht aufzusteigen kundtun müsste, versichert die Anwärterin ihren alten Freundinnen, alles sei in Ordnung; daher Lucias wiederholte Beteuerungen und Haleys Gefühl, verrückt zu sein.

Mädchen, die von ihren engen, sogar »besten« Freundinnen gemobbt werden, befinden sich oft in einer solchen Situation. Viele Eltern baten mich, ihnen zu erklären, warum diese Mädchen eine derartige Macht über ihre Töchter ausüben. Die einzige Antwort, die ich ihnen geben kann, ist die der Mädchen selbst: Die Peinigerin übt Macht über ihr Opfer aus, indem sie deren Wahrnehmung kontrolliert.

Die Wahrheit über das Beliebtsein

Auch wenn ein Mädchen den angestrebten Status erreicht hat, ist das Beliebtsein kein Spaziergang. Rivalität und Unsicherheit lauern überall. Viele »beliebte Mädchen« äußern im Gespräch, dass sie sich selbst verloren haben. Ihre Gefühle dabei ähneln sehr den Symptomen, die Psychologen als typisch für den Verlust des Selbstwertgefühls ansehen.

Als Corinna, eine Sechstklässlerin, eine ihrer engen Freundinnen an die Clique der Beliebten verlor, war sie am Boden zerstört. Dieses Mädchen und ihre neuen Freundinnen »waren ein Herz und eine

Seele, und wenn eine andere gute Freundin hallo sagte, hörten sie es gar nicht«, erinnert sie sich. Corinna bemühte sich, ebenfalls zu dieser Clique zu gehören, was ihr schließlich auch gelang. Und als sie nun ihrerseits andere Freundinnen ausschloss, kam sie sich selbst fremd vor. »Ich weiß, dass ich meine anderen, weniger beliebten Freundinnen ausschließe, und ich will das eigentlich gar nicht. Aber mir kommt es vor wie eine Blase, in die man hineingesaugt wird, und wenn man wieder aus ihr heraustritt, kommt einem das alles total verrückt vor.«

Ich hake nach, was für ein Gefühl es sei, sich in dieser »Blase« zu befinden.

»Ganz gut, weil ich es mag, wenn ich dazu gehöre. Aber gleichzeitig weiß ich doch, dass das nicht die besten Freundinnen für mich sind«, erklärt sie mir. Hier bestätigt Corinna die Beobachtungen von Lyn Mikel Brown und Carol Gilligan: Sie will nicht mehr wahrhaben, was sie in Wahrheit fühlt, um die weniger echten Beziehungen zu anderen aufrechterhalten zu können.[38]

»Ich gehöre dazu und auch wieder nicht«, fährt sie fort. »Ich passe in viele Gruppen, aber ich bin in keiner richtig zu Hause. In den Pausen laufe ich allein herum. Manchmal habe ich das Gefühl, sehr viele Freundinnen zu haben, und manchmal denke ich, ich habe überhaupt keine. Manchmal denke ich, alle mögen mich, aber vielleicht sind sie einfach nur nett.« Und manchmal, fügt sie hinzu, »werde ich traurig und ziehe mich in mein Schneckenhaus zurück, obwohl ich eigentlich ein unbekümmerter Mensch bin«.

Lily, im zweiten Highschool-Jahr, erzählt mir: »Es kostet ungeheuer viel Kraft, in dieser Gruppe zu sein; es ist so anstrengend. Jede Minute, jede Sekunde muss man perfekt sein. Das Make-up muss perfekt sein, man muss die perfekten Klamotten tragen, das ganze Auftreten muss perfekt sein, wie einen die Leute anschauen, wie man sich selbst sieht. Ich meine, auch, was man sagt, wie die Jungs mit einem umgehen, alles muss perfekt sein ... Das Schlimmste ist, dass man nicht perfekt ist. Und man hat ständig Angst, eines Tages aufzuwachen und nicht mehr beliebt zu sein.«

Je mehr sich die Mädchen dem Kern der Clique nähern, desto mehr müssen manche ihre innere Stimme zum Schweigen bringen. Einige wenige sprechen sehnsüchtig davon, wie gern sie weniger

»künstlich« sein würden. Diese Mädchen spüren, dass sie nicht mehr sie selbst sind.

»Heathers« war der erste von mehreren Filmen, die sich der Geheimpolitik solcher beliebter Mädchencliquen widmeten. Ende der neunziger Jahre veränderte sich jedoch etwas. Ein neues Märchen wurde gesponnen, eins, bei dem der Prinz nur eine Nebenrolle spielte. In Filmen wie »She's All That« und »Eiskalte Engel« ist es die Beliebtheit selbst, um die sich alles dreht, und im Zentrum steht die Verwandlung vom hässlichen Entlein zur Cliquengöttin. Das Thema Beliebtheit wurde so populär, dass man ihm bereits eine eigene Fernsehshow gewidmet hat. In dem Film »Jawbreaker – Der zuckersüße Tod« ist Courtney teils bezaubernde Göttin, viel mehr aber die Hexe, wenn sie Fern die Chance ihres Lebens bietet: »Du bist nichts. Wir sind alles. Du bist der Schatten, wir sind die Sonne. Aber ich biete dir etwas, von dem du nie zu träumen gewagt hast. Etwas, was du so nie sein würdest. Wir machen dich zu einer der Unseren. Schön und beliebt.«

Gleich, wie man es bewertet, gilt das Streben nach Beliebtheit bei Psychologen und Lehrern gleichermaßen als ein Instrument, mit dem Kinder ihre soziale Welt formen. Doch allein schon die Häufigkeit der aggressiven Akte, die mit diesem Wettlauf um die Beliebtheit verbunden sind, zwingt dazu, näher hinzusehen. Es gilt als ausgemacht, dass ein übertriebenes Schlankheitsideal bei Mädchen selbstzerstörerische Krankheiten wie Magersucht und Bulimie auslösen kann. Doch der Kult um die Beliebtheit ist für Mädchen nicht weniger gefährlich.

Wenn die Mechanismen des Kampfes um Beliebtheit die Beziehungen der Mädchen zerstören, kann viel verloren gehen. Ein Mädchen wird von einer Freundin, die es liebt und der es vertraut, im Stich gelassen. Der Verlust signalisiert ihr ihren niedrigen sozialen Rang, was wiederum ihre Selbstachtung mindert und wofür sie sich selbst die Schuld gibt. Beziehungen sieht sie fortan als Mittel zum Zweck. Und wenn sie vor den Augen aller fallen gelassen wird, kommen auch noch öffentliche Verachtung und Scham hinzu. Für das nunmehr zu den Beliebten gehörende Mädchen wiederum besteht die Gefahr, sich selbst zu verlieren.

Die Regeln verlangen, dass man, sobald man zu den Beliebten gehört, sich selbst so streng kontrolliert, wie die anderen es tun, um den Status zu behalten. Es ist ein Märchen, dass beliebte Mädchen im Reich der Seligkeit leben. Je mehr man sich dem Epizentrum der Beliebtheit nähert, umso gefährlicher wird es.

Gemütlich im Kreis sitzend unterhalte ich mich mit sechzehn Mädchen aus der achten Klasse über das Gefühl, von anderen beurteilt zu werden. Leslie, auf dem Rücken liegend, den Kopf auf die verschränkten Hände gestützt, hat die Nase voll von mir, darauf könnte ich wetten. Sie verdreht die Augen. Schließlich richtet sie sich wütend auf. »Hören Sie, wir können nicht aufhören, übereinander zu reden, klar?«, meint sie. »Wir sind süchtig! Sobald wir diesen Raum verlassen, reden wir darüber, was jede Einzelne von uns gesagt hat.«

Bronwyn, ein beliebtes Mädchen, das eine halbe Stunde lang stumm dagesessen hat, hebt die Hand. »Ich wünschte mir, wir würden einander nicht taxieren und sagen, die und die ist nicht gut genug. Ich bin manchmal mit Leuten zusammen, die dasitzen und sich darüber lustig machen, was andere anhaben. Ich höre zu, weil ich sie als meine Freundinnen betrachte, aber es stört mich. Wenn sie über andere reden, was reden sie dann über mich?«

Niemand antwortet. Alle denken nach.

7

Widerstand

Manche Mädchen betrachten Schweigen und Hinterhältigkeit als ein Zeichen von Schwäche. Das gilt vor allem, wenn sie in ihrem Leben auf die eine oder andere Weise mit Unterdrückung konfrontiert sind – zum Beispiel Frauenfeindlichkeit in der eigenen Familie und bei den Nachbarn, Rassismus bei Lehrern oder einer gewalttätigen Atmosphäre in ihrem Wohnviertel. Wenn wirtschaftliche Not und Entrechtung vorherrschen, gelten bestimmtes Auftreten und das offene Äußern von Aggressionen als positive Werte. Schweigen kann bedeuten, nicht wahrgenommen zu werden und sich Gefahren auszusetzen.

Lyn Mikel Brown und Carol Gilligan zufolge sind sich Mädchen, die aufgrund ihrer Hautfarbe oder ihrer sozialen Herkunft in ihrer Schulgemeinschaft marginalisiert sind, »ihrer Gedanken und Gefühle oft deutlicher bewusst und haben eher enge und vertrauensvolle Beziehungen«.[39] Auch bei Studien zum Selbstwertgefühl und zur psychischen Gesundheit von Mädchen aus Arbeiter- und aus nichtweißen Familien kommen Forscher zu völlig anderen Ergebnissen als bei der Betrachtung von weißen Mädchen aus der Mittelschicht, wo Verlustängste weit verbreitet sind.

Dem berühmt gewordenen Bericht der Amerikanischen Akademikerinnen-Vereinigung aus dem Jahr 1990 zufolge weisen Mädchen schwarzer Hautfarbe in der Pubertät das stärkste Selbstwertgefühl auf.[40] Die Psychologin Niobe Way stellte fest, dass in Städten lebende pubertierende Mädchen »unverblümt sagen, was sie denken«. Die von ihr interviewten Mädchen, vorwiegend aus afroamerikanischen Arbeiterfamilien, berichteten, ihre Beziehungen würden durch das offene Austragen von Konflikten gestärkt und nicht zerstört.[41]

Diesen Mädchen fällt es nicht schwer, die Dinge beim Namen zu nennen, und sie sind bereit, sich ihren negativen Gefühlen zu stellen und sie zu äußern. Zu den eigenen Emotionen zu stehen bedeutet aber überhaupt zu sich zu stehen. Diese Mädchen sagen die

Wahrheit, weil sie sich anders in einem feindseligen Umfeld nicht behaupten können.

Es muss also nicht so sein, dass Mädchen zum Mittel der verdeckten Aggression greifen, um negative Emotionen zum Ausdruck zu bringen. In diesem Kapitel will ich untersuchen, wie Mädchen dem Schweigen und der Unterdrückung Widerstand entgegensetzen können. Den Abschluss bildet die Geschichte eines Mobbing-Opfers, das sich aus purer Verzweiflung zur Wehr setzte.

Da ich selbst aus einer Mittelschichtfamilie stamme, wurde mir insbesondere in Gesprächen mit Mädchen aus weniger privilegierten sozialen Schichten bewusst, wie groß die Unterschiede sind. Manchmal war ich im positiven Sinn sprachlos angesichts des Muts und der Offenheit, die mir hier begegneten. Ich möchte aber auch an die Worte von Bell Hooks erinnern, die uns davor warnt, die Direktheit afroamerikanischer Mädchen romantisch zu verklären. Offenheit und Bereitschaft zur Auseinandersetzung, so Bell Hooks, sind »nicht unbedingt mit einem starken Selbstwertgefühl gleichzusetzen. Auch Mädchen, die kein Blatt vor den Mund nehmen, können sich wertlos fühlen, weil etwa ihre Haut nicht hell genug ist.«[42]

Nur von den Erfahrungen der weißen Mittelschicht auszugehen und aus ihnen ein universelles Muster weiblichen Verhaltens abzuleiten, ist inzwischen fragwürdig geworden, denn es hieße, wie bei manchen Studien geschehen, entscheidende Aspekte auszublenden. Mädchen aus unterschiedlichen sozialen Zusammenhängen machen unterschiedliche Erfahrungen. Nicht alle weißen Mädchen aus der Mittelschicht gehen Konflikten aus dem Weg, und nicht alle Mädchen aus anderen Schichten sind konfliktfreudig. Jedes Kind ist anders, da es unter einzigartigen Lebensumständen lebt.

Tatsächlich sind die in der Mittelschicht herrschenden Vorstellungen von Weiblichkeit heute auch vielen weißen Mädchen fremd. Untersuchungen bestätigen, dass manche weißen Kinder aus Arbeiterfamilien von ihren Eltern bestärkt werden, körperliche Gewalt anzuwenden, um sich gegen ihre Altersgenossen zur Wehr zu setzen. Lyn Mikel Brown verbrachte ein Jahr in der hauptsächlich von Arbeiterfamilien bewohnten Stadt Mansfield im Bundesstaat Maine und stellte fest, dass die von ihr befragten Mädchen manche Weiblichkeitsvorstellungen der Mittelschicht ablehnten, andere dagegen übernahmen: »Diese Mädchen verhalten sich zwar liebevoll und fürsorglich, aber sie verweisen, oft voller Stolz, darauf, dass sie andererseits auch freimütig und direkt sind, dass sie heftige Wutgefühle kennen und äußern ... Ihre Selbstwahrnehmung und ihre Wahrnehmung von Beziehungen stehen zwar nicht in Einklang mit den Attributen der Mütterlichkeit und Weiblichkeit wie ›Selbstlosigkeit‹ und ›Reinheit‹, wie sie herkömmlicherweise in der weißen Mittelschicht gefordert werden, doch Fürsorglichkeit, Liebe und Verständnisbereitschaft spielen in ihrem Leben trotzdem eine zentrale Rolle.«[43]

Brown lernte zwar, genau wie ich, zahlreiche Mädchen aus Arbeiterfamilien kennen, die in ihren engen Freundschaften darauf verzichten, Aggressionen auszuleben – aber nicht, weil sie »Aggression als eine gesellschaftlich unangemessene Emotion betrachten, sondern weil sie ihre Freundinnen brauchen«. Die Mädchen von Mansfield gestehen sich ihre negativen Gefühle ein und halten sie zugleich zurück – und damit gehen sie ganz anderes mit Aggressionen um, als wir es bisher erfahren haben.

Handgreiflich werden

Die E-Mail kommt gleich zu Beginn des neuen Jahres 2000. »Ich bin eine Weiße und bin oft von afroamerikanischen und mexikanisch-amerikanischen Mädchen angegriffen worden. *Ich war nicht die Angreiferin.* Ich habe mich nur verteidigt, und meine beiden Schwestern haben immer auf mich aufgepasst. Wir haben uns nicht das Geringste gefallen lassen, und wir haben diese Mädchen fix und fertig gemacht. Verstehen Sie mich nicht falsch, ich habe die tätliche Auseinandersetzung nie gesucht oder gewollt.«

Bonnie ist achtundzwanzig und studiert an einer Universität im Mittleren Westen Sozialpädagogik. »Ich war dermaßen oft in Schlägereien verwickelt«, schreibt sie in ihrer E-Mail, »dass ich von allen Schulen des Distrikts verwiesen wurde. Eine Highschool-Ausbildung konnte ich mir daher aus dem Kopf schlagen. 1989 machte ich dann einen gleichwertigen Abschluss bei Job Corps.« Als jüngstes von drei Mädchen und mit einem Bruder wuchs sie im ländlichen

Südkalifornien auf. Kurz nach dem Tod ihres Bruders zog die Familie in ein Arbeiterviertel in San Jose.

Bonnies Mutter erzog die Kinder alleine. Sie hatte mehrere gewalttätige Beziehungen zu Männern hinter sich; ihr früherer Ehemann hatte Bonnie und ihre Schwestern geschlagen. Als Bonnie ins College eintrat, waren ihre beiden Schwestern schon in höheren Semestern. Sie bedeuteten alles für Bonnie. Wenn sie in diesen stürmischen Zeiten einen echten Halt hatte, dann war es die beinahe religiöse Hingabe der Schwestern aneinander. »Wenn eine von uns in der Patsche steckte«, erzählt sie, »dann waren die anderen sofort zur Stelle... Wir hielten immer zusammen, egal wie wütend wir aufeinander waren.«

In Bonnies neuer Schule gab es alle möglichen Cliquen, die den zahlreichen musikalischen Richtungen anhingen, wie sie für das Amerika der achtziger Jahre typisch waren. Afroamerikanische Schülerinnen und Schüler hörten Hip-Hop, Bonnie dagegen war eine leidenschaftliche Anhängerin von Rockmusik im Stil von Lita Ford. Fotos aus jener Zeit zeigen Bonnie mit blondem, nach hinten geföntem Haar und in hautengen Karottenjeans. Sie tat sich schwer in der Schule, kam oft nicht zum Unterricht und hatte bald in fast allen Fächern schlechte Noten.

Oft geriet Bonnie mit ihren afroamerikanischen Mitschülerinnen aneinander. Im Schulflur warfen sie sich böse Blicke und spitze Bemerkungen über Kleidung und Stil zu. Auch im Rückblick bedauert Bonnie ihre Rolle bei diesen Feindseligkeiten nicht und ist nicht bereit einzugestehen, dass sie andere provoziert hat. »Ich habe mich nie als gewalttätig betrachtet«, beteuert sie, »als eine, die andere schikaniert oder angreift. Aber ich musste mich und meine Vorstellungen von Ehre verteidigen.«

Eines Tages trafen sich die Fans von Rockmusik und Heavy Metal an der Schule und besetzten dort ihr Areal. Plötzlich kam atemlos ein Mädchen angerannt, das Bonnie kannte. Sie hatte einem afroamerikanischen Jungen, der hinter ihr her war, einen Korb gegeben, und ein afroamerikanisches Mädchen, das sich wiederum für ihn interessierte, war wütend.

Zwanzig Minuten später kam eine große Gruppe afroamerikanischer Mädchen auf der Straße auf sie zu. »Weißer Abschaum!«, riefen sie. Eines der Mädchen kam Bonnie gefährlich nahe. Bonnie sagte, sie wisse nicht, wer zuerst anfing, handgreiflich zu werden. »Ich glaube, wir waren es – wir packten sie, stießen sie zu Boden und traten sie.« Es kam zu einer allgemeinen Schlägerei. Als Bonnie einen Augenblick hochschaute, sah sie, wie eine ihrer Schwestern von drei Mädchen umzingelt wurde und eine von ihnen gerade zum Schlag ausholte. Bonnie weiß nicht mehr, was als Nächstes geschah. »Ich verlor die Besinnung, ich bin regelrecht ausgerastet«, sagt sie. »Meine Freundin erzählte mir, ich hätte die Mädchen gegen den Zaun gestoßen und sei durchgedreht.«

Bonnie wurde von der Schule verwiesen und musste auf eine andere Highschool wechseln. Sie hätte jedoch an ihre alte Schule zurückkehren können, wenn sie sechs Monate lang in keine Schlägerei verwickelt gewesen wäre. Doch in der neuen Schule wurde alles nur noch schlimmer. So kam Bonnie auf eine Schule für schwer erziehbare Jugendliche – »für alle, die im Arsch waren«, wie Bonnie sagt. Ihre Wut und ihr Hass wurden noch größer, und sie schwänzte noch öfter.

Zwei Jahre lang war Cat Bonnies beste Freundin gewesen. Gewalttätig, aufsässig und stets bereit, Zoff zu machen, eckte Cat bei allen an, letztlich auch bei Bonnie – zumindest zu dem Zeitpunkt, als Bonnie ihren ersten richtigen Freund hatte. »Ich hab ihr gesagt: ›Du kannst machen, was du willst. Du kannst haben, wen du willst, aber verarsch mich nicht und lass die Finger von meinem Freund.‹ ... Ich hab gesagt: ›Hör zu. Wenn du mit meinem Freund ins Bett gehst, schlag ich dir in die Fresse. Das garantiere ich dir.‹«

Als sie erfuhr, dass sich Cat an ihren Freund herangemacht hatte, trat sie ihr im Schulflur entgegen. »Ich wollte das eigentlich gar nicht«, erzählt mir Bonnie, »aber alle wussten, was ich ihr angedroht hatte, und ich hatte einen Ruf zu verlieren. Ich hatte keine andere Wahl, als ihr eine zu verpassen. Ich sagte zu ihr: ›Was zum Teufel fällt dir eigentlich ein? Ich habe nicht mal Lust, dir in den Arsch zu treten, aber du lässt mir keine andere Wahl.‹«

Außerdem würde es dem Ruf ihrer Schwestern schaden, wenn sie Cat nicht verprügelte, und das hätte sie nicht ertragen. »Alle wussten, dass wir uns nichts gefallen ließen«, sagte sie. »Wenn ich einen Rückzieher gemacht hätte, dann hätten alle geglaubt, sie könnten mit uns machen, was sie wollten.« Also packte Bonnie ihre Freundin und schlug ihr mit der Faust auf die Brust. Cat reagierte nicht. Bonnie schlug sie vier-, fünfmal – auf die Arme, in den Bauch. Cat fiel hin und lag dann da, ohne sich zu rühren.

»Kapierst du denn nicht?«, schrie Bonnie sie an. »Wenn du so etwas tust, musst du damit rechnen. Ich hab es dir gesagt.« Cat antwortete nicht.

»Ich wollte ihr nicht wehtun«, beteuert Bonnie, »aber ich hatte das Gefühl, schon zu tief drinzustecken.«

Viele weiße Mädchen aus der Mittelschicht vollstrecken ihre Urteile und Strafen auf verdeckte Art und Weise, doch Bonnie lebte in einer anderen Schulkultur. In ihrer Welt wird Aggression nicht ignoriert oder zurückgehalten, sondern ausgelebt, um einen bestimmten sozialen Status zu verteidigen oder zu sichern.

Dass Bonnie so ungeniert handgreiflich wurde, hatte mit ihrer Kindheit zu tun, die von Gewalt in der Familie geprägt war, und mit all den Kämpfen, die sie auszustehen hatte. Sich über die sozialen Normen der Weiblichkeit hinwegzusetzen war kein Akt des bewussten Widerstandes. Ihrer Bereitschaft zur Gewalt stand auf der anderen Seite Vorsicht, ja bisweilen Reserviertheit im sozialen Umgang gegenüber. »Es ist hart«, sagt sie zu mir, »wenn man niemanden hat. Ich bin unabhängig und stark. Ich mache meine Sachen allein. Ich zeige niemandem, wer ich bin, und ich bin auch nicht ehrlich ... Manchmal durchschaue ich andere. Ich betrachte die Leute auf eine bestimmte Art und Weise, weil ich darauf getrimmt bin. Ich lebe in einer feindseligen Welt und sehe sofort, wenn mich jemand bedroht.«

Die Isolation, die Bonnie sich selbst auferlegt hat, ist bei Mädchen aus Arbeiterfamilien und bei farbigen Mädchen immer wieder beobachtet worden, vor allem bei jenen, die die Zurschaustellung von Gefühlen als ein Zeichen von Schwäche betrachten. »Auch die überwältigende Mehrheit derjenigen, denen es leichter fällt, ihren Ärger zu äußern, sich zu behaupten oder ihr sexuelles Interesse zu zeigen«, schreiben Jill McLean Taylor und ihre Kolleginnen, »wollen ›für sich bleiben‹, ›sich mit niemandem aussprechen‹, ›ihre Gefühle unter Verschluss halten‹ und ›niemandem etwas von sich preisgeben‹.«[44] Isolation über einen langen Zeitraum hinweg kann jedoch die kognitive und psychische Entwicklung beeinträchtigen.

Echte Freundinnen

Während ich vor der Highschool in Ridgewood auf meine nächste Interviewpartnerin warte, bemerke ich ein groß gewachsenes, schmales afroamerikanisches Mädchen, das kerzengerade und reglos auf einer Steinbank neben dem Haupteingang sitzt. Zwanzig Minuten zuvor hat der letzte Schulbus den Parkplatz verlassen. Ein weißer Pick-up nähert sich, hält vor dem Haupteingang. Eine ältere, grauhaarige Afroamerikanerin steigt aus, eine eindrucksvolle, imposante Erscheinung. Sie geht auf das Mädchen zu und hebt den kräftigen Arm.

»Ich hab dir doch gesagt, wenn du geschlagen wirst, sollst du zurückschlagen! Du hättest deinen Schuh auszuziehen und ihr damit ins Gesicht schlagen sollen!« Das Mädchen starrt vor sich hin, während ihre Großmutter ins Schulgebäude stürmt. Nun öffnet sich die Beifahrertür des Pick-up und ein Mädchen steigt aus. Sie läuft zu dem Mädchen auf der Steinbank und ruft: »Ich erwisch sie! Ich erwisch sie!«

»Dann fliege ich aus der Schule!«, sagt das große Mädchen und springt auf.

»Also dann nach der Schule«, erwidert das andere Mädchen atemlos, »das geht dann keinen was an.«

Das große Mädchen setzt sich wieder auf die Bank, macht ein trotziges Gesicht und wippt mit dem Fuß. Dann kommt nach und nach die Mädchenfußballmannschaft heraus auf den Parkplatz, und beinahe hätte ich die stellvertretende Rektorin Pam Bank nicht bemerkt, die plötzlich neben mir steht. Sie entschuldigt sich für die Verspätung und macht eine Kopfbewegung zu den Schwestern hin. »Sie hat versucht, die Schwester des Jungen zu verprügeln, der ihren Bruder angepöbelt hat. Sie hat ganz schön was abbekommen, aber sie lässt nicht locker.«

Die Tür des Haupteingangs öffnet sich und heraus tritt der Rektor, blass und schmächtig und mit schütterem Haar, gefolgt von Keisha, die sich in meinen Gruppendiskussionen mit den Schülerinnen des ersten Highschool-Jahres schon oft zu Wort gemeldet hat. Keisha ist drall und kräftig und trägt eine modische schwarze Caprihose und dazu passende Sandalen, von denen sie eine in der Hand trägt. Sie hält sich so, wie es mir meine Großmutter immer predigt: Brust raus, Schultern zurück.

»Das ist das Mädchen, das sie verprügelt hat«, flüstert Pam. Keisha folgt dem Rektor zu einem Wagen und öffnet die Beifahrertür, als sei das für sie schon Routine.

Pam seufzt: »Er fährt sie nach Hause.«

Ich habe Keisha in der ersten Woche in Ridgewood kennen gelernt. Sie genießt unsere Gruppendiskussion sichtlich, lacht gern und erzählt viele Geschichten. Die Gruppe, mehrheitlich Afroamerikanerinnen, ist bunt zusammengewürfelt, es nehmen Mädchen teil, die nachmittags Verkehrsunterricht haben oder im Hausaufgabenraum der Schule lernen.

Auf die Frage: »Wenn du auf jemanden sauer bist, sagst du es?«, zögert Keisha nicht mit der Antwort. »Ja«, meint sie. »Sie soll es wissen. Wenn es mir schlecht geht, reagiere ich dementsprechend. Ich setze kein falsches Grinsen auf und tu so, als sei alles in Butter. Wenn es mir schlecht geht, dann geht man mir besser aus dem Weg.«

»Ja, das kannst du laut sagen!«, bestätigt ihre Freundin Brittney kichernd und duckt sich.

»Ja, wenn ich sauer bin, sag ich, was los ist«, fährt Keisha fort. »Es wäre doch kindisch, dazusitzen und auf jemanden sauer zu sein und nicht – ich weiß nicht, keine Ahnung.« Viele der Mädchen nicken. Als ich wissen will, von wem sie gelernt hätten, so offen zu sein, antworten fast alle: »Von meiner Mutter.«

Studien belegen tatsächlich, dass afroamerikanische Mütter »in einer Gesellschaft, in der schwarze Frauen als minderwertig gelten, ihre Töchter zu durchsetzungsfähigen Persönlichkeiten erziehen, die sich nichts gefallen lassen«. Viele Eltern ermuntern ihre Töchter, sich ihre Unabhängigkeit zu bewahren und mit Selbstvertrauen durchs Leben zu gehen, damit sie sich gegen jede Unterdrückung zur Wehr setzen können. Janie Ward hat beobachtet, dass diese Eltern ihren Kindern eine »psychologische Anleitung« an die Hand geben, die von Generation zu Generation weitergereicht wird und die Kinder stark machen soll – danach sind harte Arbeit und eine gute Ausbildung die Voraussetzung, dass sie später nicht den Kürzeren ziehen.[45]

Wie manche Mädchen aus Arbeiterfamilien lernen es oft auch schwarze Mädchen, sich auf dem schmalen Grat zwischen Anpassung und Aufbegehren zu bewegen. Viele afroamerikanische Eltern teilen mit ihren Kindern ihre Erfahrungen und Gefühle, um sie mit den Problemen des Rassismus vertraut zu machen, wie Ward herausfand. Eine Mutter meinte zu der Forscherin: »Ich sage meiner Tochter nicht, das Leben ist leicht, alle Menschen sind gleich – tu, was richtig ist, dann wirst du auch gerecht behandelt.«[46]

Afroamerikanische Familien pflegen gewöhnlich enge Verwandtschaftsbeziehungen. Manche Kinder haben »Zweitmütter«, die die Kindererziehung mittragen, gemäß der vorherrschenden »Ethik der Fürsorge, derzufolge sich schwarze Frauen für die Kinder der gesamten schwarzen Community verantwortlich fühlen«.[47]

Eine Schülerin im ersten Jahr an der Clara-Barton-Highschool sagt mir, sie versuche, die Schwierigkeiten mit einem Mädchen, von dem sie gemobbt werde, zu vergessen, aber ihre Cousine wolle das nicht dulden: »Tanya«, erzählt sie, »sagt, ich soll sie zur Rede stellen. Ich möchte nicht, ich möchte es wirklich nicht. Aber meine Cousine lässt nicht locker. Sie sagt: ›Wenn du es nicht machst, versohle ich dir den Hintern.‹«

Die älteren Frauen, bei denen sie aufgewachsen ist, »sagen einem, das und das muss man tun«, berichtet sie. »Sie wollen einem beibringen, wie man sich zu verhalten hat, denn das hier draußen ist ein Spiel. Ein großes Spiel. Es bleibt dir nichts anderes übrig, als mitzuspielen. Es ist ein Spiel, an dem alle beteiligt sind. Und entweder du gewinnst oder du verlierst.«

Es gibt mindestens zwei Faktoren, die bei der Erziehung und Sozialisation vieler schwarzer Mädchen eine wichtige Rolle spielen und die sie von der weißer Mädchen aus der Mittelschicht unterscheiden. Erstens: Viele afroamerikanischen Eltern äußern sich ganz offen über den Schmerz und den Zorn, die sie als schwarze Bürger dieser Gesellschaft empfinden, und sie wollen, dass ihre Töchter der harten Realität im sozialen Umgang ins Auge sehen, besonders der Aggression. Damit aber schirmen sie ihre Töchter in gewissem Sinn von »idealisierten Beziehungen« ab, in denen eine Entfremdung der Mädchen von ihrem wahren Selbst droht.

Zweitens: Angesichts der alltäglichen Bedrohung durch Rassismus und Unterdrückung stehen für manche farbigen Mädchen die Beziehungen zu anderen Mädchen und das Bemühen, zu jedermann

»nett« zu sein, nicht so sehr im Vordergrund. Die Mädchen verfügen sogar über eine eigene Sprache, um sich abzugrenzen. Sie treffen eine genaue Unterscheidung zwischen »Freundinnen« – Altersgenossinnen, denen sie vertrauen und an denen ihnen etwas liegt – und »Mitschülerinnen« oder Bekannten, die sie nicht für vertrauenswürdig halten. Im Gegensatz dazu habe ich genau wie Brown und Gilligan bei weißen Mädchen aus Mittelschichtfamilien festgestellt, dass sie unterscheiden »zwischen ›sehr sehr guten‹ Freundinnen – also Freundinnen, denen sie vertrauen können, die nicht hinter ihrem Rücken tuscheln oder über sie reden – und ›eben nur‹ Freundinnen«, bei denen genau damit zu rechnen ist.[48]

»Mitschülerinnen« müssen sich erst noch als wahre Freundinnen bewähren; dieser Terminus lässt einem Mädchen die Wahl, eine Beziehung zu knüpfen oder es sein zu lassen. Afroamerikanische Mädchen kennen noch eine weitere Kategorie: Mädchen, die »zwei Gesichter« haben, die also lügen oder in anderer Weise »falsch« sind. Während weiße Mädchen oft resignieren, wenn hinter ihrem Rücken ständig getuschelt wird, erklären afroamerikanische Mädchen mit unverhohlener Deutlichkeit, dass sie mit solchen Mädchen nichts zu tun haben wollen.

Danielle, die die erste Klasse der Clara-Barton-Highschool besucht, erklärt mir, wie wichtig es sei, die Auseinandersetzung mit einem Mädchen zu suchen, das hintenrum über einen redet. »Das habe ich auf der Straße gelernt. Ich habe an zwei Unterrichtsprojekten teilgenommen, bei denen man lernte, wie man sich durchsetzt. Man darf sich nicht unterkriegen lassen. Man darf mit seinen Gefühlen nicht hinter dem Berg halten.«

»Echte Freundschaften« gelten für afroamerikanische Mädchen aus unterschiedlichen sozialen Schichten als vertrauenswürdig und ehrlich. Jemand, der ehrlich ist, agiert nicht hintenrum, bringt ein Problem vielmehr stets offen zur Sprache. Diese Mädchen vermittelten mir eine Ahnung davon, wie es sein *könnte* – wenn Mädchen die Möglichkeit haben, eine Beziehung bewusst einzugehen, und das Bedürfnis, Aggressionen auszuagieren, anerkannt wird. Eine gemeinsame Sprache erleichtert es diesen Mädchen, sich in ihren zunehmend komplizierter werdenden Beziehungen zurechtzufinden und den Vertrauensbruch beim Namen zu nennen, der so oft unter den Teppich gekehrt wird. Dabei hilft die gemeinsame Sprache, die verschiedene spanischsprachige und schwarze Gemeinschaften in den Vereinigten Staaten entwickelt haben. Wenn ein Mädchen in einem Konflikt den Kürzeren zieht oder der Auseinandersetzung aus dem Weg geht, wird sie als »punk«, als Schwächling, gebrandmarkt. »Punking out« – kneifen – bedeutet, nicht zurückzuschlagen, wenn man angegriffen wird. »Staying hit« – sich nicht zur Wehr setzen – ist in manchen Familien eine Todsünde.

»Wenn mich ein Mädchen schlägt«, sagt mir Nydia, eine Puertoricanerin im zweiten Highschool-Jahr, »steh ich nicht einfach da, ohne etwas zu tun. Denn sonst denken alle, sie könnten mit mir machen, was sie wollen.« Lauren, ein schwarzes Mädchen aus Ridgewood, das die sechste Klasse besucht, sagt: »Manchmal pöbelt einen ein Mädchen an: ›Du bist dermaßen hässlich.‹ Da kann man doch nicht einfach dastehen und sagen: ›Ja, vielen Dank.‹ Man muss sagen: ›Okay, deine Mutter ist so dick, dass sie nicht mal durch die Autotür passt!‹«

Die fünfzehnjährige Jacqueline, eine puertoricanische Highschool-Schülerin im ersten Jahr an der Sojourner Truth, sagt, dass eine, die kneift, »sich nicht ihr Recht verschafft. Sie denkt nicht. Sie verteidigt sich nicht. Wenn jemand sie anschreit oder beschimpft, bleibt sie stumm.« Obwohl Jacqueline manchmal den Wunsch verspürt, einer Auseinandersetzung auszuweichen, weiß sie doch, dass es auf Dauer gesehen besser ist, sich zu wehren. »Ich habe aus Erfahrung gelernt«, sagt sie, »dass man sagen muss, was einem nicht passt, und dass es verschiedene Möglichkeiten gibt, es zu sagen. Wenn man das Problem sofort angeht, vermeidet man spätere Schwierigkeiten. Aber wenn man nichts sagt, halten die anderen einen für einen Schwächling oder man fühlt sich selbst als Versagerin, weil man geschwiegen hat, und die andere macht dann immer weiter. Dann wird alles noch viel schlimmer.«

Wenn Kulturen aufeinander prallen

Klarheit über die eigenen Gefühle, die Fähigkeit, bei Freundschaften differenzieren zu können, und die Bereitschaft, sich offen zu äußern – das alles heißt nicht, dass nicht auch schwarze Mädchen und Mädchen aus Arbeiterfamilien in der Pubertät mit einem schwindenden Selbstwertgefühl zu kämpfen haben oder sich auch verdeckter Formen der Aggression bedienen. Afroamerikanische Mädchen zum Beispiel ziehen sich emotional oft zurück und verstummen, je weiter sie in einem vorherrschend weißen Schulmilieu vorankommen. Sie bemühen sich, nicht den Zorn anderer, die ihnen den Erfolg neiden, auf sich zu ziehen. Andere schwarze Mädchen nehmen zu einer auftrumpfenden, selbstzerstörerischen Form des Widerstandes Zuflucht und gefährden damit oft ihren weiteren Bildungsweg.[49]

Mit erschreckender Regelmäßigkeit äußern afroamerikanische Mädchen aus der Mittelschicht Enttäuschung und Frustration, dass ihr Bemühen, die Wahrheit offen auszusprechen, in einem weißen sozialen Umfeld zurückgewiesen oder sogar sanktioniert wird. »Ich versuche, offen zu sein«, meint Michelle, »aber dann denken die anderen, ich sei ein gemeines Biest.« Diese Mädchen haben nur die Wahl, »nett« zu sein und ihre negativen Gefühle zurückzuhalten, oder als »Biest« abgelehnt zu werden. Ihre weibliche Identität ist von Selbstbehauptung und Offenheit geprägt – eine Identität, die von der herrschenden Kultur und damit von den meisten Mädchen als »gemein«, »gehässig« oder »abstoßend« zurückgewiesen wird.

Manche Mädchen lateinamerikanischer Herkunft ecken in den spanischsprachigen Gemeinschaften, in denen sie aufwachsen, mit ihrer Bereitschaft an, sich Auseinandersetzungen offen zu stellen. Die Sozialisation dieser Mädchen ähnelt der von Mädchen aus der weißen Mittelschicht. Die lateinamerikanische Kultur ist familienzentriert, und die Eltern erziehen ihre Kinder entsprechend den traditionellen Rollenbildern. Von Ehefrauen und Töchtern wird erwartet, dass sie nicht aggressiv sind und die Autorität des Mannes respektieren. Die Frauen werden »traditionell als rein und aufopferungsbereit idealisiert, wie die Jungfrau Maria«, und die Verhaltensregeln für Mädchen sind bisweilen äußerst restriktiv.[50]

Die Mädchen, mit denen ich gesprochen habe und deren Familien aus der Dominikanischen Republik oder aus Puerto Rico stammen, gehören meist der Arbeiterschicht oder der mittellosen ersten Einwanderergeneration an. Ihre Eltern sprechen wenig oder gar kein

Englisch, und die Mädchen müssen ihnen Schulinformationen und Zeugnisse übersetzen. Diese Mädchen leben in zwei Welten zugleich: in einer traditionell geprägten, beschützten Welt und gleichzeitig in einer Gegenwelt der Freizügigkeit und Verführung. Das spiegelt sich im Charakter dieser Mädchen wider: auf der einen Seite die traditionelle Pflicht zum Gehorsam, den ihnen ihre Gemeinschaft abverlangt, und auf der anderen Seite der Schutzpanzer, den sie sich zulegen müssen, um als Mitglied einer Gemeinschaft mit geringen wirtschaftlichen Möglichkeiten zu überleben.

Die dreizehnjährige Jasmine lebt in einer privilegierten Welt, die zu ihrer Erziehung als Kind einer Arbeiterfamilie in starkem Kontrast steht. In die Arden Country-Ganztagsschule, die Jasmine dank eines Stipendiums besucht, sitzt sie stets ganz in meiner Nähe, meldet sich oft zu Wort und ist eifrig bei der Sache. Mehrere Wochen nach Beginn der Sommerferien verabreden wir uns in einer Pizzeria unweit der Schule. Jasmine hat lange schwarze Locken und ein rundes hübsches, sorgfältig geschminktes Gesicht. Bevor sie an die Arden-Schule wechselte, war sie sieben Jahre lang als einzige lateinamerikanische Schülerin an einer sonst ausschließlich von Schwarzen besuchten staatlichen Schule in ihrem Wohnviertel gewesen.

Jasmines Mutter ist aus der Dominikanischen Republik in die Vereinigten Staaten eingewandert. »Meine Familie«, sagt Jasmine wehmütig, »besteht aus lauter losen Fäden, die durch einen Knoten zusammengehalten wurden. Dieser Knoten war meine Großmutter.« Jedes Wochenende traf sich die Familie in der kleinen Wohnung der Großmutter, um gemeinsam zu essen und zu plaudern. Als die Großmutter starb, so Jasmine, »fielen die Fäden auseinander. Die Familie löste sich auf.«

Jasmine hatte ein enges Verhältnis zu ihrer Großmutter entwickelt. Deshalb machte ihr der Verlust besonders zu schaffen – und auch, weil sie sich in dem Bemühen der Großmutter, die Familie zusammenzuhalten, wieder erkannte. Jasmines Mutter, so erzählt sie, sei nicht besonders stark. Dass sie sich ihrer Mutter gegenüber so überlegen fühlt, erfüllt Jasmine mit Unbehagen. »Sie hat schon immer auf andere Leute gehört.« Jasmine empfindet ihre Mutter als inkonsequent, da sie ihr einmal etwas erlaubt und es dann wieder ohne weitere Begründung verbietet. Wenn Jasmine mit ihrer Mutter Streit hat, bekommt sie manchmal zu hören, sie habe es gar nicht verdient, dass so viel für sie getan wird. Jasmine sieht die Sache anders.

»Ich finde, ich habe es verdient. Ich stehe um fünf Uhr morgens auf, um zur Schule zu gehen. Abends komme ich um halb sieben nach Hause. Ich mache meine Hausaufgaben, bügle meine Anziehsachen, dusche und gehe schlafen. Ich komme erst um ein oder zwei Uhr ins Bett und stehe um fünf Uhr auf.« Jasmine beklagt sich, dass ihre Mutter sie an den Wochenenden zu sehr bei den Hausarbeiten einspannt. »Sie vergisst, dass ich erst dreizehn bin. Sie denkt, ich hätte diese altmodische Mentalität, und deshalb glaubt sie, dass ich noch mehr machen und noch mehr Pflichten übernehmen kann.«

Dass ihre Mutter unfähig ist, eigenständige Entscheidungen zu treffen, frustriert Jasmine, vor allem da es gerade so viele wichtige Dinge zu regeln gibt. Vielleicht meint sie deshalb, dass »mich meine Mutter nicht so gut wie meine Freundinnen kennt«.

In gewisser Weise sind Jasmines Klagen typisch für die Konflikte in der Pubertät: Meine Mutter versteht mich nicht, sie verlangt zu viel von mir. Jasmines Frustration geht jedoch tiefer, und ihr Groll weist auch auf die Kluft hin, die zwischen ihrer Lebenswelt und der ihrer Mutter besteht. Ihre Mutter spricht kein Englisch, und mit dem Kopf, so Jasmine bissig, »ist sie noch in der Dominikanischen Republik. Sie kapiert nicht, wie es hier funktioniert.« Die Wertvorstellungen, die Jasmine in der Schule vermittelt werden – Wettbewerb, Ehrgeiz und persönlicher Erfolg –, stehen in krassem Gegensatz zu dem Bemühen der Mutter, die Tochter zu einem Menschen zu erziehen, bei dem die Verbundenheit mit anderen im Mittelpunkt steht. Um diesen Widerspruch auszuhalten, zieht sich Jasmine auf sich selbst zurück und beharrt auf ihrer Sicht der Dinge.

In der neuen Privatschule, so erzählt mir Jasmine, hat sie sich vom ersten Tag an gewappnet: »Ich kam mit der Einstellung hierher: Ich bin so, wie ich bin. Wenn du mich magst, okay, wenn nicht, auch okay. Ich will mich nicht ändern, nur weil mich jemand nicht mag.« Jasmine war überrascht, dass so viele Mädchen mit ihr befreundet sein wollten, aber es gab auch andere, die ihr feindselig begegneten. »Ich will nicht Eindruck schinden, damit man mich mag. Es wirkt, glaube ich, einschüchternd, dass ich so selbstsicher und aggressiv auftrete. Ich finde, ich bin nicht schwach. Ich betrachte mich als sehr starken Charakter. Das macht ihnen Angst, weil sie nicht so sind.«

Jasmine zufolge sind die staatlichen Schulen ein Ort, »an dem man keine Schwächen zeigen darf«, und Privatschulen eine Brutstätte für Emotionen. Doch die Falschheit einiger ihrer neuen Mitschülerinnen verwirrt und verunsichert sie trotzdem. »Viele sind heuchlerisch«, sagt sie. »Sie tun so, als wären sie deine besten Freundinnen. Sie tun so, als wäre nichts geschehen. Das finde ich schlimm.« Wenn sie anderen offen sagt, was sie fühlt, wird sie häufig als »gemein« beschimpft. Die anderen fühlen sich durch ihre Offenheit gekränkt.

Jasmine litt darunter, dass sich die Mädchen, die sie am meisten mochte, ohne eine Erklärung von ihr abwandten und nicht mehr mit ihr redeten. Und die Reibereien mit ihrem Kreis von Freundinnen führten dazu, dass Jasmine an sich zweifelte. Sie fragte sich: »Warum fühlen sich die anderen von mir abgestoßen? Warum sind so viele meiner Freundschaften gescheitert? Was mache ich denn falsch?« Dann fügt sie hinzu: »Wenn sich im Leben bestimmte Dinge ständig wiederholen, dann fängt man an, die Schuld bei sich selbst zu suchen.« Schließlich erkannte sie jedoch, dass sie nur mit Hoffen und Bangen nicht weiterkam. »Man kann in einer Freundschaft nur bis zu einem bestimmten Punkt gehen«, erklärt sie nüchtern. »Es geht nicht, dass der eine 110 Prozent und der andere nur 5 Prozent gibt.«

Am Ende, so Jasmine, gestanden einige der Mädchen, die ihr den Rücken zugekehrt hatten, dass sie neidisch waren – auf ihre entschiedene Selbstsicherheit und ihre guten Noten. »Aber ich muss doch gute Noten schreiben!«, sagt sie. »Sonst muss ich die Schule verlassen. Das wollen sie einfach nicht verstehen.«

Jasmine fand die Rivalität zwischen den Mädchen so unerträglich, dass sie sich lieber den Jungs anschloss. Und sie kann nicht verstehen, dass ihre Freundinnen sich so von der Beurteilung durch die anderen abhängig machen, dass sie einander ständig fragen, wie sie aussehen und was sie tun sollen. »Ich bin nicht von dem abhängig, was meine Freundinnen denken. Die Meinungen der anderen sind mir nicht unwichtig. Ich frage immer: ›Was sagst du dazu?‹ Aber das heißt nicht, dass ich etwas an mir ändere, nur weil es jemandem nicht gefällt. Wenn ich wirklich das Gefühl habe, ich sollte es ändern, dann schon.«

In Arden gehört Jasmine ebenso wie an ihrer alten staatlichen Schule einer Minderheit an, aber an dieser vorwiegend von Weißen besuchten Schule ist sie sich ihrer Identität besonders sicher. Trotzdem findet sie, dass »viele vergessen, wer sie sind«. Die Schulversammlungen für farbige Schüler und Schülerinnen sind schlecht besucht. »Wissen Sie«, sagt mir Jasmine, »sie vergessen, woher sie stammen. Sie geben das alles auf. Mein Freund Ray stammt aus der Dominikanischen Republik. Es ist traurig. Er spricht nicht einmal Spanisch.« Sie selbst schäme sich, dass sie auch nicht besonders gut Spanisch schreiben könne. »Wer oder was möchte man denn sein?«, fragt sie. »Man sollte nicht vergessen, wer man ist.«

Als ich Jasmine frage, an wen sie sich wendet, wenn sie Hilfe braucht, gibt sie etwas zur Antwort, was Psychologen von vielen städtischen Mädchen zu hören bekommen: »Meistens rede ich mit niemand. Manchmal schon, aber meistens schaffe ich es allein.«

Mit ihrer lateinamerikanischen Herkunft und als Mädchen aus einer Arbeiterfamilie ist Jasmine nach ihrem Wechsel in das weiße Mittelschichtmilieu ein Fremdling in beiden Welten. Sie steht zwischen den Fronten, und um damit zurechtzukommen und die widerstreitenden Botschaften zu bewältigen, wappnet sie sich und hält die Erinnerung an ihre Großmutter wach. Wenn die Botschaften beider Welten aufeinander prallen, konzentriert sie sich auf sich selbst und ihre eigene Stimme – die einzige, die sie klar und deutlich vernimmt.

Der Mut der Verzweiflung

Was wirklich in einem steckt, zeigt sich oft zu einem unerwarteten Zeitpunkt – dann, wenn man mit seiner Weisheit am Ende ist. Massives Mobbing kann einen zermürben, aber auch der Auslöser dafür sein, all seine Kräfte zu mobilisieren. Mädchen, die zurückschlagen, haben ähnlich wie die Mädchen, die in benachteiligten wirtschaftlichen und sozialen Verhältnissen leben, oft kaum eine andere Wahl. Gewöhnlich sind sie jedoch auf die Situation, in der sie Widerstand leisten, nicht vorbereitet. Sie verteidigen sich und ihre Integrität instinktiv und eher unbewusst, mehr aus Verzweiflung als aus einem inneren Bedürfnis heraus.

Haben sie zuvor aus ihren Freundschaften Bestätigung und Kraft geschöpft, so gewinnen sie jetzt in der Einsamkeit eine neue Perspektive und neues Selbstbewusstsein. Meine Freundin Astrid erinnert sich: »Nachdem ich nichts mehr hatte, woran ich mich festhalten konnte, musste ich mich auf mich selbst stützen. Und plötzlich spürte ich, wie viel Kraft und Stärke ich besaß.«

Alizah war von Kalifornien nach New Jersey zu ihrem Vater gezogen, als klar war, dass die Grausamkeiten der Clique der Beliebten nicht aufhören würden. Dass eines der Mädchen ihr ihre Schuhe wegnahm und nicht mehr zurückgeben wollte, brachte das Fass zum Überlaufen. Alizah forderte ihre Schuhe zurück, aber das Mädchen weigerte sich. Alizah stieß ihre Widersacherin schließlich gegen die Schränke, doch diese behauptete hinterher, Alizah hätte ein Messer gezogen. Alizah wurde von der Schule verwiesen.

In New Jersey beschloss Alizah, ihr Image neu aufzupolieren. Sie verbrachte Stunden damit, sich die passenden Klamotten für den ersten Schultag zusammenzustellen, und noch fünfzehn Jahre später kann sie mir diese Kleidung bis ins kleinste Detail beschreiben. In der Schulcafeteria wurde sie dann von den beliebtesten Mädchen angepöbelt: »Was hast du denn für Schuhe an? Solche trägt mein Vater. Kannst du dir keine Socken leisten? Was hat sie da für ein Dreieck am Hintern? Was zum Teufel ist *Guess*? Warum hast du ein Pferd auf deiner Bluse?«

Alizah war verzweifelt und dachte: »Ich weiß nicht, was ich sonst noch machen soll. Mehr kann ich nicht tun. Nicht einmal hier bekomme ich eine Chance. Ich dachte: Leckt mich. Ich mache, was ich will, und ich trage, was mir passt.« Am nächsten Tag zog Alizah ihre Lieblingshose im Armeestil und ein enges schwarzes ärmelloses Top an und machte sich eine Irokesenfrisur. »Die Mädchen sagten, ich hätte Angelköder in den Ohren, und ich funkelte sie böse an.«

Alizah freundete sich mit einem Mädchen an, das sie in der Cafeteria kennen gelernt hatte und das einen ganz ähnlichen Stil pflegte. »Alle sagten, sie hätte in ihrer Thermosflasche Bleichmittel, weil sie sterben wolle. Ich setzte mich zu ihr, stellte mich vor, und das war's. Sie ist eine Außenseiterin, genau wie ich, dachte ich. Wir verstehen uns bestimmt. Wir wurden die besten Freundinnen und sind uns bis zum heutigen Tag sehr nah.«

Ich frage, was sich geändert hatte, und Alizah erwidert: »Ich glaube, mir war es egal. Ich wollte nicht mehr alles Mögliche tun müssen, um mit jemandem befreundet zu sein. Ich dachte: Wenn du etwas mit mir unternehmen willst, prima, aber ich brech mir keinen ab und erzähl dir meine Geheimnisse und passe mich an.«

Alizah hatte in Kalifornien alles getan, um von anderen gemocht zu werden, und ihre sonstigen Interessen vernachlässigt. Ihr ganzes Bestreben war darauf ausgerichtet, die Zuneigung anderer zu gewinnen. Jetzt wollte sie alles anders machen. Sie fing an, sich ihre Kleider selbst zu nähen, und arbeitete bei der Schülerzeitung, beim Schülerjahrbuch und in Theatergruppen mit. Als erstes Mädchen aus der Unterstufe wurde sie die Herausgeberin der Schülerzeitung.

»Ich wurde ich selbst. Ich war entschlossen, alles zu tun, damit mir das nicht noch einmal passiert. Ich dachte, auch wenn ich nicht viele Freundinnen habe, unternehme ich viel und tue, was mir Spaß macht. Und auf diese Weise, durch meine Aktivitäten, habe ich Freundinnen gewonnen – nicht, indem ich anderen hinterherlief und tat, was alle anderen taten.«

Für manche Mädchen ist es eigenartigerweise geradezu ein Segen, ausgestoßen zu werden. Erst als Außenseiterin konnte etwa Naomi den Teufelskreis von Sehnsucht und Enttäuschung durchbrechen. »Ich hatte das Gefühl, was auch immer ich tat, es nützte nichts, weil es niemanden kümmerte. Ich richtete mich nach dem, was die anderen taten. Ich sah, wie die beliebten Mädchen sich mit Jungs anfreundeten. Diese Mädchen hatten hübsch zu sein, gut aussehend, aber nicht allzu sexy. Sie sollten begehrenswert, aber unverdorben sein – ein unerreichbares Ideal. Ich als ein Nichts dagegen hatte die Freiheit, das zu sein, was ich wirklich war, weil sich niemand um mich kümmerte.«

Der zwölfjährigen Alix gab die Erfahrung des Schikaniertwerdens die Kraft, sich Respekt zu verschaffen, ohne falsche Kompromisse eingehen zu müssen. »Ich habe gelernt, stets so zu sein, wie ich bin. Ich will, dass andere mich als die respektieren, die ich bin, nicht als die, die zu sein ich vorgebe.« Ruth, heute Mitte zwanzig, sagt: »Im Umgang mit anderen wurde ich aggressiver, weil ich mir alles erkämpfen musste. Und dadurch bin ich unabhängig geworden. Ich kann allein sein, ohne mich unsicher zu fühlen.«

Mädchen, die das Mobbing durch Freundinnen unbeschadet überstehen, schöpfen aus dieser Erfahrung neue Kraft und Stärke. Als erwachsene Frauen sind sie fähig, Beziehungen aus dem Weg zu gehen, die ihnen schaden. Sie haben gelernt, rechtzeitig zu erkennen, welche Menschen ihnen nicht gut tun.

Mädchen, die ihre Aggressionen offen ausleben, werden als unweiblich abgestempelt, wenn nicht mit schlimmeren Attributen belegt. Mädchen, die einer Minderheit angehören oder aus armen Verhältnissen stammen, stempelt man häufig als aggressiv, laut, als Störenfriede und als »hoch problematisch« ab. »Diese lauten schwarzen Mädchen«, so heißt es häufig abschätzig, wenn von afroamerikanischen weiblichen Jugendlichen die Rede ist. In einem Fragebogen, den Jill McLean Taylor und ihre Kolleginnen Mädchen aus einem städtischen Umfeld vorlegten, antworteten mehr als die Hälfte auf die Frage »Was bringt mich in Schwierigkeiten?«: »mein Mundwerk« oder »mein großes Mundwerk«, beinahe als »wiederholten sie eine Zauberformel, die ihnen eine höhere Macht eingeflüstert hat«.[51]

Balgereien zwischen Jungen werden zwar sanktioniert, aber eben doch als ganz normale Begleiterscheinung der männlichen Pubertät betrachtet. Wenn Mädchen raufen, wird dies als abweichendes Verhalten betrachtet. Hier wird mit zweierlei Maß gemessen – mit schwer wiegenden Konsequenzen. Den Mädchen wird die Botschaft vermittelt, dass ihre Aggressionen dann akzeptabler sind, wenn sie sie indirekt oder versteckt äußern. Körperlich aggressiv sind außerdem in weit größerem Maße Mädchen aus der Arbeiterschicht oder aus schwarzen Familien. Und dass sie unverhältnismäßig öfter bestraft werden, scheint das Stereotyp zu bestätigen, dass einzig und allein Mädchen aus diesem sozialen und ethnischen Umfeld die Regeln übertreten. Es überrascht daher nicht, dass Untersuchungen über farbige Mädchen oft darauf abzielen, hoch problematisches, abweichendes Verhalten oder soziale Probleme nachzuweisen.

Schwarze Mütter gelten in der amerikanischen Gesellschaft weithin als herrschsüchtige Tyranninnen, die den Ungehorsam ihrer Kinder durch ihre harten disziplinarischen Maßnahmen nur noch fördern. Das Unbehagen an weiblicher Stärke, an der Artikulation weiblichen Unmuts und weiblicher Aggressionen wird vor allem auf die schwarzen Frauen projiziert. Ihre Bereitschaft, ungeachtet der männlichen Präsenz die Stimme zu erheben, sich öffentlich zu verteidigen, für ihre Familie einzutreten und zu sagen, was sie denken und fühlen – all das scheint die sozialen und Geschlechterverhältnisse zu gefährden.

Das Wenige, was wir über die sozialen Beziehungen der Mädchen untereinander wissen, basiert meist auf Untersuchungen über weiße Mädchen aus der Mittelschicht. Auch bei meinen Recherchen war es nicht anders. Die große Bandbreite weiblicher Beziehungsmuster, die bei Afroamerikanern, bei anderen Ethnien und in den übrigen sozialen Klassen zu finden ist, wird häufig außer Acht gelassen.

Die Bereitschaft zur Selbstbehauptung und offenen Auseinandersetzung, die man bei manchen Mädchen aus Minderheitengruppen antrifft, ist das Gegenbild zu der indirekten Aggression, die in anderen Kapiteln dieses Buches beschrieben wird. Vielfach aber zeugt die Unerschrockenheit dieser Mädchen nicht von einem starken Selbstbewusstsein; sie wurzelt vielmehr in dem Gefühl, sich nur dann Gehör verschaffen zu können, wenn man zu körperlicher Gewalt oder verbalen Attacken greift. Ihre Direktheit hängt eng mit ihrer Rolle als soziale Außenseiterinnen zusammen und ist deshalb als Modell zur Überwindung der weiblichen Ohnmacht ungeeignet.

Dennoch können wir von diesen kampfbereiten Mädchen zweifellos etwas lernen, was uns bei der Entwicklung von Strategien zur Stärkung des weiblichen Selbstbewusstseins und damit zur Verhinderung aller Formen verdeckter weiblicher Aggression nützlich sein könnte. Je mehr wir über diese Mädchen wissen, je mehr wir auf das hören, was sie uns zu sagen haben, desto näher werden wir diesem Ziel kommen.

8

Eltern und Lehrer

Suzanne Cohen war unterwegs zur Sprechstunde bei der Lehrerin ihrer sechsjährigen Tochter, als sie plötzlich ein ungutes Gefühl überkam. Sie stand vor der Klassenzimmertür, bereit, sich über eine Mitschülerin ihrer Tochter zu beschweren, und »plötzlich wurde mir klar, dass ich drauf und dran war, dieses Kind als schrecklich intrigant, konkurrenzsüchtig und hinterhältig zu brandmarken. Eine Sechsjährige derart zu charakterisieren – man hätte mich für verrückt erklärt!«

Gut möglich. Wenn Mobbing nicht als Aggression gilt, werden Klagen über diese indirekte, soziale und relationale Form der Aggression mit Skepsis aufgenommen. Folglich machen Eltern, die sich gegen derartige Übergriffe zur Wehr setzen wollen, ähnlich zermürbende Erfahrungen wie ihre Töchter. Da keine verbindliche Sprache existiert, um diese Form der Aggression zu benennen, bleibt den Eltern gar nichts anderes übrig, als auf Reizworte wie »verlogen«, »hinterhältig« und »intrigant« zurückzugreifen. Die Tochter hat Angst, sich offen zu äußern und sich damit der Rache ihrer Mitschülerinnen auszusetzen, und auch die Eltern befürchten, als »hysterisch« oder »überbetulich« abgestempelt zu werden. Und sie zerbrechen sich oft insgeheim den Kopf darüber, welche Fehler sie gemacht haben könnten, die nun ihre Tochter auszubaden hat.

Das Verhältnis zu den Lehrern ist oft ein Problem, wie mir auch vier Mütter berichten, die sich regelmäßig in einem Café in Washington auf einen Plausch treffen.

»Als Mutter spürt man, was für eine ungeheure Macht die Lehrer über das Leben deines Kindes haben«, sagt Ellen. »Und natürlich möchte man die gute Beziehung zum Lehrer nicht aufs Spiel setzen.« Ihre Freundinnen nicken zustimmend. Christine ergänzt: »Ich glaube, Eltern haben Angst, dass die Lehrer ihren Unmut über das Verhalten der Eltern an den Kindern auslassen.« Beschwerden über verdeckte Aggressionen bei Mädchen werden häufig als Überreaktion gewertet, wo »so etwas« doch im Schulalltag vollkommen normal sei; darum scheuen sich viele Frauen, als »hysterische Mutter« dazustehen. Das oberste Gebot, so betonen die Frauen, lautet ruhig zu bleiben und sich bloß nicht aufzuregen.

Wenn es um Mobbing geht, stellt sich eine Frage, die allen Eltern vertraut ist, besonders dringlich: Wann und in welchem Maße soll ich zugunsten meines Kindes einschreiten? Die Antwort darauf sollte in erster Linie von dem Kind selbst abhängen: Ist es in der Lage, sich selbst zur Wehr zu setzen? Drohen ihm Gefahren, denen es noch nicht gewachsen ist? Viel zu oft jedoch richtet sich die Antwort nach den vermeintlichen Reaktionen anderer: Werden sich andere Eltern gekränkt fühlen? Wie wird die Schule reagieren – verständnisvoll oder mit Strafmaßnahmen gegen die eigene Tochter? Da in den meisten Schulen kaum Zeit bleibt, sich auch nur um die grundlegendsten Dinge, die nicht unmittelbar mit dem Lehrplan zu tun haben, zu kümmern, kann es recht mühselig werden, einen gestressten Lehrer dazu zu bringen, sich des Problems anzunehmen.

Eltern, die ihrer Tochter Gerechtigkeit verschaffen wollen, stoßen auf verschiedene Hindernisse. Verdeckte Formen der Aggression werden ignoriert und nicht ernst genommen. Meist wird verharmlost, oder man gibt sogar dem Opfer die Schuld. Ein Mädchen wurde zur psychologischen Beratung geschickt, obwohl ihr gar nichts fehlte. Man empfahl den Eltern eine teure Verhaltenstherapie für ihre Tochter, während in Wahrheit die Täterin Hilfe brauchte. Oder man zieht sich auf das Argument zurück, dass Aussage gegen Aussage steht. Kein Wunder, dass viele Eltern lieber den Mund halten.

Auch Scham spielt eine große Rolle. Dass sich die eigene Tochter in ihrem sozialen Umfeld nicht durchsetzen kann, ist für Eltern eine schmerzliche Erkenntnis. Jede Familie geht mit dem Problem auf andere Weise um.

Linda zum Beispiel kostet es große Überwindung, über ihr Gefühl der Scham zu sprechen. »Etwas nagte an mir, aber ich konnte es mir nicht eingestehen«, erzählt sie mir. »Es fällt mir schwer, es zu sagen, aber es ging mir immer wieder durch den Kopf. Zwar ließ ich es mir gegenüber meiner Tochter nicht anmerken, aber ich fragte mich insgeheim: ›Wie, meine Tochter ist nicht beliebt? Sie gehört nicht zu den coolen Kids?‹ Ich weiß natürlich, dass es nicht in erster Linie darauf ankommt. Aber man möchte doch, dass das eigene Kind keine Probleme hat.«

Und Suzanne Cohen, von der zu Beginn des Kapitels die Rede war, musste sich überwinden, nicht dem instinktiven Bedürfnis nachzugeben, die Sache zu verdrängen. Während sie auf die Lehrerin wartete, stellte sie sich vor, »jemand käme auf mich zu und sagte: ›Warum kann Hannah sich nicht selbst zur Wehr setzen? Warum bringen Sie ihr nicht bei, sich zu verteidigen? Warum lässt sie sich so behandeln?‹«

Das Problem für betroffene Eltern ist, dass Mobbing immer noch als ganz normale Stufe der kindlichen Entwicklung betrachtet wird. Wenn bei einem Kind eine Lernstörung diagnostiziert wird, können sich die Eltern an einen Spezialisten wenden. Ihnen wird versichert, dass sie an diesem Problem ihres Kindes keine Schuld tragen und dass auch die Störung selbst durchaus nichts Ungewöhnliches ist. Wenn das Kind rechtzeitig die richtige Therapie erhält und geeignete Hilfsmittel an die Hand bekommt, wird es bald bessere schulische Leistungen erzielen.

Ist ein Kind jedoch Opfer verdeckter Aggression, ist oft niemand da, der ihm helfen könnte. Da es keine Regeln gibt, an die man sich halten könnte, und keine Sprache, um den Kummer des Kindes zu artikulieren, wissen die Eltern, dass sie schlechte Karten haben. Suzanne formuliert es so: »Wenn ich zu viel Wirbel mache, heißt es: ›Mit Ihrer Tochter stimmt etwas nicht, wenn sie ihre Probleme nicht allein bewältigen kann. Warum geht sie ihrer Peinigerin nicht einfach aus dem Weg und vergisst die Sache?‹ Dann stehe ich da wie ein begossener Pudel.«

Schweigen ist für viele Familien zu einer zweiten Haut geworden. Man zeigt sich stets von der besten Seite, aber wenn es Probleme gibt, zieht man den Vorhang zu. Außenstehende machen insgeheim die Eltern für die Schwierigkeiten ihrer Kinder verantwortlich. Besonders Familien aus der Mittelschicht sind darauf bedacht, die sozialen, emotionalen und schulischen Probleme ihrer Kinder – insbesondere aber seelischen Schmerz – geheim zu halten. Eine Mutter drückt es so aus: »Wir haben Angst, dass unsere Kinder nicht perfekt sind. Dass ihre Probleme unsere mütterlichen Qualitäten spiegeln. Dass wir zu oft zu Hause sind oder zu selten. Es fällt immer auf uns zurück.«

Mit den heutigen Möglichkeiten, die eigenen Kinder groß herauszustellen, wächst auch der Wettbewerbsdruck der Eltern. Sie präsentieren sich als eine glückliche, kerngesunde Familie, sammeln Auszeichnungen ihrer Kinder und veranstalten glamouröse Geburtstagspartys. Über die Verzweiflung ihres Kindes zu sprechen, das von anderen drangsaliert wird, ist vielen Eltern jedoch nicht möglich. Margaret Kaplan sagt dazu: »Wenn ich jemandem anvertraue, was passiert ist, wer wird es dann noch alles erfahren? Die Geschichte wird die Runde machen und dabei verzerrt dargestellt werden. Dann heißt es womöglich: ›Ach, die Kaplans, die haben wohl Probleme? Wir kennen so etwas nicht. Wir sind perfekt. Wir leben wie im Bilderbuch.‹« Susan Sussman hat andere Eltern zwar mit Erfolg für die Einführung des Kunstunterrichts mobilisiert, aber über meinen Vorschlag, eine Gruppe zur Bekämpfung der verdeckten Aggression auf die Beine zu stellen, kann sie nur bitter lachen: »Völlig ausgeschlossen, dass ich ausgehend von den schlimmen Erfahrungen meiner Tochter eine Gruppe organisiere.«

Die einundvierzigjährige Susan Patterson erzählt mir, dass in Ridgewood schon der kleinste Vorfall Anlass zu Klatsch gibt. Als ihre Tochter von einer engen Freundin gemobbt wurde, beschloss sie, von nun an besser nichts mehr aus ihrem Familienleben nach außen dringen zu lassen. Mit dem Kummer ihrer Tochter an die Öffentlichkeit zu gehen, kann sie sich absolut nicht vorstellen: »In dieser Stadt wird über alles und jeden geklatscht. Die Leute können es morgens nach dem Aufwachen gar nicht erwarten zu erfahren, wer sich hat scheiden lassen oder wer mit wem ins Bett geht. So war das schon immer hier.« Sie hat ihre Tochter gedrängt, sich mit ihrer Peinigerin selbst auseinander zu setzen. »Ich wollte, dass aus ihr eine selbstständige Frau wird. Ich sagte mir immer, dass es doch gar nicht so schlimm sein könne, und ließ den Gedanken nicht zu, dass es tatsächlich schlimm war. Aber es war schlimm, sehr schlimm.«

Beim Thema Aggression richtet sich die Aufmerksamkeit auf die Täterinnen, auf ihre Opfer und die schweigenden Altersgenossinnen. Fernsehen und Kino hat man vorgeworfen, die Gewaltbereitschaft bei Kindern zu fördern. Das Dilemma der Eltern bleibt jedoch ausgeblendet. An die Eltern erinnert man sich häufig erst dann, wenn eine Geschichte ein besonders tragisches Ende genommen hat. Dann heißt es, sie hätten zu wenig, zu viel oder gar nichts getan.

In diesem Kapitel kommen fünf Mütter zu Wort. Sie sprechen über die Erfahrungen ihrer Töchter mit der verdeckten Aggression ihrer Altersgenossinnen und gehen der Frage nach, was die Lehrer oder die Lehrerin tun, um dem Problem zu begegnen.

Tadel

Patricia ist Leiterin einer kleinen Kinderbetreuungsstätte in Ridgewood. Ich besuche sie am Ende ihres Arbeitstages. Groß gewachsen und kräftig wie sie ist, wirkt sie patent in allen Lebenslagen, vom Schuhezubinden bis zum Rasenmähen. Ihre Stimme ist überraschend sanft und leise, und während sie spricht, schweift ihr Blick hinüber ans andere Ende des Raums, wo ein Mädchen ruhig spielend auf seine Mutter wartet. Wir sind beide groß, und als wir uns auf die Kinderstühle an den runden Tisch setzen, stoßen unsere Knie fast an die Brust. Sie grinst und zuckt die Achseln.

Patricia hätte nie erwartet, dass man sie in Ridgewood vier Jahre nach ihrem Umzug noch immer behandeln würde, als hätte sie soeben erst die Möbel ausgeladen. Als ihr Mann Ben hier eine Stelle als leitender Apotheker bekam, war die Familie sofort nach Ridgewood gezogen, mitten im Schuljahr der Tochter Hope, die die dritte Klasse besuchte.

Als Hope nach den Winterferien in die neue Schule kam, wurde sie von ihren Altersgenossinnen misstrauisch beäugt. Man sah in ihr eine Bedrohung der bestehenden Cliquen. Was wie eine vorübergehende Abwehrhaltung aussah, entwickelte sich zu einer schweren Form von Mobbing, das sich über Jahre hinzog. Hope wusste zwar, dass man sie deshalb bekämpfte, weil sie nicht in Ridgewood aufgewachsen war, aber mit der Zeit konnte sie sich des Gefühls nicht erwehren, dass sie selbst die Schuld trage.

In der fünften Klasse schloss sich Hope einer Gruppe von Mädchen aus der Kirchengemeinde an, mit denen sie im Chor sang und die Sonntagsschule besuchte. In der Schule sagte die Anführerin dieser Clique oft zu Hope, sie solle sich verziehen, oder machte giftige

Bemerkungen über Hopes Aussehen und Verhalten. Als Patricia ihre Tochter fragte, warum sie sich nicht von der Gruppe trenne, antwortete Hope, wenn sie zusammen in der Kirche seien, sei es besser.

Eines Tages in der sechsten Klasse teilte eines der Mädchen Hope mit, die Gruppe habe ihr die Freundschaft aufgekündigt. Mehrere Wochen lang behandelten die Mädchen Hope wie Luft. »Man ließ sie einfach links liegen«, erzählt Patricia mit Tränen in den Augen. »Jeden Tag kam sie weinend aus der Schule nach Hause. ›Sie mögen mich nicht mehr. Sie wollen nicht mehr meine Freundinnen sein. Was soll ich bloß machen? Was stimmt nicht mit mir?‹ Was meinen Sie dazu?«, fragt sie flehend.

»Was haben Sie denn gemacht?«, frage ich.

»Es war damals für meine Tochter eine schwierige Zeit«, antwortet Patricia und räuspert sich, um die Fassung wiederzugewinnen. »Es hatte, glaube ich, auch mit ihrer Entwicklung zu tun. Sie bekam ihre Tage und so weiter, und damit kamen auch sehr viele Emotionen hoch.« Während ich ihr so zuhöre, frage ich mich, ob Patricia von den Gründen für den Schmerz ihrer Tochter ablenken will.

Patricia fragte ihre Tochter, ob an den kritischen Bemerkungen ihrer Clique etwas Wahres sei. »Ich habe sie gefragt, ob es etwas an ihr gäbe, das sie selbst gern ändern möchte.« Hope fand mit Mühe einige solche Punkte und meinte dann, sie wisse nicht, was sie sonst noch tun könne. Ich will von Patricia wissen, ob sie der Meinung war, dass Hope tatsächlich etwas an sich hätte ändern sollen.

»Hope ist sehr extrovertiert«, erwidert Patricia beinahe entschuldigend. »Sie ist ungeheuer temperamentvoll. Und sie kann albern sein. Besser kann ich ihren Charakter nicht beschreiben. Aber ich könnte mir vorstellen, dass sie anderen damit auf die Nerven gegangen ist. Es kann schon sein, dass sie andere nervös gemacht hat und dass sie ihrer überdrüssig geworden sind. Sie selbst hatte das Gefühl, sie sollte etwas ruhiger werden, wissen Sie, nicht mehr so ausgelassen und vorlaut sein.« Da Patricia für die Schikanen, die ihre Tochter erleiden musste, keine plausible Erklärung hatte, suchte sie die Schuld bei ihr. Sie bat Hope, sich andere Freundinnen zu suchen. Hope wollte davon nichts wissen, es seien schließlich ihre einzigen Freundinnen.

»Ich wäre am liebsten zu diesen Mädchen gegangen und hätte gesagt: ›Wisst ihr eigentlich, was ihr da macht?‹ Ich hätte am liebsten mit ihren Müttern gesprochen, aber dann dachte ich: ›Du kennst ja nur die eine Seite.‹ Ich vertraue Hope und bin sicher, dass sie ehrlich zu mir ist, aber man kann doch nicht davon ausgehen, dass das eigene Kind ohne Fehl und Tadel ist. Wenn ich das Gefühl gehabt hätte, Hope würde wirklich sehr leiden oder in Depressionen verfallen, dann hätte ich wahrscheinlich anders reagiert«, meint Patricia. »Man sagt sich ja immer: Das gehört halt zum Leben. Man muss lernen, mit anderen Leuten umzugehen, die einen nicht immer fair behandeln.« Damit bringt Patricia eine weit verbreitete Haltung gegenüber der verdeckten Aggression zum Ausdruck, obwohl sie mit hängenden Schultern vor mir auf dem Kinderstuhl sitzt, gegen die Tränen ankämpft und mit dem, was sie mir erzählt, ihre eigenen Worte Lügen straft.

Als ich wissen will, was sie denn am liebsten getan hätte, seufzt sie und sieht mich mit großen Augen an. »Ich hätte die Mütter einladen und bei einer Tasse Kaffee oder so mit ihnen reden sollen. Sodass sie sich nicht bedroht fühlen, wissen Sie. Ich würde nicht wollen, dass sie denken, ich hielte mein Kind für etwas Besseres. Wenn wir das damals alles besprochen hätten, wäre es jetzt leichter für die Mütter. Sie würden mich besser verstehen.«

Patricias Angst, die anderen Mütter zu verärgern, hinderte sie daran, sich für Hope aktiv einzusetzen, und führte dazu, dass sie versuchte, Hopes Qualen zu rationalisieren. Für die meisten Frauen, mit denen ich sprach, spielte die Angst vor der Reaktion der anderen Mütter eine große Rolle. Das erste ungeschriebene Gesetz des Elternseins lautet, wie ich jetzt erfuhr, dass niemand sich vorschreiben lassen will, wie er sein Kind erzieht. Das zweite Gesetz lautet: Wenn man ein fremdes Kind kritisiert, handelt man sich Probleme ein. Viele Eltern betrachten Kritik am Verhalten ihres Kindes als versteckten Angriff auf die eigene Erziehung.

Die meisten Eltern von Mobbingopfern sagen, sie würden sich nie »mit anderen Eltern anlegen«. Insbesondere Mütter scheuen eine direkte Auseinandersetzung. In kleineren Orten mit einem engen sozialen Umfeld ist der Preis dafür zu hoch. Denn die Mütter sind oft Kolleginnen, übernehmen gemeinsam ehrenamtliche Aufgaben in Kirche und Schule, laufen sich ständig über den Weg und sind oft sogar miteinander befreundet; häufig gibt es zwischen den Vätern geschäftliche Beziehungen, und so ist es unter Umständen schwierig, die Eltern anzusprechen, ohne dass sich negative Auswirkungen weit über den eigentlichen Konflikt hinaus ergeben.

Die Täter-Opfer-Dynamik springt bisweilen von den Mädchen auf die Mütter über, und dann entsteht eine zweite Ebene der indirekten Aggression. Eltern von Peinigerinnen stellen sich natürlich schützend vor ihre Töchter, und besonders dann, wenn die Töchter ihre Angriffe heimlich, still und leise führen, weisen sie alle Vorwürfe kategorisch zurück. Die Mutter, die es schüchtern wagt, sich zu beschweren, wird dann manchmal selbst Opfer von Schikanen und Übergriffen, weil man sie zum Schweigen bringen will.

Jills Pein löste bei ihrer Mutter Faye die Erinnerung an ihre eigenen Erfahrungen in der ersten Highschool-Klasse aus, als ihre beste Freundin sie eines Tages fallen ließ. Faye sah sich durch die Erfahrungen ihrer Tochter in ihrer Theorie bestätigt, dass Gemeinheiten unter Mädchen weit verbreitet sind. Jill hatte sich grundlegend verändert, seitdem sie von ihrer besten Freundin mal ignoriert, dann wieder umworben wurde. »Vorher war sie ein sehr, sehr glückliches Kind«, erzählt Faye. »So unbeschwert. Alles fiel ihr in den Schoß.« Mit Beginn der Schulzeit zog Jill sich immer mehr zurück. Als ihre allerbeste Freundin sie fallen ließ »wie eine heiße Kartoffel«, schwand ihr Selbstwertgefühl. Jetzt, in der fünften Klasse, hat sie eine neue beste Freundin gefunden, aber die ist nur dann nett zu ihr, wenn sie beide allein sind. Faye hat sich vorgenommen, sich nicht einzumischen. Es hat keinen Sinn, denkt sie, mein Kind vor dieser Erfahrung schützen zu wollen. Sie wird auf Schritt und Tritt damit konfrontiert.

Diesmal war die Peinigerin die Tochter ihrer eigenen Freundin, Faye zufolge eine starke Frau, die alles im Griff haben möchte und einen großen Bekanntenkreis hat. Deshalb hat auch ihre Tochter viele Freundinnen. »Die Freundschaft unserer Töchter ist schon mal ein Thema«, meint Faye, »aber ich kann ihr doch nicht sagen, dass ihre Tochter ein gemeines Luder ist.« Da Jill auch mit anderen Freundinnen Probleme hat, glaubt die Mutter, es liege an Jills geringem Selbstwertgefühl, dass sie immer wieder zum Opfer auserkoren wird. »Wenn du dich nicht wohl fühlst in deiner Haut und wenn das die anderen merken und sehen, dass eine dich nicht leiden kann, dann werden dich auch die anderen nicht mögen.«

Als ich wissen will, ob sie je daran gedacht habe, den Kummer ihrer Tochter in der Schule zur Sprache zu bringen, wehrt sie ab. »Dann hätten die anderen Mütter einander angerufen und gefragt, was los sei. Ich bin nicht einmal auf die Idee gekommen. Aber jetzt frage ich mich, ob ich nicht doch etwas hätte sagen sollen. Hätte ich mich nicht doch erkundigen sollen, was wirklich vor sich geht? Denn damals, bei mir, hat sich meine Mutter überhaupt nicht darum gekümmert. Und schließlich, wissen Sie, muss man doch die Relationen sehen: Wenn man sich vor Augen hält, was es für schreckliche Schicksale gibt – eine tödliche Krebserkrankung zum Beispiel ... Sie wird älter werden und eine gute Freundin finden. Dann wird alles gut.«

Nachdem Faye minutenlang versucht hat, die Qualen ihrer Tochter herunterzuspielen, überwältigt sie am Ende unvermittelt die Hoffnungslosigkeit: »Das wird sie ihr Leben lang nicht mehr los. Genau wie ich«, sagt sie.

Angst

An einem eisigen Vormittag im Februar fahre ich im Schritttempo eine verstopfte Straße in Washington entlang. Ich bin zum Mittagessen und zum Interview mit der Frau eines Freundes verabredet, die ich seit Jahren nicht mehr gesehen habe. Während ich in die unterirdische Parkgarage fahre, fällt mir ein, dass Melissa in Begleitung ihrer Mutter kommen wird, die gerade bei ihr zu Besuch ist.

Ich betrete das Restaurant und sehe Melissa schon mit Einkaufstüten bepackt an der Bar stehen. Sie hat etwa mein Alter, trägt glänzende braunen Locken und zeigt ein breites, freundliches Lächeln. Barbara, eine untersetzte Frau mittleren Alters mit lockigem, grau melierten Haar, steht neben ihrer Tochter. Die beiden begrüßen mich herzlich, und nachdem wir uns gesetzt haben, vertieft sich Barbara sofort in die Speisekarte.

Wir bestellen Cola light und Salate, und dann fängt Melissa an zu erzählen.

»Ich muss sagen, dass es für mich ungeheuer wichtig war, beliebt zu sein«, sagt sie, als wolle sie ein beschämendes Bekenntnis loswerden. »Ich gehörte immer zur Clique der Beliebten. Alle dachten, ich sei mit dieser Gruppe total eng befreundet. Alle, ausnahmslos alle waren überzeugt, ich gehöre dazu. Die Wirklichkeit«, fügt sie rasch hinzu, »sah anders aus.«

Camille war schon immer ihre beste Freundin gewesen. Sie wohnte in ihrer Nachbarschaft, und sie nahmen gemeinsam an zahlreichen Aktivitäten – Schwimmen, Gymnastik, Ballett, Fußball, Hebräischunterricht – teil, auch weil es so praktisch war, dass sie gemeinsam abgeholt werden konnten. Auch wenn sie nichts Besonderes vorhatten, war Melissa nach der Schule oft bei Camille zu Hause.

Camille war ein hübsches, gewinnendes Mädchen. Wenn sie einen Raum betrat, stand sie sofort im Mittelpunkt. Und obwohl sie dadurch viele Mädchen zum Spielen hatte, fühlte sich Melissa stets in Camilles Schatten. Sie quälte sich mit dem Gedanken herum, ob sie nicht zu groß, zu unattraktiv und nicht selbstsicher genug sei. Wenn Melissa einen Jungen mochte, schwärmte der für Camille. Wenn Camille mit Jungs zusammen war, verhielt sie sich kindisch und albern und ignorierte Melissa. Im Hebräischkurs ließ Camille Melissa links liegen, sobald ein beliebteres Mädchen aus einer anderen Schule in der Nähe war.

Camille war auch eng mit Nicola befreundet, die im Haus gegenüber wohnte, und sobald die beiden zusammen waren, belogen sie Melissa in einer Tour. Wenn Melissa Camille fragte, was sie heute vorhabe, lautete die Antwort immer: »Ach, ich weiß noch nicht.« Melissa ließ sich aber davon nicht abschrecken und besuchte Camille trotzdem andauernd. Einmal, als sie mit dem Fahrrad unterwegs zu Camilles Haus war, sah sie von weitem, wie Camille und Nicola auf dem Pflaster der Einfahrt mit Kreide malten. »Wir haben uns grade eben erst getroffen«, sagte Camille. »Wir hatten keine Ahnung, dass du auch kommen willst.« Melissa hatte das Gefühl, »Camille in ihren Gemeinheiten nie zu fassen zu kriegen, weil sie so gerissen vorging«.

Im siebten Schuljahr wurde Melissas Klasse geteilt, und Melissa wurde von allen ihren Freundinnen getrennt, bis auf Camille und Nicola. Damit veränderte sich das soziale Gleichgewicht grundlegend. Im Oktober hatten die beiden Mädchen Melissa endgültig den Rücken gekehrt.

»Sie haben mich praktisch fallen lassen, aber sie machten es sehr raffiniert«, sagt Melissa und rührt in ihrer Cola. »Sie haben mich einfach nicht mehr eingeladen, nach der Schule gemeinsam etwas zu unternehmen. Sie haben mich nicht mehr in ihre Pläne eingeweiht. Es war schrecklich. Sie haben mir das Leben zur Hölle gemacht.«

Aber die Illusion ihrer Freundschaft blieb bestehen. Nur ein sehr geübter Beobachter hätte die Wahrheit erkannt. »Camille war zu allen nett und sagte nie ein böses Wort. Sie wich mir einfach nur geschickt aus, sehr raffiniert.« Melissa saß also weiterhin mit den beiden beim Mittagessen in der Cafeteria, obwohl sie nicht mit ihr redeten. Sie begleitete sie auf die Toilette, obwohl Camille einmal herumwirbelte und Melissa anfuhr: »Wann hörst du endlich auf, uns ständig nachzulaufen?« Wenn Melissa im Kino saß und beobachtete, wie die beiden die Köpfe zusammensteckten, hätte sie sich am liebsten unter dem Sitz verkrochen.

»Ich war sehr gesellig, sehr aufgeschlossen. Es war eine traumatische Erfahrung. Jeden Abend kam ich weinend nach Hause. Aber andererseits fühlte ich mich gezwungen, in der Gruppe zu bleiben«, sagt Melissa.

Melissa wurde »hellhörig für das, was andere redeten. Ich weiß noch, dass ich alles Mögliche tat, um Gespräche zu belauschen. Ich spionierte ihnen hinterher. Ich wurde eine richtig gute Detektivin.«

»Ähm«, macht sich Barbara bemerkbar und räuspert sich. Ich hatte ganz vergessen, dass sie mit am Tisch sitzt. Sie zupft an der Serviette unter ihrem Colaglas herum und starrt auf die Zitronenscheibe, die an der Oberfläche schwimmt. »Um ehrlich zu sein«, sagt sie, den Blick noch immer gesenkt, »ich habe Melissa in ihrer Freundschaft zu Camille bestärkt. Ich dachte, es wäre schön, wenn sie eine jüdische Freundin hätte.«

Melissa sieht ihre Mutter flüchtig an, als wolle sie sagen: »Ach ja, wie schön.« Dann bricht es aus ihr heraus: »Ich bin oft allein von der Schule nach Hause gegangen. Ich fühlte mich sehr, sehr einsam. Unsicher. Und hässlich. Ich lag auf meinem Bett und dachte schreckliches Zeug, zum Beispiel, dass es niemandem etwas ausmachen würde, wenn ich ...« Sie hält inne. »Ich dachte, wie schrecklich ich doch sein musste, dass mich meine Freundinnen hassten«, fährt sie kopfschüttelnd fort. »Ich dachte: Du meine Güte, du bist zu nichts zu gebrauchen. Dir fällt nie was Originelles ein. Alle finden dich langweilig. Du bist der langweiligste Mensch überhaupt. Alles Negative, was man über sich selbst denken kann, ging mir durch den Kopf.«

»Du hast es ausgezeichnet überspielt«, sagt Barbara. »Wenn du jetzt darüber sprichst, möchte ich am liebsten weinen.« Und noch bevor ich mich umdrehen kann, um Melissas Reaktion zu beobachten, ist Barbara aufgestanden und umarmt ihre schluchzende Tochter. Barbara laufen die Tränen herunter.

»Es geht mir ja gut«, schnieft Melissa. »Ich bin mir meiner Gefühle sehr genau bewusst. Ich habe meine Lektion gelernt. Ich habe wirklich begriffen, worauf es mir ankommt.«

Barbara kehrt zu ihrem Platz zurück. Unser Essen ist gekommen, und Melissa wischt sich die Tränen aus den Augen. Ich warte und versuche locker zu wirken, um Peinlichkeit gar nicht erst aufkommen zu lassen. Barbara seufzt und sieht mich an: »Wenn Melissa darüber spricht, tut mir das sehr weh. Ich glaube, ich wollte es einfach nicht an mich herankommen lassen. Es fällt mir schwer, meinen Gefühlen auf den Grund zu gehen.« Sie hält inne, als es für einen Augenblick an der Bar lauter wird. »Denn ich habe das Gefühl, dass ich daran schuld bin.«

Barbara war als Kind übergewichtig und hatte kaum Freundinnen. Sie bekam die Gemeinheiten der anderen Mädchen gewaltig zu spüren. Die Erinnerung an das Bild ihres massigen Körpers neben den schmächtigen Figuren der anderen Mädchen macht ihr heute noch zu schaffen. Sie sieht ihre Tochter traurig an. »Ich wollte nicht, dass meine Tochter diesen Kummer erlebt.« Als Melissa geboren wurde, nahm sich Barbara vor, alles zu tun, damit ihre Tochter beliebt sei. Später »forderte ich sie auf, mit den Kindern in der Nachbarschaft Freundschaft zu schließen ... Ich habe sie diesen Leuten richtiggehend in die Arme getrieben.«

Ich stelle die unvermeidliche, peinliche Frage, ob sie gewusst habe, was ihre Tochter durchmacht.

»Ja«, sagt sie. Melissa blickt auf. »Ich fühlte mich menschlich so unzulänglich. Ich kam mir so hässlich und plump vor. Als ich dann selbst ein Kind hatte, kamen alle meine alten Ängste und Unsicherheiten wieder hoch. Ich musste mir immer vorsagen: *Melissa ist ein anderer Mensch als du. Melissa ist ein anderer Mensch als du.* Die Erinnerungen an meine eigene Kindheit wurden wach. Und ich wollte nicht, dass sie dasselbe durchmacht wie ich. Ich wollte, dass sie glücklich ist. Ich wollte, dass sie beliebt ist.«

Barbara hatte Camilles Mutter Iris im Schwimmbad kennen gelernt, als die Mädchen noch klein waren. Mit vier reizenden Kindern und ihrer aufgeschlossenen Art verkörperte Iris für Barbara all das, wonach sie selbst sich immer gesehnt hatte. Aber, so erinnert sie sich, »Iris konnte auch sehr intrigant sein«. Barbara bewunderte diese Frau, die es schaffte, vier so entzückende Kinder großzuziehen, und wollte irgendwie davon profitieren. »Wenn Melissa Camillas Freundin wäre, würde sie einen guten Einfluss auf sie ausüben«, so ihre Überlegung. »Dabei brauchte Melissa gar niemanden, der einen guten Einfluss auf sie ausübte.«

»Haben Sie Iris gegenüber jemals erwähnt, wie Camille Melissa behandelt hat?«, will ich wissen.

»Ich habe versucht, mit ihr darüber zu reden«, murmelt Barbara. »Iris konnte furchtbar nett sein, aber sie tratschte auch gern.« Nach kurzem Zögern fügt sie hinzu: »Ich hatte das Gefühl, Iris' Hilfe zu brauchen, um eine gute Mutter zu sein. Wenn ich noch einmal die Chance hätte ... wenn ich noch einmal dreißig wäre, würde ich es ganz gewiss anders machen. Ich würde Melissa nicht zu bestimmten Dingen drängen.« Damals jedoch suchte Barbara die Schulpsychologin auf, die empfahl, Melissa zu einer Therapie zu schicken. Die Therapeutin sagte Barbara, ihrer Tochter fehle nichts.

»Du hast mich immer gefragt, was ich vorhabe, was Camille und Nicola tun und warum ich nicht mit ihnen spiele. Du hast mir keine Ruhe gelassen.« Sie wendet sich mir zu. »Meine Mutter hat mir zugesetzt«, sagt sie. »Ich möchte nicht, dass du dich schlecht fühlst«, fährt sie zu ihrer Mutter gewandt fort, »aber so war es.«

»Das weiß ich selbst«, sagt Barbara.

»Ich mache dir deswegen keine Vorwürfe«, sagt Melissa. »Aber obwohl du mir immer Mut gemacht hast, hatte ich zeitweise das Gefühl, ich würde mit Camille und Nicola verglichen und nicht gut dabei abschneiden.« Einmal, erinnert sich Melissa, saß sie mit ihrer

Mutter in einem Café und entdeckte dort Camille mit einer neuen Frisur. »Du hast mich zum Friseur gebracht, weil du wolltest, dass ich aussehe wie sie«, sagte Melissa zu ihrer Mutter.

»Du wolltest doch zum Friseur«, sagt Barbara.

»Nein«, beharrt Melissa, »unmittelbar nachdem wir Camille gesehen hatten, hast du mich zum Friseur gebracht.«

Barbara und Melissa hatten bis zu diesem langen Mittagessen in Washington nie über diese Dinge gesprochen. Als ich sie so beobachte, weiß ich, dass diese Begegnung mich voranbringen wird. Barbaras Geschichte zeigt, wie wichtig es ist, dass Eltern sich bewusst werden, welche Rolle sie selbst im Beziehungsgefüge ihrer Tochter spielen. Barbara und Melissa haben mir auch geholfen zu erkennen, wie hilfreich die ehrliche Kommunikation zwischen Eltern und Kindern ist. Es geht nicht nur darum, dass die Eltern ihren Kindern die Tränen trocknen und ihnen aufmunternd auf die Schulter klopfen. Barbara hätte das Leben ihrer Tochter grundlegend verändern können, wenn sie bereit gewesen wäre, mit ihr über ihre eigene Verletzlichkeit und ihren eigenen Schmerz zu sprechen, die ja der Grund dafür waren, die Tochter in schädliche Freundschaften zu drängen. Für Melissa war ihre Mutter unangreifbar, und das verstärkte ihr Gefühl, eine Versagerin zu sein, nur noch mehr.

Barbara hatte es sich zum Ziel gesetzt, Melissa um jeden Preis die soziale Anerkennung zu verschaffen, die ihr selbst versagt geblieben war. Doch häufig werden Entscheidungen nicht so bewusst gefällt. Es gehört wohl zur menschlichen Natur, dass wir unwissentlich unsere eigenen Fehler wiederholen und als unseliges Vermächtnis ausgerechnet an die Menschen weitergeben, die wir am meisten lieben.

Generationen

Donna und Tracy Wood lerne ich über eine Freundin aus dem College kennen, und ich spreche mit Mutter und Tochter, die beide in North Carolina wohnen, getrennt am Telefon. Fünfzehn Jahre nachdem Tracys Leidensweg zu Ende war, erzählen mir die beiden

Frauen ihre Geschichte. Die Übereinstimmung zwischen ihren beiden Versionen ist geradezu unheimlich, und beide sprechen mit großer Offenheit.

Tracy verbrachte ihre ersten Lebensjahre auf einer großen Farm in der Nähe von Raleigh, wo sie meist mit ihrem Bruder und ihren Ponys spielte. Nach der Scheidung ihrer Ehe bekam Donna das Sorgerecht und zog mit den beiden Kindern in die Stadt. Sie hatte dort eine Menge Freundinnen, fürsorgliche und resolute Frauen, die Leben in das neue Zuhause brachten und Tracy verhätschelten. Manchmal war Tracy auch bei ihrem Vater, und niemand wusste, wie sehr diese Besuche sie belasteten. Denn ihr Vater verhielt sich sehr widersprüchlich, mal zeigte er ihr seine Zuneigung, dann beachtete er sie nicht oder schlug sie sogar.

In der vierten Klasse verblüffte Tracy ihre Lehrer damit, dass sie binnen einer Woche ihr Mathematik-Arbeitsbuch durchgearbeitet hatte. Prompt wurde sie in die nächste Klasse versetzt. Gleich am ersten Tag ließen die anderen Mädchen sie in der Mittagspause nicht mit an ihrem Tisch sitzen und gifteten sie an, sie sei ja in Wirklichkeit gar keine Fünftklässlerin.

Tracy beim Mittagessen auszugrenzen wurde für die beliebte Mädchenclique schon bald zu einem Zeitvertreib. Die gesamte Mittelstufe hindurch wurde sie in die Rolle der Außenseiterin gedrängt; sie bekam zu hören, dass sie dumm sei, dass über ihre Witze keiner lachen könne und dass sie sich unmöglich kleide. Sie wurde verspottet, weil sie keinen BH trug – dabei war sie mit zehn noch flach wie ein Brett. Eines Tages hörte Tracy in der Toilette, wie die Anführerin der Clique ihre einzige Freundin davor warnte, sich weiter mit ihr abzugeben. Am nächsten Tag zeigte diese Tracy die kalte Schulter. In den Sommerferien freundete sich Tracy mit einem beliebten Mädchen an, das in einem Reitstall in der Nähe reiten ging. Als im September die Schule anfing, tat dieses Mädchen so, als kenne sie Tracy nicht.

Tracy litt jahrelang still vor sich hin. »Ich erinnere mich an jeden einzelnen Tag«, sagt sie zu mir. »Es war grauenhaft. Keiner mochte mich. Ich konnte es niemandem recht machen. Für alles wurde ich verspottet. Niemand hatte Mitgefühl oder besaß die Reife zu sagen: ›Hört auf! Das ist nicht in Ordnung!‹ – nicht einmal die Lehrer.«

Als sie in der achten Klasse war, unterhielt sich Tracy einmal mit ihrer Mutter; sie waren auf das Thema Mut im Allgemeinen gekommen. Tracy sagte plötzlich: »Du weißt ja gar nicht, wie viel Mut es mich kostet, jeden Tag in die Schule zu gehen.«

Donna fragte erstaunt nach. Tracy erwiderte: »Die Mädchen lassen mich nicht neben sich sitzen.« Donna war entsetzt. Seit Jahren hatte sie sich regelmäßig in der Schule über die Fortschritte ihrer Tochter informiert. »Keiner in dieser kleinen Privatschule«, sagt sie – und noch nach fast zwanzig Jahren ist ihr Zorn deutlich zu spüren –, »hatte sich die Mühe gemacht, mir zu sagen, dass mein Kind in den Pausen allein sitzen musste. Ich war außer mir.«

Jetzt, da ihr ihre Tochter das Geheimnis verraten hatte, nahm Donna an, sie wäre froh, die Schule zu wechseln. Das war nicht der Fall.

Tracy war schon so lange einem Wechselbad von Freundlichkeit und Grausamkeit ausgesetzt gewesen, dass sie dem Teufelskreis nicht mehr entkam. Vergeblich versuchte sie immer wieder aufs Neue, sich ihre Peinigerinnen gewogen zu machen. An manchen Tagen zeigte sich ein Hoffnungsschimmer: Man schenkte ihr einen freundlichen Blick, der Tag verging ohne Hänseleien oder Spott, und sie standen zusammen am Brunnen und lachten einvernehmlich. Das erschien Tracy bereits als genug. »Ich dachte«, sagt sie zu mir, »es ist so, wie es ist, und es liegt an mir, es zu ändern. Irgendwann war ich sicher, dass ich das Unwahrscheinliche schaffen würde, dass ich sie für mich gewinnen und alles bekommen würde, was man sich in diesem Alter eben so wünscht.« Die flüchtigen Augenblicke der Freundlichkeit und ab und zu ein gutes Wort hielten Tracy bei der Stange, und ihre Mutter hatte gegen eine widerstrebende Tochter zu kämpfen, die sich weigerte aufzugeben.

Doch irgendwann war Tracy mit ihrer Kraft am Ende und verfiel in eine Depression. Bestimmt drei Tage in der Woche hatte sie Migräne und konnte nicht zur Schule gehen, und gegen die Schmerzen musste sie ein starkes Mittel einnehmen.

Und dann kam der Sonntagabend vor dem Montag, an dem sie wieder in die Schule musste. »Und plötzlich dachte ich«, sagt Tracy, »dass ich lieber sterben wollte, als in die Schule zurückzugehen.«

Tracy stellte den Wecker auf Mitternacht, stand auf und ging die Treppe hinunter. Sie holte sich ein paar Messer aus der Küche. »Es hat nur ein bisschen wehgetan«, sagt sie. »Ich legte mich hin und schlief ein, und als ich am nächsten Morgen aufwachte, war mein erster Gedanke, dass ich nicht einmal das geschafft hatte.« Tracy kam für mehrere Wochen ins Krankenhaus. Keine ihrer Klassenkameradinnen besuchte sie.

Donna sagt über die schwere Depression ihrer Tochter: »Ich spürte, wie hilflos und verzweifelt sie war. Sie hatte einen feinen Sinn für Humor und einen beißenden Witz. Davon war nicht mehr viel übrig. Und ich dachte: Was ist bloß mit meinem Kind passiert? Es war, als verschwände sie langsam. Sie wurde so depressiv – ich erkannte sie kaum mehr wieder. Sie sagte mir, ich könnte noch so liebevoll versuchen sie zu trösten, ich hätte trotzdem keine Ahnung, wie sie wirklich war – nämlich nicht klug, nicht hübsch und todlangweilig.« Donna überkam das Gefühl völliger Hilflosigkeit, weil es ihr nicht gelang, ihre Tochter aufzumuntern. »Manchmal hätte ich sie am liebsten geschüttelt. Sie war kaum mehr ansprechbar und verstummte fast völlig. Sie saß da und war vollkommen in ihrer Gefühlswelt gefangen.«

Nach einer mehrjährigen Therapie wurde Tracy klar, dass ihre standhafte Weigerung, die Schule zu wechseln, mit der Beziehung zu ihrem Vater zu tun hatte. »Ich glaube, das widersprüchliche Verhalten meines Vaters – einmal war ich sein Ein und Alles, dann wieder beachtete er mich gar nicht – hatte zur Folge, dass ich ständig versuchte, andere für mich zu gewinnen, die gar kein Interesse an mir hatten«, sagt sie. »Und ich hatte das Gefühl, wenn ich nur gut genug wäre oder die richtigen Jeans anhätte, wäre alles wieder okay.« Nach all den Jahren kann es Tracy noch immer nicht fassen, wie sehr sie ihren Schmerz selbst mitverschuldet hatte. »Ich hatte überhaupt kein Gefühl dafür, wie verworren die ganze Situation war«, sagt sie.

Donna glaubt, dass ihr eigenes duldsames Verhalten gegenüber ihrem gewalttätigen Ehemann Tracy das Gefühl vermittelt hat, man könne sich an alles gewöhnen, auch an großen seelischen Schmerz. »Tracy war in einer von Übergriffen geprägten Beziehung gefangen, die sie nicht verlassen wollte«, sagt Donna. Sie selbst hatte Jahre gebraucht, um die traumatischen Erfahrungen ihrer Ehe zu bewältigen. Viele Freunde hatten sich nach ihrer Scheidung von ihr abgewandt, und sie musste allein zwei Kinder großziehen, mit wenig

Geld und selbst alkoholabhängig. Donna macht sich keine Illusionen darüber, warum sie damals nicht sehen wollte, was sich vor ihren Augen abspielte: »Ich hatte das, was ich und meine Kinder erlebt hatten, noch immer nicht verkraftet. Ich hatte mit meinen eigenen Problemen zu tun.« Sie reagierte auf Tracys Probleme mit versteckter Wut, Frustration und Angst – Gefühlen, die aus ihren eigenen traumatischen Erfahrungen herrührten.

Manchmal übertragen die Eltern die Dynamik ihrer eigenen Beziehungen auf das Kind. Immer wieder wird betont, dass sich Mädchen mit der fürsorglichen mütterlichen Rolle identifizieren. Doch wie wir gesehen haben, ist es sehr gefährlich, wenn Beziehungen zum Dreh- und Angelpunkt des Lebens werden. Mädchen, die um jeden Preis an zerstörerischen Freundschaften festhalten, ähneln in verblüffender Weise Menschen wie Donna, die eine gewalttätige Partnerbeziehung hinter sich haben. Töchter können von ihren Müttern viel Gutes lernen – aber auch, an Beziehungen festzuhalten, die für sie längst gefährlich geworden sind.

Hilflosigkeit

Ich spreche mit Elaine und ihrer Tochter Joanna über Joannas Schwierigkeiten mit Amy. »Ich muss Ihnen sagen«, beginnt Elaine und stützt ihren Ellbogen aufs Knie, »dass es wahnsinnig hart für mich ist, das zum zweitenmal durchzumachen. Mich selbst hat meine beste Freundin verraten. Sie war wirklich meine allerbeste Freundin. Ich weiß genau, wie sich Joanna fühlt, und ich weiß, dass ich da nicht viel machen kann. Es ist schlimm genug, so etwas zu erleben, aber mit ansehen zu müssen, wie das eigene Kind so etwas durchmacht – das ist das Schmerzlichste überhaupt.«

Sie sieht ihre Tochter an, bevor sie fortfährt: »Angesichts dessen, was Joanna erleiden musste, fühlte ich mich so hilflos und ohnmächtig, so verletzt. Ich kann nichts sagen, um es besser zu machen. Man möchte doch seine Kinder beschützen, das ist das Mindeste, und man möchte das Beste für sie tun.«

Dass sie nicht in der Lage ist, ihrer Tochter zu helfen, ist für sie schrecklich. »Man ist die Mutter, man sollte doch eigentlich alles wieder richten können«, sagt Elaine, »auch wenn man weiß, dass das vernünftig betrachtet unmöglich ist. Aber emotional gesehen möchte man das. Mir gingen wirklich die Augen auf, als ich einsehen musste, dass ich sie nicht beschützen konnte.«

Schmerz ist vielleicht die am tiefsten empfundene Reaktion einer Mutter, wenn ihrem Kind von Außenstehenden Leid zugefügt wird. Aber die Mütter, deren Töchter von ihren Altersgenossinnen seelisch gequält werden, berichten auch von heftigen negativen Gefühlen gegenüber ihrer Tochter, darunter Wut und Enttäuschung.

Wie kann es sein, fragt sich eine Mutter, dass mein Kind die ganze Woche lang von ihrer besten Freundin auf so grausame Weise behandelt wird und sich dann am Freitagabend freudig auf den Weg macht, um bei ihr zu übernachten, als sei nichts geschehen? Sie hat weinend in meinen Armen gelegen und kaum Luft bekommen, und jetzt sitzt sie kichernd vor dem Computer und schickt per E-Mail ihre Geheimnisse in den Cyberspace. Mir brach beinahe das Herz, ich konnte nächtelang nicht schlafen, zermarterte mir den Kopf, hatte Gewaltphantasien gegen die Übeltäterin und hätte ihrer Mutter am liebsten den Hals umgedreht – und heute tut mein Kind so, als sei ich diejenige, die verrückt, unausgeglichen, unvernünftig und nachtragend ist.

Die Mutter reibt sich verwundert die Augen, weil sie glaubt, sie sieht nicht richtig: Ihre Tochter lächelt selig und tut, als sei nichts gewesen. Verständlicherweise möchte sie sie am liebsten am Kragen packen und schütteln, um sie zur »Vernunft« zu bringen. Aber es ist die Tochter, die oftmals glaubt, ihre Mutter sei nicht ganz bei Trost.

Wenn die Mädchen älter werden und sich im Labyrinth ihrer sozialen Beziehungen mit größerer Selbstsicherheit zurechtfinden, wächst die Kluft zwischen Mutter und Tochter. Oft fällt es der Mutter dann schwer zu verstehen, warum ihre Tochter sich ausgerechnet diese Freundinnen aussucht. Die Beziehung zu ihren Peinigerinnen aufrechtzuerhalten und deren Gemeinheiten zu ertragen – für die Mutter eine geradezu absurde Vorstellung – erscheint den Mädchen auf merkwürdige Weise logisch. Manche Mädchen ziehen diesen Zustand dem Alleinsein vor, den massiven Einwänden der Mutter zum Trotz.

Was für eine Mutter jeder Logik entbehrt, macht für die Tochter durchaus Sinn. Die dreizehnjährige Shelley haut auf den Tisch, wütend über die Begriffsstutzigkeit ihrer Mutter. »Sie versteht einfach nicht, dass man nicht hingehen und sagen kann: ›Hör mal, ich kann es gar nicht fassen, dass du mir so etwas Gemeines angetan hast.‹ Das kann man in dieser Situation einfach nicht machen!« Als Erin, von der in Kapitel drei die Rede war, sich mit ihren Freundinnen versöhnte, war ihre Mutter sprachlos. »Ich machte mir große Sorgen. Und ich war wütend auf die Mädchen. Ich wollte nicht, dass meine Tochter sich weiter mit ihnen abgibt. Ich traute ihnen nicht und befürchtete, sie würden wieder das alte Spiel mit ihr treiben.« Dann fügte sie hinzu: »Man hat zu mir gesagt: ›Du musst verzeihen.‹ Das sagten Menschen, die ich achte! Aber ich kann darauf nur erwidern: Moment mal, ihr habt das nicht erlebt. Ihr habt den gefährlichen Hass in den Augen dieser Mädchen nicht gesehen!«

Für manche Mütter ist es ein Zeichen von Schwäche, wenn ihre Tochter die Schikanen ihrer Freundinnen klaglos hinnimmt. Eine Mutter kann das irrationale Verhalten ihrer Tochter gar nicht fassen. Ihre beiden Peinigerinnen beharren darauf, sie seien am selben Tag im selben Zimmer geboren. »Rebecca wusste genau, dass das nicht stimmen kann, aber sie zweifelte *trotzdem* an ihrer eigenen Überzeugung!«, sagt sie.

Vor allem wenn Mütter alles tun, um ihren Töchtern Durchsetzungsfähigkeit beizubringen, ist die Enttäuschung groß. Andrea sagt: »Wenn ich Maggie drängte, erwiderte sie nur hilflos: ›Ich kann nicht, ich kann nicht.‹ Es gab Zeiten, in denen ich richtig wütend auf sie war, denn ich selbst sage offen, was ich denke. Ich erinnere mich nicht, dass ich jemals mit meiner Meinung hinter dem Berg gehalten habe, und deshalb wollte ich, dass sie sich zur Wehr setzt. Ich gab ihr sogar die Formulierungen vor und alles. Warum hat sie bloß nichts gesagt!«

Schicksal

Klischeevorstellungen über weibliche Aggression spielen für den Umgang der Mutter mit dem Schmerz ihrer Tochter eine große Rolle. Ein Mädchen, das solche Übergriffe erfahren hat, wird womöglich später zu einer überängstlichen Mutter, die den Freundinnen ihrer Tochter mit Misstrauen begegnet. Diese Frauen betrachten den Kummer ihrer Tochter aus der Perspektive ihrer eigenen Leidenserfahrung. Zur Erklärung, warum sie sich nicht einmische, wenn ihre Tochter von ihren Freundinnen gepeinigt wird, sagt Mary: »Ich kann doch nicht immer eingreifen, wenn sie in der Patsche sitzt. Wenn sie erwachsen ist, muss sie auch sehen, wie sie allein zurechtkommt. Manche Erwachsene sind genauso hinterhältig und verletzend wie Kinder.« Als ich weiterbohre, explodiert sie: »Mädchen sind nun einmal so – ich habe auch nicht viele Freundinnen! Man muss eben sehen, wem man vertrauen kann. Und ich glaube, dass Mädchen letztlich nicht so nett sind wie Jungs. Sie muss lernen, wen sie sich als Freundin aussucht!«

An einem Sonntagmorgen führt mich Margaret durch eine Schar Kinder, die um mich herumwuseln, in Socken über den Flur schlittern und kreischend die Treppe hinaufpoltern. »Hier geht es zu wie im Irrenhaus«, sagt sie und verdreht die Augen. »Aber ich hoffe, wir finden irgendwo ein ruhiges Plätzchen.« Wir betreten einen Raum, der aussieht, als werde er nur zweimal im Jahr benutzt. Margaret hat mich zu einem Gespräch über ihre Tochter Chloe (siehe sechstes Kapitel) gebeten. Nachdem wir uns gesetzt haben, wird sie plötzlich ernst.

»Ich weiß nicht, was sie hat«, sagt sie und presst die Hände in ihrem Schoß fest zusammen. »Ich sehe sie an, und sie ist so lebendig. Sie hat nichts Böses. Jeder Tag ist etwas Wunderbares. Sie nimmt die Welt wahr, und sie liebt die Menschen. Aber jetzt plötzlich macht sie seltsame Erfahrungen mit Mädchen ... Diese Sticheleien, diese Eifersucht, dieses ... ich weiß nicht, wie ich es sagen soll.«

Margaret hat sich immer gefreut, dass ihre Tochter so hübsch ist und so eine patente Art hat, und war zugleich davon befremdet. »Bei mir war es ganz anders«, gibt sie unumwunden zu. Vor nunmehr fast dreißig Jahren suchte sich ihre Clique jede Woche ein Opfer, und meist war dieses Opfer Margaret. Manchmal taten sie so, als wäre Margaret Luft, dann verkroch sie sich und aß ihr Pausenbrot in der Bibliothek. Das Gefühl der Kränkung ist immer noch ganz frisch. »Man ist auf Freundinnen angewiesen, die einen anerkennen und achten und ganz normal mit einem umgehen«, sagt sie. »Doch dann plötzlich schaffen sie es, dass man sein Vertrauen in die Menschen verliert, dass man misstrauisch wird.« Seit ihrer damaligen Erfahrung, erzählt sie, komme sie mit anderen nur schwer in Kontakt. Sie fühle sich wohler unter Männern, denn bei Frauen »kann man nie wissen, ob sie für oder gegen einen sind«. Margaret sagt, am einsamsten fühle sie sich unter vielen Menschen. Auch wenn Freunde zum Essen zu ihr nach Hause kommen, sitzt sie am Tisch und fühlt sich einsam.

»Ich war ernst und zurückhaltend«, sagte sie, »und misstrauisch. Ich war nicht glücklich. Aber ich möchte meinen Kindern nicht das Gefühl vermitteln, dass andere Menschen gemein sind.« Das ist nicht leicht. Heutzutage sind die Regeln der Mädchen im Umgang miteinander noch schwerer zu durchschauen. Chloe wurde von ihren Freundinnen dafür bestraft, dass sie in der Pause mit den Jungen Football spielte. »In zwei Jahren ist es womöglich ganz normal, Football zu spielen. Und dann hat sie vielleicht den Anschluss verpasst. Die Regeln ändern sich ständig. Man weiß nie, was richtig und was falsch ist. Wer dazugehört und wer nicht. Was gut und was nicht gut ist.«

Sie mache sich Sorgen um Chloe, sagt sie. »Meine Tochter wird einmal eine attraktive junge Frau. Sie trägt den Kopf hoch, hält sich gerade und scheint mit sich zufrieden. Bei mir war das anders.« Margaret ist überzeugt, dass Chloes Selbstvertrauen und Schönheit auf andere einschüchternd wirken. Ich will wissen, warum.

Margaret kann nur von ihren eigenen Erfahrungen ausgehen. Sie hat immer das Gefühl, von anderen Frauen taxiert zu werden. »Wir vergleichen immer, bei wem der graue Haaransatz mehr zu sehen ist. Dann heißt es: ›Sie muss dringend zum Friseur‹ oder ›Sie wird langsam unansehnlich‹. Wir taxieren ständig andere, weil wir uns selbst ständig den Spiegel vorhalten.«

In derselben Weise betrachtet sie die Beziehungswelt ihrer Tochter. »Wenn dein Kind Lernprobleme hat«, sagt sie, »dann ist das ein Familiengeheimnis. Wenn du Schwierigkeiten mit den Lehrern hast, dann bist du die Einzige und erzählst niemandem davon.« Später räumt sie ein: »Wir wissen alle, dass jeder jeden beobachtet.«

Margaret zufolge hat es die Frauenbewegung nicht geschafft, Solidarität unter Frauen herzustellen, und als Hausfrau und Mutter fühle sie sich berufstätigen Müttern unterlegen. Eine Freundin hat sie einmal verwundert gefragt: »Was machst du eigentlich den ganzen Tag?« Margaret verzieht das Gesicht. »Wir respektieren einander nicht. Warum hören wir nicht damit auf, uns gegenseitig ständig zu belauern. Wir sitzen alle im gleichen Boot. Wir befinden uns immer noch in Konkurrenz zu den Männern. Warum müssen wir auch noch miteinander konkurrieren?«

Wenn ich über den Umgang der Mütter mit dem Mobbing nachdenke, denen ihre Töchter ausgesetzt sind, fallen mir die Sicherheitshinweise in einem Flugzeug ein. Wenn der Druck in der Kabine sinkt, heißt es dort, legen Sie zuerst sich selbst die Sauerstoffmaske an und helfen sie dann ihrem Kind. Wenn den Müttern ein Vokabular zur Verfügung stünde, dessen sie sich der Schule gegenüber bedienen könnten, um die Beziehungskonflikte ihrer Tochter beim Namen zu nennen, wäre alles leichter. Gestärkt von dem Bewusstsein, dass viele andere Mädchen genau dasselbe durchmachen, könnten auch die Töchter ihre Stimme erheben.

Lehrer

Ob sich an der verborgenen Aggressionskultur der Mädchen etwas ändert, hängt nicht zuletzt davon ab, wie sich die Lehrer verhalten. Ein Lehrer oder eine Lehrerin kann in der Klasse ein Klima schaffen, in dem die ganze Bandbreite der weiblichen Aggression begriffen und geächtet wird – sodass die Mädchen untereinander und in der Klassengemeinschaft offen über diese Aggressionsformen sprechen und mit dem Lehrer nach Lösungen suchen können. Am ehesten im Klassenzimmer kann eine andere weibliche Sozialisation ihren Anfang nehmen. Lehrer sind durchaus in der Lage, den Mädchen zu vermitteln, dass Hinterhältigkeit und Intrigen nicht die richtigen Ausdrucksformen für negative Gefühle sind.

Doch von Eltern und Vorgesetzten unter Druck gesetzt, vor die nahezu unlösbare Aufgabe gestellt, die Anforderungen der Lehrpläne zu erfüllen, erschöpft und unterbezahlt, haben Lehrer kaum ein Interesse daran, ein Verhalten zu sanktionieren, das gewöhnlich weder nachweisbar ist noch den Unterricht stört. Wie Peggy

Orenstein in »Starke Mädchen – brave Mädchen« betont, haben Lehrer die wenigen Augenblicke, in denen Ruhe und Ordnung im Klassenzimmer herrscht, oft ausschließlich den Mädchen zu verdanken. Die American Association of University Women hat nachgewiesen, dass sich Mädchen in der Schule von den vorlauteren Jungs mundtot machen lassen. Ausgerechnet die viel gerühmte weibliche Artigkeit jedoch bietet die perfekte Deckung für versteckte Aggression und verschafft den Mädchen unterhalb der Aufmerksamkeitsschwelle des Lehrers uneingeschränkte Aktionsfreiheit.[52]

Noch komplizierter wird die Sache dadurch, dass die Mädchen ihre Streitigkeiten nicht offen austragen wie die Jungen. »Die Beziehungen zwischen den Mädchen machen mich nervös«, vertraut mir eine erfahrene Lehrerin an. »Und ich bin nicht dafür qualifiziert, ihnen nahe zu legen, sich um psychologische Hilfe zu bemühen.«

Viele Lehrer, die ansonsten durchaus hilfsbereit sind, scheuen sich einzugreifen, weil ein disziplinarisches Instrumentarium fehlt. Marilyn, die seit mehr als zwanzig Jahren in der Grundstufe unterrichtet, meint: »Wie soll ich einer Mutter sagen: ›Ihre Tochter ist eine vollendete Lügnerin‹? Das will sie nicht von mir hören!« Gäbe es ein geeignetes Vokabular, wäre es möglich, dieses Verhalten in weniger verletzender Weise zur Sprache zu bringen. Die Eltern könnten Akte relationaler, indirekter oder sozialer Aggression offen ansprechen, und im Gegenzug hätten auch die Lehrer weniger Bedenken, die Eltern darauf hinzuweisen.

Viele Lehrer lehnen es ab, etwas zu bestrafen, das sie nicht mit eigenen Augen gesehen haben. »Es ist einfacher«, meint Marilyn, »körperliche Übergriffe zu ahnden, denn die sieht man; und wenn man einen Schüler erwischt, der einen anderen mit den Fäusten traktiert oder ihm den Stuhl wegzieht, kann man leicht dagegen vorgehen, weil es vor aller Augen geschieht. Die versteckten Akte der Kränkung – da ist alles viel schwieriger. Ich zögere nicht einzuschreiten und ein Kind zur Rede zu stellen, wenn ich einen Grund dafür habe. Aber wer will sich schon in einer Situation vorwagen, in der er selbst nicht ganz sicher ist, was tatsächlich geschehen ist. Die Eltern achten sehr genau auf das, was die Lehrer tun. Sie können deine engsten Verbündeten, aber auch deine schlimmsten Feinde sein.«

Wohl wahr. Schon die E-Mail einer Mutter oder eines Vaters in ihrer Mailbox kann die Lehrerin in helle Panik versetzen. Eine Grundschullehrerin berichtet von ihrer Scheu, sich mit den Eltern über die Verhaltensprobleme eines Kindes auseinander zu setzen. »Man bekommt eine Nachricht von den Eltern, und dann geht man in heller Aufregung nach Hause und bespricht das Problem die ganze Nacht lang mit dem Partner.« Marilyn zieht daraus den Schluss, dass es keinen Sinn hat, Eltern auf das Fehlverhalten ihres Kindes anzusprechen. »Ein Gedankenaustausch darüber ist nicht möglich. Die Reaktion ist vollkommen irrational. Die Löwin verteidigt ihre Jungen. Sie verteidigen ihre Kinder, egal, was geschehen ist. Als Lehrer«, sagt sie, »möchte man an diese Themen nicht rühren.«

Eine Lehrerin in einer angesehenen öffentlichen Schule meint: »Um Mädchen, die einander mobben, können wir uns unmöglich kümmern. Tut mir Leid, aber darauf kann ich nicht auch noch achten. Schließlich muss ich unterrichten. Während der Stunde passieren solche Übergriffe nicht. Jedenfalls habe ich nichts dergleichen beobachtet. Wir sind auch nicht darin geschult, auf diese Dinge zu achten. Wir sind dafür ausgebildet, den Schülern den Unterrichtsstoff zu vermitteln.« Die Forderung, die Lehrer sollten auf die Körpersprache ihrer Schülerinnen achten, macht diese Lehrerin wütend. »Es ist so schwer, ständig auf alles Acht zu geben. Man soll alles im Griff haben, und ständig wird man mit neuen Forderungen bombardiert. Jetzt sollen wir zu allem Überfluss auch noch auf die Körpersprache achten – unmöglich!«

Es überrascht nicht, dass Lehrer Probleme in der Klasse leicht falsch deuten. Maryann, die ebenfalls seit zwanzig Jahren unterrichtet, sagt, manchmal gäbe es »Missverständnisse« zwischen den Mädchen. »Da haben zwei ein Geheimnis miteinander«, führt sie aus. »Was für ein Geheimnis, sei dahingestellt, jedenfalls möchten sie es für sich behalten.«

Maryann erzählt mir von einer Drittklässlerin, die »hysterisch« wurde, weil ihre beiden besten Freundinnen ihr Gespräch unterbrachen, als sie in die Nähe kam. Sie war untröstlich, dass ihre beste Freundin sie ausgeschlossen hatte. »Ich weiß nicht, wie die anderen beiden diesem Mädchen hätten klar machen können, dass sie sie nicht dabeihaben möchten, ohne ihr wehzutun. Wenn sie gesagt hätten: ›Sieh mal, da ist etwas, das wir gern für uns behalten möchten‹, hätte sich das andere Mädchen trotzdem ausgegrenzt gefühlt.« Maryann nahm die drei zur Seite und erklärte dem ausgegrenzten Mädchen, dass manche Menschen ein Geheimnis für sich behalten möchten.

Als ich von Maryann wissen will, wie sie so etwas zulassen konnte, räumt sie ein, sie wisse zwar nicht, worum es konkret gegangen sei, sie respektiere aber das Recht, ein Geheimnis zu wahren. »Sie sagten, es sei etwas Privates«, erklärt sie. Es ist jedoch ein Unterschied, ob zwei Menschen ein Geheimnis für sich behalten oder ob sie ihre Geheimnistuerei zur Schau stellen. Solche Unterscheidungen sind wichtig, um zu verstehen, wie subtil die Aggression zwischen Mädchen sein kann.

Weil Lehrer und Lehrerinnen sich über die sozialen und psychischen Auswirkungen versteckter Aggressionen meist nicht im Klaren sind, lassen sie sich mitunter dazu hinreißen, bestimmte Klischees über weibliches Verhalten – auch gegenüber ihren Schülern – zu äußern. Eine ehemalige Lehrerin von mir brachte es auf den Punkt; die Bemerkung habe ich öfter gehört, als mir lieb ist: »Ich habe viel lieber mit Männern zu tun. Sie sind meistens offener und ehrlicher. Bei Männern weiß man, woran man ist.«

Damit will ich keineswegs unterstellen, dass Lehrer und Schulpsychologen absichtlich die Augen verschließen. Nach langer Zeit besuche ich wieder einmal Lynn, die Schulpsychologin, bei der ich mich seinerzeit ausweinte, als Abby mich in der dritten Klasse schikanierte. Sie freut sich, mich zu sehen, und erkundigt sich nach meinem Bruder, der sie ebenfalls mehrmals konsultiert hatte. Nach ein wenig Smalltalk lehnt sie sich auf ihrem Stuhl zurück und meint stirnrunzelnd: »Die größte Schwierigkeit, mit der ich konfrontiert bin und deren Lösung am meisten Mühe bereitet, sind die Gemeinheiten, die sich Mädchen gegenseitig antun. Ich warte seit fünfundzwanzig Jahren darauf, dass mir das mal jemand erklären kann.«

Auch manche Lehrer haben sich entschieden, gegen die verdeckte Aggression vorzugehen, obwohl das Thema gewöhnlich totgeschwiegen wird. Bei Amber war es die Erinnerung an eigene schmerzliche Erfahrungen, die sie motiviert hat. Die Grundschullehrerin aus Mississippi erzählt mir davon, als wir in ihrem Klassenzimmer sitzen: »Ich war klein, hatte vorstehende Zähne und trug eine Brille. Ich weiß genau, wie das ist. Und ich habe es nie vergessen, obwohl es schon zwanzig Jahre her ist. Ich bin der unsicherste Mensch, den es gibt. Aber das merken die Schüler nicht, weil ich ihnen immer sage, alles sei zu schaffen. Aber ich kann nicht vergessen, wie mich die anderen ausgelacht und abgelehnt haben.«

In Ambers Klasse sind verbale Grausamkeiten strengstens verboten. Einmal ging sie mit einem Jungen und einem Mädchen, die sich gegenseitig beschimpft hatten, vor die Tür, und erzählte ihnen offen von ihren eigenen Erfahrungen. »Es tut weh«, sagt sie. »Ich habe es selbst erlebt. Die Hänseleien damals – das tat sehr weh.« Wenn sie mit Mädchen spricht, die im Konflikt miteinander liegen, lässt sie oft beide ihre Geschichte erzählen.

Es bedarf nur wenig, um Lehrern die Mittel an die Hand zu geben, verdeckte Aggression zu identifizieren und zu sanktionieren. Als ich Kendra frage, woran sie es merkt, wenn in ihrer Klasse so etwas vorkommt, antwortet sie, das sei leicht zu erkennen: »Die Mädchen ziehen sich zurück. Ihre Persönlichkeit verändert sich. Ihr Gesichtsausdruck verändert sich. Sie sehen traurig und verschüchtert aus ... Sogar ihre Körperhaltung verändert sich. Sie ziehen sich einfach zurück – von den Lehrern, ihren Freundinnen ... Das sieht man sofort. Kinder sollten lächeln. Oft fordere ich sie auf: ›Lächle mal‹, und wenn sie das nicht können, dann weiß ich, dass etwas nicht stimmt.«

Freilich entgeht auch dem ehrlich bemühten Lehrer manches, räumt Kendra ein. »Die Mädchen versuchen einander wehzutun, ohne dass es jemand sieht. Man muss in ihren Gesichtern lesen, um zu erfahren, wer ausgegrenzt wird und was los ist.« Selbst meine Mitbewohnerin Jenny, die heute Lehrerin ist und selbst ein Opfer verdeckter Aggression war, kommt oft enttäuscht nach Hause, weil sie nicht herausfindet, wann genau ein Mädchen ein anderes schikaniert. In solchen Fällen kann nur das Kind selbst Auskunft geben. Aber wenn es das Gefühl hat, dass die Lehrerin seinen Schmerz nicht ernst nimmt oder unsensibel mit dem Problem umgeht, wird es stumm bleiben.

9

Was Eltern tun können

In diesem Kapitel will ich Strategien gegen verdeckte Aggressionen aufzeigen. Die meisten Vorschläge stammen unmittelbar von Eltern, Entscheidungsträgern in den Schulen und Mobbingopfern, die ich während meiner Recherchen zu diesem Buch kennen lernte.

Ich bat alle Frauen und Mädchen, mit denen ich Gespräche führte, das Verhalten ihrer Eltern angesichts ihrer Torturen zu beurteilen. Die überwältigende Mehrheit von ihnen schätzte es vor allem, wenn die Eltern aktiv zuhören. Manche Mütter und Väter erkundigen sich jeden Tag, wie es in der Schule gelaufen ist. Sie halten ihre Töchter im Arm, wenn sie weinen, und erfüllen ihnen bestimmte Bedürfnisse, sei es, später zur Schule zu gehen, unmittelbar nach Unterrichtsschluss abgeholt zu werden oder etwas Besonderes zu essen zu bekommen. Elizabeth, deren Fall im sechsten Kapitel geschildert wurde, gestand: »Wenn meine Mutter nicht gewesen wäre, wäre ich wahrscheinlich verrückt geworden. Sie respektierte mein Bedürfnis, nichts zu sagen, und meinen Wunsch nach ihrer stummen Gegenwart. Ich wollte, dass sie mich einfach nur umarmte, mich festhielt.« Es mag schwer zu akzeptieren sein, aber man kann in solchen Situationen nicht viel tun. Einfach nur da zu sein und zuzuhören, mag manchem allzu passiv erscheinen, aber es ist bei weitem das Wichtigste, was Eltern tun können.

Machen Sie also Ihr Zuhause zu einem Refugium für Ihre Tochter. Hier sollte sie bedingungslose Liebe und Unterstützung finden, um neue Kraft zu schöpfen. Besprechen Sie diskret mit den Geschwistern, wie diese ihr ebenfalls helfen können.

Damit will ich jedoch nicht sagen, dass Ihnen die Hände gebunden sind. Es gibt durchaus Dinge, die man tun, Fragen, die man stellen kann. Wenn Sie mit Ihrer Tochter sprechen, halten Sie sich an die Tatsachen wie ein Journalist: Finden Sie heraus, wer die Übeltäterin ist, wie lange das schon so geht, was Ihrer Tochter angetan wird und ob die Lehrer darüber Bescheid wissen. Dann entwickeln Sie Strategien – zusammen mit ihr oder allein.

Wenn die Peinigerin ein Mädchen aus derselben Klasse ist, fragen Sie Ihre Tochter, ob sie auf einen anderen Platz gesetzt werden möchte oder ob es ihr helfen würde, die Klasse zu wechseln. Vor allem in der Grundschule kann sie dann vielleicht ihrer Not entkommen oder zumindest schützende soziale Bindungen zu anderen Kindern knüpfen.

Vielleicht möchte Ihre Tochter sogar die Schule wechseln. Mehrere Frauen, mit denen ich sprach, konnten auf diese Weise ganz von vorn anfangen. Ein solcher Wechsel erscheint zunächst wie ein Bruch, kann aber die entscheidende Veränderung bringen. Wie ein Sturm entsteht Mobbing unter Mädchen häufig nur in einem bestimmten Klima. Ich habe häufiger gehört, dass sich Mädchen, die in der einen Umgebung versagt hatten, in einem anderen Umfeld gut entwickelten.

Es muss nicht unbedingt ein Schulwechsel sein, es gibt auch andere Möglichkeiten. Auf dem Tiefpunkt ihres Leidens in der achten Klasse nahm Elizabeth an einem einwöchigen Jugendprogramm teil. Damals war sie wütend, misstrauisch und argwöhnisch und musste von ihren Eltern förmlich zur Teilnahme gezwungen werden. Doch zu ihrer großen Überraschung »kamen diese völlig fremden Kinder auf mich zu, umarmten mich und sagten: ›Schön, dass du hier bist. Ich heiße so und so.‹ Und ich dachte: ›O mein Gott. Meint ihr das wirklich ernst?‹ Aber als ich am Ende der Woche abreiste, fühlte ich mich wie auf Wolken ... Sie wollten mich kennen lernen, ohne Hintergedanken. Sie rammten mir kein Messer in den Rücken.«

Diese Erfahrung, so erinnert sie sich später, »hat meine Sicht der Dinge völlig verändert«. Als Elizabeth in jenem Herbst auf die Highschool kam, war sie »begierig darauf, akzeptiert zu werden, dass die Leute mich mögen, so wie ich bin«. Die Narben waren zwar nicht verschwunden, aber die Wunden begannen zu heilen.

Zweifellos kann ein neues Hobby oder eine sportliche Aktivität für ein ausgegrenztes Mädchen alles bedeuten. Wählen Sie möglichst Aktivitäten aus, bei denen das zählt, was die Kinder beitragen, nicht das, was sie anhaben, wie sie sich geben oder was sie im Fernsehen gesehen haben. Dass nicht mehr nur das zählt, was ein Mädchen beliebt macht, sondern vielmehr, ob sie eine gute Mitspielerin ist, gut schreiben, reiten oder babysitten kann, ist unter Umständen von entscheidender Bedeutung. Bringen Sie Ihre Tochter also dazu, sich einem Sportverein oder einem Club anzuschließen, in der Freizeit bei der Schülerzeitung oder in einer Schreibwerkstatt mitzumachen. Gesang, Tanz, Töpfern, Turnen oder eine ehrenamtliche Mitarbeit bieten sich an. Bringen Sie Ihre Tochter mit anderen Menschen in Kontakt, die nichts mit ihren unglücklichen Beziehungen zu tun haben.

Aber gehen Sie mit Bedacht vor: Schicken Sie Ihr Kind nicht in eine Fußballmannschaft, wenn es zwei linke Füße hat, zu einem Gymnastikkurs mit einer durchtrainierten Clique oder in einen Workshop, wo die meisten Kinder aus einer anderen Schule stammen. Informieren Sie sich über das soziale Klima, bevor Sie sie einschreiben. Sorgen Sie dafür, dass Ihr Kind Erfolgserlebnisse hat oder sich zumindest gut einfügen kann und mit Spaß bei der Sache ist.

Durch ein neues Hobby oder eine sportliche Aktivität entdeckt Ihre Tochter vielleicht etwas, für das sie sich begeistern kann. Ich kann mich noch erinnern, dass ich, sobald ich auf dem Basketballfeld stand, völlig konzentriert bei der Sache war, egal, wie schlecht der Tag verlaufen war. Nichts konnte mir etwas anhaben.

Ellen, eine Psychotherapeutin, hat herausgefunden, dass Rollenspiele für ihre Tochter Roma sehr hilfreich sind. Dabei fordert sie Roma und ihre Verbündete auf, verschiedene Szenarien der Auseinandersetzung mit ihrer Peinigerin Jane durchzuspielen. »Ich ermutige sie, die Wahrheit zu sagen, wie sie sich ihnen darstellt«, erklärt Ellen, »keine Angst vor dem zu haben, was Jane zu anderen Kindern sagen würde. Ich lasse sie dabei sehr ins Detail gehen – ›Ja, aber wenn ich das sage, wird sie das und das antworten!‹ – und ich helfe ihnen, herauszufinden, was sie darauf erwidern können. Es geht darum, eine bestimmte Situation zu meistern.«

Unsere Ratschläge an die Kinder erfolgen allzu häufig von oben nach unten: »Sag ihr das!« oder »Dreh dich doch einfach um und geh«. Rollenspiele hingegen sind interaktiv. Dabei wird die Strategie für Ihre Tochter greifbar und real, und zugleich erhalten Sie einen Platz in der Beziehungswelt Ihres Kindes, was Ihnen beiden nützt. Eine Freundin dabei mitagieren zu lassen, gibt Ihrem Kind das

Gefühl, moralisch unterstützt zu werden, und mindert die Angst vor dem Alleinsein.

Sorgen Sie dafür, dass Ihre Tochter auf einem sicheren Fundament steht, und überlegen Sie, wie Sie ihr die Last erleichtern können. Finden Sie heraus, was sie in der Mittagszeit und den Pausen tut: Wenn sie allein ist, wo hält sie sich auf? Könnte sie zweimal in der Woche in die Bibliothek, in eine Kunstwerkstatt oder zum Turnen gehen? Das ist zwar keine dauerhafte Lösung, und sie sollte sich auch nicht angewöhnen, jeden Tag die Flucht zu ergreifen, aber wenn sie stark leidet, kann sie wenigstens ab und zu durchatmen.

Gibt es andere Freunde und Freundinnen, mit denen sie tagsüber spielen kann? Ermuntern Sie sie, sich in der Cafeteria zu ihnen zu setzen oder sich ihnen in der Pause anzuschließen. Wenn Sie gute Freunde haben, mit deren Kindern Ihre Tochter spielen kann, reden Sie mit ihnen darüber. Doch seien Sie vorsichtig: Erwecken Sie nicht den Eindruck, Sie wollten Ihre Tochter zur Freundschaft mit einem anderen Mädchen überreden. Sprechen Sie mit den Eltern darüber, ob Ihre Tochter und deren Kind gut zusammenpassen. Gehen Sie nicht davon aus, dass das andere Kind Ihrer Tochter helfen sollte, egal wie groß die Not Ihres Kindes ist. Das andere Kind zum Mitleid auf Kosten der eigenen sozialen Bedürfnisse zu bewegen, hieße, die Botschaft zu verstärken, dass Fürsorge und Selbstaufopferung das Wichtigste sind. Am Ende sollte die Entscheidung bei den beiden Kindern liegen.

Bevor Sie sich die Schule vornehmen, sorgen Sie dafür, dass Sie selbst auf einem sicheren Fundament stehen. Die beste Strategie ist es, die Versuche der Schule, das Problem an die Familie zurückzuverweisen, ins Leere laufen zu lassen. Das aber bedeutet, dass Sie möglichst genau über Ihr Kind Bescheid wissen müssen. Welche Freundschaften pflegt Ihre Tochter außerhalb der Schule? Haben Sie mit ihren Lehrern und dem übrigen Schulpersonal gesprochen? Wie schätzen die Altersgenossinnen und andere Ihre Tochter ein? Zwar hat es kein Kind verdient, schikaniert zu werden, aber wenn Ihre Tochter im sozialen Umgang unproblematisch ist und früher keine Schwierigkeiten mit Gleichaltrigen hatte, können Sie Ihrer Forderung, dass die Schule etwas unternehmen sollte, mehr Nachdruck verleihen.

In Zeiten psychischen Terrors haben Eltern oft mit Verzweiflung, Wut und Trauer zu kämpfen. Dennoch wäre es ein schwerer Fehler, wenn Sie diese Gefühle die Oberhand gewinnen lassen. Es ist nicht damit getan, dem anderen Kind die Schuld zu geben – nach dem Motto: »Die ist ja bloß neidisch auf dich.« Aus welchem Grund auch immer Ihr Kind das Opfer einer Mitschülerin geworden ist, eins ist gewiss: Es braucht Sie, um eine stärkere Persönlichkeit zu entwickeln und sich selbst mehr zu mögen.

Als Faustregel gilt, dass man die Eltern der Peinigerin nicht kontaktieren sollte. Solche Gespräche sind meist unergiebig und führen schrecklich in die Irre. Es gelingt selten, den eigenen Unmut zu verbergen. Außerdem ist es peinlich für die anderen Eltern zu erfahren, dass die eigene Tochter aggressiv ist. Wenn ein Mädchen nicht zu allen nett ist, gilt das als Zeichen dafür, dass sie ihrer geschlechtsspezifischen Rolle nicht gerecht wird. Es ist, als würde Ihnen mitgeteilt, dass Ihr Sohn im Umgang mit anderen Jungen stets den Kürzeren zieht. Hinzu kommt schließlich noch, dass Eltern Klagen über ihre Kinder häufig als Kritik an ihren erzieherischen Fähigkeiten oder schlimmer noch, an ihrer eigenen Person auffassen. In der Regel reagieren sie daher mit Empörung und Abwehr, und nicht selten streiten sie sogar alles ab.

Selbst unter befreundeten Eltern tauchen bisweilen Probleme auf. Womöglich fühlt sich ein Elternpaar dem anderen verpflichtet, und es entstehen Ressentiments zwischen ihnen und zwischen den Mädchen. Auch kann der Vorwurf, ein Kind sei aggressiv gegen ein anderes, zu unterdrückten Spannungen zwischen den Elternpaaren führen. Vielleicht ist die Not auf einer Seite sogar so stark, dass die Beziehung als Ganze in Frage gestellt wird. Häufig gehen Eltern aber den direkten Weg, weil in den Schulen die Infrastruktur zur Vermittlung zwischen den Parteien fehlt. Wenn Eltern sicher wüssten, dass ihr Kind in der Schule vor Gefahren geschützt ist, hätten sie vermutlich weniger das Bedürfnis, die Sache selbst in die Hand zu nehmen.

Achten Sie darauf, wie Ihre Tochter Ihr eigenes Verhalten wahrnimmt, wie Sie ihr gegenüber auftreten. Eltern, bei denen Mobbing bestimmte Instinkte weckt, sollten besonders aufpassen. Erleben Sie über Ihre Tochter eigene Erfahrungen noch einmal? Gehen Sie in ihrem Schmerz auf?

Man kann auch zu viel Mitgefühl zeigen. Wenn Sie die Stimme Ihres Kindes übertönen und seine Situation nicht mehr wahrnehmen, befinden Sie sich auf gefährlichem Terrain. Ein Kind empfindet es womöglich als äußerst unangenehm, wenn die Mutter in dem Augenblick, da es sie am meisten braucht, weint oder Schwäche zeigt. Dann signalisieren Sie ihm nämlich, dass Sie diejenige sind, die Zuwendung braucht, nicht umgekehrt. Das Schlimmste dabei aber ist, dass Ihre Tochter Ihnen vielleicht nicht mehr ihre Sorgen anvertraut. Möglicherweise denkt sie, es sei besser für Sie, wenn Sie nichts von ihren unangenehmen Gefühlen wissen. Erinnern Sie sich an die Zeit, als Ihre Tochter laufen lernte. Wenn Sie Angst und Panik zeigten, sobald sie ausrutschte und hinfiel, spürte sie das und fing an zu heulen. Wenn Sie sie aber ermunterten – »Hoppla! Komm, steh wieder auf!« – und sie dann einfach hochhoben, probierte sie es weiter.

Suzanne Cohen, von der im letzten Kapitel die Rede war, hatte sich schon immer schwer getan, sich gefühlsmäßig von ihrer Tochter abzugrenzen, doch als Hannahs Qualen begannen, wäre sie an ihrer eigenen Ohnmacht fast zerbrochen. »Ich wusste nicht mehr, wo meine Gefühle aufhörten und ihre begannen«, erzählt sie mir. Mit Hilfe eines Therapeuten erkannte sie, dass sie im Verhältnis zu ihrer Tochter ihre eigenen Gefühle auslebte und dass ihr Verhalten Hannah suggerierte, sie müsse sich um ihre Mutter kümmern. »Ich wollte alles richtig machen«, meint sie, aber »an einem bestimmten Punkt merkte ich, dass man nicht mehr tun kann als zuhören. Sie musste sich an meiner Schulter ausweinen, die Luft ablassen, es bei mir loswerden können, weil ich ihre Mutter bin. Darüber hinaus konnte ich ihr nur meine Liebe und Zuneigung geben. Aber ich konnte nicht auf ihre Kosten noch einmal meine alten Schlachten schlagen.«

Prüfen Sie sich also selbst. Wie fühlen Sie sich? Wie im achten Kapitel geschildert, sind die Eltern nicht weniger betroffen als die Töchter. An Ihrem Verhalten lassen sich Ihre Wertvorstellungen, Ihre Ängste und Ihre Kindheitserlebnisse ablesen. Linda erinnert sich mit Bedauern daran, wie sie auf die Schwierigkeiten ihrer Tochter reagierte: »Ich hätte sie nicht so drängen sollen, sich zu wehren ... Es ist besser, einfach nur zuzuhören, ihr Halt zu geben und Vorschläge zu machen, was sie tun könnte. Man darf sie nicht drängen, denn es muss von innen kommen. Sonst macht sie das, was ich und nicht was sie will. Manchmal denke ich, dass ich damals diesen Fehler gemacht habe, weil es mir so wehtat, das alles mit ansehen zu müssen.« Stellen Sie sich die Frage: Was steckt hinter meinem Vorgehen, meinen Gefühlen? Halten Sie sich immer vor Augen, dass das Beste für Ihr Kind und das, was Sie wollen, nicht immer dasselbe ist.

»Ich freute mich immer, wenn meine Tochter Stärke zeigte«, erzählt mir eine Mutter. »Ich mag es nicht, wenn sie schwach ist. Wir möchten, dass unsere Kinder stärker sind als wir selbst.« Trotzdem und obwohl jeder Fall anders ist, stehen alle Eltern vor der uralten Frage: Bis zu welchem Punkt lassen wir unsere Kinder allein kämpfen? Wenn ich gefragt werde, was das Richtige ist, bitte ich die Eltern sich vorzustellen, gar nichts zu tun und sich stattdessen ein paar Fragen zu stellen: Weiß die Lehrerin, was vor sich geht? Wird sie einschreiten, wenn es zu weit geht? Bestraft die Schule solche Verhaltensweisen? Solange verdeckte Aggressionen von der Schule nicht als Formen der Gewalt betrachtet werden, sollten Eltern sich so weit wie möglich zurückhalten, bevor sie intervenieren. Enthalten Sie sich jeden Urteils über die Schule und die Fähigkeit Ihres Kindes, sich zur Wehr zu setzen. Eltern sollten zur Kenntnis nehmen, dass das Problem erst einmal wahrgenommen werden muss, bevor es gelöst werden kann.

In guten wie in schlechten Zeiten

Zehn Minuten bevor es in der Linden-Schule zum Unterrichtsschluss läutet, beende ich das Gespräch mit den Mädchen der neunten Klasse. Man hört Papier rascheln, und die Mädchen rutschen ungeduldig auf ihren Stühlen hin und her. »Gut«, sage ich ein wenig lauter als beabsichtigt, »noch eine Frage.« Ich will wissen, ob sie mit ihren Eltern darüber sprechen, wenn sie gemobbt werden oder ein Mädchen gemein zu ihnen ist.

»Auf keinen Fall!«, rufen etliche, und andere stimmen zu: »Niemals!« Sie stöhnen laut auf, ein Mädchen verschluckt sich beinahe beim Trinken.

»Und warum nicht?«, frage ich freundlich. »Na los, raus mit der Sprache.«

Mollie meldet sich als Erste zu Wort: »Die Eltern könnten enttäuscht sein, wenn man sich nicht mit allen gut versteht.«

»Man will nicht, dass die Eltern schlecht über die Freundin denken, weil das ja auch wieder vorbeigeht«, fügt Lydia hinzu. »Man hält lieber zu seiner Freundin, denn schließlich hat man sie sich ja ausgesucht.«

»Genau!«, stimmt Reena zu. »Meine Mutter würde dann sagen: ›Die habe ich sowieso nie gemocht!‹«

»Meine Mutter hat keine Ahnung. Sie sagt dann: ›Ach, ich bin deine Freundin‹«, meint Lauren.

»Wenn sie denkt, dass ich Unrecht habe, möchte ich es ihr nicht sagen. Wenn sie nicht auf meiner Seite ist, dann ist es, als wäre ich schuld, und das ist schrecklich. Die Eltern sollten zu einem halten.«

»Ich möchte nicht, dass meine Freundinnen und meine Eltern gegen mich sind.«

Und so weiter und so fort.

Die meisten Mädchen sagen ihren Eltern nicht, wenn sie gemobbt werden. Jungen sind da nicht anders. Mobbing ist für jedes Kind eine zutiefst demütigende Erfahrung. Da verdeckte Aggressionen noch nicht allgemein als solche wahrgenommen werden, sind manche Mädchen gar nicht in der Lage, das, was sie erleben, als falsch und sträflich zu erkennen, stattdessen geben sie sich selbst die Schuld und hüllen sich in Schweigen.

Da es keine Regeln gibt, die diese Formen der Aggression ächten, und da Lehrer sie zum großen Teil gar nicht wahrnehmen, haben viele Mädchen zudem das Gefühl, dass solche Verhaltensweisen nicht der Rede wert sind und auch nicht geahndet werden müssen. Faith, eine Achtklässlerin aus Ridgewood, hatte versucht, sich umzubringen, weil ihre Freundinnen sich von ihr abgewandt hatten. Es war ihr einfach zu peinlich gewesen, ihrer Mutter davon zu erzählen. »Ich dachte, meine Mama hätte so etwas nie erlebt, weil sie mir nie etwas in der Richtung erzählt hatte. Ich wollte nicht, dass sie es erfuhr. Ich schämte mich, ihr zu sagen, dass mich ein Mädchen auf dem Kieker hatte und mich schikanierte.«

Mit seinen Kindern über verdeckte Aggressionen zu sprechen ist absolut entscheidend. Wenn Sie Ihrer Tochter zu verstehen geben, dass

Sie wissen, was in der Schule vor sich geht – dass Sie etwas von der verborgenen Aggressionskultur bei Mädchen verstehen –, wird sie keine Angst haben, Ihnen auch die dunklen Winkel ihrer Seele zu offenbaren. Hier ein paar Fragen, die Sie Ihrer Tochter stellen könnten:

- Was tun die Mädchen in deiner Klasse, wenn sie gemein sein wollen?
- Bekommt es die Lehrerin mit, wenn so etwas passiert? Warum bzw. warum nicht? Wie reagiert sie darauf?
- Gibt es Mädchen, die ihre Boshaftigkeiten besser kaschieren können als andere? Wie machen sie das?
- Kommt es vor, dass Freundinnen gemein zueinander sind? Wie sieht das aus?

Es ist hilfreich, mit etwas allgemeineren Fragen zu beginnen, damit Ihr Kind sich im Laufe des Gesprächs allmählich öffnen kann.

Da Mädchen zur Fürsorge für andere erzogen werden, verinnerlichen sie häufig negative Gefühle, um andere zu schützen – daher die vielen Fälle von Depression, Selbstverstümmelung und Anorexie, die den Verlust des Selbstbewusstseins in der Adoleszenz begleiten. Stephanie, die sich durch ihr Schweigen ein Magengeschwür zugezogen hatte, erklärt mir: »Ich wollte nicht, dass sich meine Eltern noch mehr Sorgen machen. Sie sollten nicht denken, ich sei zu blöd, um das Schuljahr zu schaffen.« Wenn Sie Ihrer Tochter helfen, die Komplexität von Beziehungen zu verstehen und die Gegenseitigkeit, auf der sie beruhen, wird sie auch in anderen Lebensbereichen ehrlicher mit ihren Gefühlen umgehen. Aber die Tür bleibt nur dann offen, wenn sie nach beiden Seiten aufschwingt: Ehrlich mit den eigenen Kindern umzugehen und sie in Maßen an den eigenen Sorgen und Ängsten teilhaben zu lassen kann da sehr hilfreich sein.

Sobald sie einmal in Fahrt waren, sprachen die mehr als dreihundert Mädchen, die ich einzeln oder in Gruppen befragte, mit Leidenschaft darüber, was ihre Eltern beim Versuch, ihnen zu helfen, falsch gemacht hatten. Die im Folgenden geschilderten Reaktionen der Eltern wurden am häufigsten genannt. Im Anschluss daran finden

Sie jeweils Verhaltensweisen, die viele Mädchen für gut befanden (wobei auch meine eigenen Schlussfolgerungen mit eingeflossen sind).

FALSCH: »Das geht vorbei« oder: »Das passiert jedem mal, Schatz.«

Auch wenn Sie Ihre Tochter mit solchen Äußerungen beruhigen wollen, banalisieren Sie damit letztlich ihr Leid. Denn es heißt nichts anderes als »Das kommt tausendfach vor«, während sie genau das gegenteilige Gefühl hat – dass sie ohne Zweifel die Einzige ist, die jemals etwas so Schreckliches erlebt hat. Vielleicht ist es wirklich nur eine Phase, aber das weiß sie nicht. Eine solche Reaktion beweist ihr lediglich, wie wenig Ahnung Sie von dem haben, womit sie zu kämpfen hat.

Wenn es um Mobbing geht, verläuft die Kommunikation zwischen Eltern und Kindern häufig nach einem ganz bestimmten Schema. »Das passiert jedem mal« klingt in den Ohren ihrer Tochter wie: »Das passiert eben einer Versagerin wie dir.« Einer der häufigsten Gründe, warum Mädchen zu Hause nichts von diesen Dingen erzählen, ist, dass sie sich schämen, im sozialen Umgang zu versagen. Wenn die soziale Identität eines Mädchens auf seinen zwischenmenschlichen Fähigkeiten beruht, kommt die Isolation einer Katastrophe gleich. Das Gefühl des Versagens aber wird durch Äußerungen, die ihre Erfahrungen banalisieren, noch verstärkt.

BESSER: »Ach, mein Schatz. Das ist ja furchtbar. Es tut mir so Leid.«

Schenken Sie dem Leiden Ihrer Tochter so viel Aufmerksamkeit, als wäre sie die Erste, die so etwas erdulden muss. Sprechen Sie zugleich mit ihr über verdeckte Aggressionen. Wie viele Eltern wissen, rümpft die Tochter oft nur die Nase, wenn sie ihr etwas sagen, nickt hingegen zustimmend, wenn sie dasselbe von jemand anderem hört. Erklären Sie ihr daher, was Psychologen herausgefunden haben. Geben Sie ihr zu verstehen, dass sie mit ihrer Erfahrung nicht allein dasteht.

ODER AUCH: »Mir ist es auch mal so ergangen.«

Ist es nicht so? Können Sie sich daran erinnern? Die besten Zuhörer sind die, die mitfühlen. Sie nehmen die Verletzbarkeit des anderen ernst und erzählen offen von ihren eigenen wunden Punkten. Wenn Sie sich in Ihre Gefühle als Heranwachsende zurückversetzen können, ist die Chance viel größer, dass Ihre Tochter Ihnen zuhört – und Ihnen glaubt. Aber übertreiben Sie es nicht: Manche Mädchen sagten mir, sie hassten es, wenn ihre Mutter immer wieder betont, sie wisse genau, wie sie sich fühlen. »Meine Mutter sagt: ›Ich weiß, was in dir vorgeht‹, aber das stimmt nicht«, hörte ich des öfteren. »Heute ist doch alles anders.«

FALSCH: »Ich habe dieses Mädchen sowieso nie gemocht« oder: »Warum gibst du dich überhaupt mit diesen Mädchen ab?« und: »Wie oft muss ich dir noch sagen, dass ...«

Haben Sie sich jemals mit jemandem verabredet, den Ihre Freunde nicht mochten? Wissen Sie noch, dass sie Ihnen sagten, wie schrecklich, wie unreif und wie unsensibel dieser Mensch sei? Haben Sie darauf erwidert: »Ach, ihr habt Recht. Vielen, vielen Dank!« und die betreffende Person dann sitzen lassen? Mag sein, dass sich Ihre Tochter mit Mädchen abgibt, die Sie für schrecklich halten; aber dass sie schrecklich sind, wird sie erst herausfinden, wenn sie selbst dazu bereit ist. Als Mutter ist Ihr Einfluss auf diesen Erkenntnisprozess eher gering. Vergessen Sie nicht, dass Mädchen Angst vor dem Verlust ihrer Freundschaften haben und dass Ihre Tochter wahrscheinlich nach einer Möglichkeit sucht, die Beziehung zu kitten, nicht, sie zu beenden. Sofern es sich nicht um schwerwiegenden emotionalen Missbrauch handelt, rufen Sie in Ihrer Tochter nur die schlimmsten Alpträume wach, wenn Sie ihr nahe legen, die Freundin aufzugeben. Ganz zu schweigen davon, dass sie meinen könnte, Sie wendeten sich gegen sie wie die anderen auch.

BESSER: »Das tut mir wirklich Leid. Hast Du schon daran gedacht, mit ihr darüber zu reden?« und/oder: »Was willst du jetzt machen?«

Einfühlung, Mitgefühl sind entscheidend. Alizah fühlte sich, weil ihre Mutter sich so gleichgültig verhielt, im Stich gelassen. Sie selbst, so meinte sie, »würde, wenn ich Mutter wäre, mit meiner Tochter weinen. Einfach weil es so schrecklich ist.« Lassen Sie Ihre Tochter reden. Sie will, dass Sie ihr einfach nur zuhören. Behandeln Sie sie möglichst wie eine Freundin, die Ihnen ein Problem anvertraut. Reden Sie ruhig, bestätigend und liebevoll mit ihr, niemals vorwurfsvoll oder wertend – davon hat sie in der Schule genug.

FALSCH: »Was hast du nur angestellt, dass so etwas passieren kann?«

Wenn Ihre Tochter gemobbt oder ausgegrenzt wird, ist es höchst unwahrscheinlich, dass sie daran etwas ändern kann, egal wie sehr sie sich bemüht. Häufig wird eine Clique wütend oder zeigt einem Mädchen die kalte Schulter, ohne dass Sinn und Zweck dieses Verhaltens einsichtig wären. Darüber hinaus hat Ihre Tochter bereits mit der Präzision eines Hochleistungscomputers registriert, welche Fehler sie selbst begangen haben mag. Wieder stehen wir vor einem Kommunikationsproblem. Sie sagen: »Was könntest du anders machen?« Ihre Tochter aber hört: »Meine Mutter meint, es ist mein Fehler und mit mir stimmt etwas nicht.« So litt zum Beispiel Naomi darunter, dass ihre Mutter ihre Probleme als Mangel an sozialer Kompetenz gedeutet hat. »Ich wollte, dass sie mich beschützt wie eine Löwin ihre Jungen, dass sie mich wie jemanden behandelt, der gefährdet ist, nicht aber als ein problematisches Kind. Ich wollte, dass sie die Gefahr erkennt, der ich ausgesetzt war.«

BESSER: »Möchtest du, dass wir uns gemeinsam überlegen, wie es zu dieser Situation gekommen ist?«

Das heißt nicht, dass Sie oder Ihre Tochter die Rolle des Opfers annehmen sollen. Nicht immer handelt es sich um das Problem einer bestimmten Entwicklungsphase. Denken Sie an Erin: Ihre Freundinnen unterdrückten allesamt ihre negativen Gefühle, und diese schwelten über Jahre, bis sie schließlich explodierten. Die Aufarbeitung des Geschehens zwischen ihr und ihren Freundinnen in den Jahren vor dem völligen Bruch half Erin zu verstehen, warum deren Zorn so unverhältnismäßig groß war. Erin erkannte, in welchen Situationen sie Hass und Neid heraufbeschworen hatte und wann ihre Freundinnen Angst hatten, darüber zu reden oder ihre Gefühle zu zeigen. Eine ähnliche Wirkung können Sie erzielen, wenn Sie mit Ihrer Tochter die Erinnerungen an die Spannungen zwischen ihr und ihren Freundinnen durcharbeiten.

AUSSERDEM: Sprechen Sie mit dem Schulpsychologen oder dem Lehrer.

Vielleicht reagiert Ihre Tochter nicht richtig auf die Signale ihrer Altersgenossinnen und zieht deshalb deren Zorn auf sich. Wahrscheinlich ist sie zu jung, um Ihnen das alles selbst schildern zu können. Suchen Sie daher den Schulpsychologen oder den Lehrer auf und klären Sie ab, welche Mittel zur Verfügung stehen, um Ihrer Familie zu helfen. Ihre Tochter dabei zu unterstützen, ihre soziale Kompetenz zu erweitern, heißt nichts anderes, als dass sie lernt, ihre Situation selbst zu verbessern. Die Frage, inwiefern Ihre Tochter zum Verhalten der anderen beiträgt, ist durchaus angebracht, denn wie meine Mutter immer sagte: »Nicht, was du sagst, ist entscheidend, sondern wie du es sagst.« Gehen Sie dabei jedoch behutsam vor. Zeigen Sie, dass Sie den Schmerz Ihres Kindes mitfühlen können, und gleichzeitig, dass Sie es auf dem Weg zu sozialem Erfolg unterstützen.

FALSCH: »Ich rufe *sofort* in der Schule an!«

Solange Sie nicht einen dicken Scheck für die Schulkasse platzen lassen, nützt es wenig, wutschnaubend zum Direktor zu rennen. Als hysterische Mutter etikettiert zu werden, kann fatal sein, und das passiert sehr schnell, wenn Sie in hellem Zorn dort auftauchen. Denn erstens ist die Annahme meist falsch, dort wüsste man nicht, was los ist, und zweitens gibt es vermutlich keinerlei Vorschriften, wie mit Mobbing umzugehen ist. Die Lehrkräfte stehen der Situation vielmehr ratlos gegenüber. Wütendes Auftreten wird bei ihnen lediglich Abwehr hervorrufen.

Viel wichtiger ist, was Ihre Tochter davon hält. Möchte *sie*, dass Sie in der Schule anrufen? Sofern nicht das Leben Ihres Kindes in Gefahr ist, ist es unverzeihlich – das muss in aller Schärfe gesagt werden –, die elterliche Autorität auszunutzen und die Wünsche des Kindes zu missachten. Außer ihrer Autonomie ist Ihrer Tochter vielleicht nicht mehr viel geblieben, und zudem verbringen ja nicht Sie acht Stunden pro Tag in einem Klassenzimmer. Naomi sagte zur Reaktion ihrer Eltern: »Ich bekam beinahe einen Nervenzusammenbruch. Der Druck war einfach zu groß, und sie wollten mich schon von der Schule nehmen. Sie wollten in der Schule anrufen. Aber ich sagte, nein, tut das nicht. Sonst sterbe ich, sie bringen mich um, ihr versteht das nicht, macht nicht so ein Theater. Ich kann nicht … wie soll ich nur klar machen, wie schlimm das alles für mich war. Es waren Kinder, und Eltern hatten da keine Macht. Ich habe tagtäglich gesehen, dass Erwachsene von der Rolle waren und Kinder die Macht hatten.«

Selbst wenn Sie die Lehrer um Stillschweigen bitten, können Sie nicht voraussehen, was passieren wird. Eine Lehrerin versprach einem Mädchen, das Mobbing in der Klasse nicht zu erwähnen, nahm dann aber die Täterclique im Flur beiseite und rang ihr das Versprechen ab, nett zu dieser Schülerin zu sein. Daraufhin machten sich die Mädchen für den Rest des Schuljahres einen Spaß daraus, zuckersüß zu ihr zu sein – eine quälende Erfahrung.

Natürlich gibt es Ausnahmen. Wenn das Wohlergehen Ihres Kindes ernsthaft gefährdet ist, müssen Sie etwas unternehmen. Vielleicht wollen Sie Ihr Kind aber auch lieber aus der Klasse oder von der Schule nehmen.

Besser: »Möchtest du, dass ich mit deinem Lehrer / deiner Lehrerin spreche?«

Wenn Ihre Tochter das möchte, heißt es vor allem, die Ruhe zu bewahren. Wie ich bereits erwähnt habe, wird man an der Schule nur die Augen verdrehen, wenn Sie laut und wütend auftreten. Gefühle zählen hier nicht viel. Was Sie brauchen, sind knallharte Fakten über verdeckte Aggressionen. Legen Sie Ihr Wissen klar und systematisch dar und machen Sie deutlich, dass die Schulgemeinschaft viel gewinnt, wenn sie sich dieses Themas annimmt.

Schließlich brauchen Sie die Mithilfe anderer Eltern. Margaret, die Angst davor hatte, dass andere von den Problemen ihrer Tochter erfahren, fand eine Gruppe von vier Müttern, die sich einmal in der Woche informell traf. Nach ein paar Monaten, so Margaret, »hatten wir herausgefunden, dass wir offen miteinander sprechen konnten«. Nach einem Jahr begannen sie, auch über Probleme zu sprechen und sich ihre Sorgen anzuvertrauen. Margaret erzählte von Chloes Qualen, und die anderen Frauen bemühten sich, ihr zu helfen.

Die verborgene Aggressionskultur von Mädchen beruht auf Schweigen und Isolation. Wie Mary Pipher schreibt, »dürfen wir die Familien nicht pathologisieren, wir sollten sie vielmehr politisieren«.[53] Das bedeutet auch, dass wir zunächst dafür sorgen, dass die Fragen und Ängste, die uns zu Hause beschäftigen, öffentlich gemacht und ernst genommen werden. Denn nicht nur die Mädchen glauben, dass sie als Einzige unter psychischem Terror leiden. Auch die Eltern tun es. Wenn in den Familien nicht darüber gesprochen wird, können die Eltern – die meist dazu neigen, sich selbst Vorwürfe zu machen, dass ihre Kinder solche Probleme haben – nicht voneinander lernen.

Wie wäre es, ein Komitee zu gründen, das politische Maßnahmen gegen verdeckte Aggressionen entwickelt und durchsetzt? Fordern Sie Lehrer und Studenten auf, sich dieser Initiative anzuschließen. Wenn möglich, bitten Sie auch Mütter hinzu, deren Töchter nicht unmittelbar vom Mobbing betroffen sind. So verleihen Sie dem Unternehmen mehr Glaubwürdigkeit und verhindern, dass der Eindruck entsteht, es handle sich um einen Zusammenschluss »hysterischer Mütter«. Bitten Sie die Schule, sich um die Aufklärung der Öffentlichkeit zu bemühen und Regeln aufzustellen, und verzichten Sie darauf, spezielle Aufmerksamkeit nur für Ihr Kind zu verlangen.

FALSCH: »Mädchen sind eben so. Du gewöhnst dich schon noch daran.«

Mit Verallgemeinerungen über bestimmte gesellschaftliche Gruppen geben Sie Ihrer Tochter kein gutes Vorbild. Ihr beizubringen, dass Geschlechtsgenossinnen zum Fürchten oder hassenswert sind, ist ein Fehler. Mütter, die selbst einmal Opfer der Aggressionen anderer Mädchen waren, neigen häufig zu solchen Äußerungen. Aber das ist nur ein weiteres Beispiel dafür, dass die Erfahrungen der Eltern die des Kindes überlagern können.

BESSER: »Wusstest du schon, dass es Untersuchungen darüber gibt, warum manche Mädchen sich so verhalten, wenn sie sauer sind?«

Zeigen Sie Ihrer Tochter Wege auf, selbstbewusster zu werden. Klären Sie sie darüber auf, wie Mädchen sozialisiert werden, was »weiblich sein« bedeutet und dass von ihnen Fürsorglichkeit erwartet wird. Weisen Sie sie darauf hin, dass »guten Mädchen« direkte Äußerungen von Ärger und Aggression verboten sind, dass sie nicht offen miteinander konkurrieren oder Neid zum Ausdruck bringen dürfen, und wie sich all das auf die Art und Weise auswirkt, wie Mädchen ihre Gefühle artikulieren. Helfen Sie Ihrer Tochter zu erkennen, dass sie mit ihrem Problem nicht allein dasteht.

Sie soll nicht glauben, alle Frauen und Mädchen wären so. Zeigen sie ihr auf, inwiefern die Regeln der Weiblichkeit, die direkte Auseinandersetzungen verbieten, alle ihre Freundschaften beeinträchtigen, die guten wie die schwierigen. Auf diese Weise wird sie begreifen, dass in allen Beziehungen, nicht nur in den schlechten, Konflikte häufig gemieden werden. Helfen Sie ihr, ihre Angst vor Konflikten und auch ihr eigenes verdeckt aggressives Verhalten zu erkennen. Zeigen Sie ihr, wie sie zwischen dem Ärger darüber, dass sie zum Opfer wurde, und dem Ärger über die Aggressivität anderer Mädchen unterscheiden kann. Vermeiden Sie es, indirekt das Stereotyp zu verstärken, Mädchen hätten »nett« zu sein.

FALSCH: »Aber ihr wart doch so gute Freundinnen!«

Denken Sie daran: Manchmal trügt der Schein. Mädchen decken über Schikaniererei gern den Schleier der Freundschaft, sodass man die Aggressionen kaum wahrnimmt. Eine Andeutung Ihres Kindes ist vielleicht das einzige Warnsignal. Faith erklärte mir, wie ihre Peinigerin es zu verbergen verstand, dass sie anderen gegenüber sehr verletzend sein konnte. »Niemand wusste es, weil Liz eine Einser-Schülerin war, und man dachte, sie hätte so viele Freundinnen. Niemand hatte eine Ahnung, was sie manchen ihrer Freundinnen antat.« Wenn Sie Ihrer Tochter Vorwürfe machen, sollten Sie sich fragen, warum. Schließlich sehen wir nur das, was wir sehen wollen. Was gewinnen oder verlieren Sie, wenn Ihre Tochter mit diesem Mädchen nicht mehr befreundet ist?

BESSER: »Wann hat das angefangen? Bei welchen Gelegenheiten passiert es? Kannst du irgendetwas tun, um es abzustellen?«

Reden Sie mit Ihrer Tochter und machen Sie sich ein Bild davon, in welchem Maß ihre Freundschaft beeinträchtigt ist. Handelt es sich um ein Problem, das auf diese Freundschaft begrenzt ist, oder werden alle ihre Beziehungen davon in Mitleidenschaft gezogen? Kommt es nur vor, wenn andere Mädchen dabei sind? Finden Sie heraus, welches die Auslöser sind oder in welchen Situationen ihre Tochter gemobbt wird, und prüfen Sie, ob Sie ihr durch Rollenspiel oder das Gespräch mit einem Schulpsychologen heraushelfen können.

Wenn es sich um ein sehr ernstes Problem handelt oder die Peinigerin nicht von ihrem Tun abläßt, ist Ihr Handeln als Mutter oder Vater gefragt. Das Problem besteht darin, dass Mädchen Freundschaft und Missbrauch verwechseln – ähnlich wie die Frau, die von ihrem Partner geschlagen wird. Überreagieren Sie nicht. Nennen Sie die Sache beim Namen. Machen Sie Ihrer Tochter klar, wie schädlich diese Freundschaft für sie ist. Führen Sie ein sachliches, liebevolles Gespräch über den Missbrauch einer Freundschaft. Wenn Sie das Gefühl haben, dass Ihnen die Sache über den Kopf wächst, suchen Sie professionelle Hilfe.

FALSCH: »Du bist zu empfindlich. Sie meinen es gar nicht so!«

Oder wie meine Großmutter sagen würde: »Nimm's nicht so schwer.« Den Unmut, den selbst erwachsene Frauen angesichts dieser Perle der Weisheit empfinden, kann man kaum überbewerten. Man meint, man würde seine Tochter abhärten, wenn man sie lehrt, ein paar Schläge hinzunehmen, aber für sie kommen solche Äußerungen einer Missachtung ihrer Gefühle gleich.

Schon Naomis Großmutter hatte, wenn das Mädchen einmal hinfiel, nur gelacht und gesagt: »Ich hoffe, der Fußboden ist noch heil!« Als Naomi ihren Eltern erzählte, wie die anderen sie fertig machten, rieten sie ihr, sich zu verhalten, als wäre nichts geschehen. Deshalb, so erinnert sie sich, »konnte ich auch nicht darüber jammern. Ich konnte nicht um Hilfe bitten oder zurückschlagen. Ich hatte nicht das Recht, mich zu wehren. Man durfte seinen Schmerz nicht zeigen.

Man durfte nicht zeigen, dass jemand einem etwas wirklich Schlimmes angetan hatte. Immer dieses Schweigen, dieses ›Sag nichts‹. ... Man hat das Recht, sich mit allen Mitteln zu verteidigen, und man hat das Recht auf Würde. Ich glaube, das war das Schlimmste, dass mir dieses Gefühl der Würde genommen wurde.«

Wenn Sie nicht miterlebt haben, was Ihre Tochter Ihnen schildert, ist es ungerecht und Ausdruck eines Vorurteils, sie als überempfindlich zu bezeichnen. Sie könnten kaum klarer signalisieren, dass Sie sie oder das, was sich in ihrem Leben abspielt, nicht verstehen.

BESSER: »Woher weißt du, dass sie nicht nur Spaß machen? Glaubst du wirklich, sie wollen, dass du dich so schlecht fühlst?«

Wenn Ihre Tochter erzählt, ihre Freundinnen bestünden darauf, es sei nur ein »Scherz« gewesen, sollten Sie aufhorchen. Wie bereits dargelegt, ist Humor bei Mädchen oft ein Mittel, um auf indirekte Weise negative Gefühle äußern zu können. Vielleicht erfasst Ihre Tochter intuitiv die unterschwellige Bedeutung solcher Äußerungen. Eltern sind geradezu verpflichtet, ernst zu nehmen, wie ihr Kind das Geschehen schildert. Vielleicht sind sie die Einzigen, die es überhaupt ernst nehmen. Trotzdem sollten Sie nicht überreagieren oder sich zu sehr mit dem Leid Ihrer Tochter identifizieren. Aber Sie müssen sie ernst nehmen. Sonst besteht die Gefahr, dass sie Ihnen gar nichts mehr erzählt.

Der Weg, der vor uns liegt

Selbstbehauptung zu trainieren ist gegenwärtig für Mädchen »angesagt«, zumindest an Schulen, die es sich leisten können. Meist konzentrieren sich diese Projekte auf physische Selbstverteidigung oder rhetorische Schulung. Damit aber erreicht man nichts, wenn es um verdeckte Aggressionen geht. Auf einen Sandsack eindreschen kann jeder. Sich gegen Gerüchte, Bündnisse oder die beste Freundin zu wehren ist weitaus schwieriger. Um wirklich etwas zu erreichen, müssten diese Programme couragiertes Handeln vermitteln, das auf die alltäglichen Beziehungen der Mädchen abgestimmt ist. Zumindest sollten in Rollenspielen zwischenmenschliche Situationen – insbesondere das Wechselspiel von Beziehungen und Isolation, das im Mittelpunkt des Lebens der Mädchen steht – simuliert werden, um die tiefsten Ängste der Mädchen zu erfassen und das Bewusstsein dafür in die Selbstverteidigungsstrategien zu integrieren.

Inzwischen dürfte klar sein, dass verdeckte Aggressionen und die Gründe, die Mädchen zu solchen Verhaltensweisen bewegen, mehr sind als ein zwischenmenschliches Problem, mehr als nur eine Episode in der jugendlichen Entwicklung. Es bedarf nicht nur eines Selbstverteidigungsprogramms. Wichtig ist vor allem, eine Infrastruktur zu schaffen, deren wichtigste Komponenten das Aufstellen von Regeln, Aufklärung und Lernen sind.

Regeln aufstellen

Am Ende der Sommerferien begleite ich meine Mitbewohnerin Jenny nach Brooklyn, wo sie sich in einem Geschäft für Lehrerbedarf für das nächste Schuljahr eindecken will. Der Laden ist voll gestopft mit Büchern, Zeitschriften, Stickern und Lesezeichen. Neben der Kasse steht ein riesiger Ständer mit Schildern, wie sie so viele Klassenräume schmücken: Murmeltiere, die sich beschnuppern, darunter der Spruch »Wir respektieren uns«; Schmetterlinge vor einem blauen Himmel, darunter die Worte »Sei ein guter Freund!«. Es gibt offenbar Lehrer, die so etwas für eine schöne Dekoration eines kahlen Klassenzimmers halten. Aber für mich sind dies nur vage, klischeehafte Versuche, unseren Kindern beizubringen, wie sie sich verhalten sollen. Es reicht schlicht und einfach nicht, Mädchen zu gegenseitigem Respekt aufzufordern. Wir müssen ihnen klar und deutlich sagen, was toleriert wird und was nicht.

Der erste Schritt dazu besteht darin, die Regeln zu ändern. Gegenwärtig wird bestenfalls willkürlich und planlos gegen verdeckte Aggressionen vorgegangen, schlimmstenfalls wird gar nichts unternommen. Die Schulbehörden stellen häufig nur allgemeine Leitlinien für die Schüler auf, sodass manche Schulen eine sehr strikte Strategie verfolgen, während an anderen das Wort »Mobbing« nicht einmal existiert.

Es reicht nicht, Belästigungen oder Mobbing einfach nur zu »verbieten«. Die neuen Untersuchungen über verdeckte Aggressionen müssen Eingang in die Schulpolitik und in die pädagogischen Richtlinien finden, und die Schulen selbst müssen klar definieren, was sie unter aggressivem Verhalten verstehen, auch bei Mädchen. Die bestehenden Vorschriften sollten dahingehend erweitert werden, dass bestimmte Verhaltensweisen wie das Ausstreuen von Gerüchten, das Bilden von Bündnissen gegen eine Schülerin und schwerwiegende nonverbale Aggression untersagt sind. Wir brauchen vernünftige Regeln, die unabhängig von Familie, sozialem Status, ethnischer Herkunft oder Geschlecht anwendbar sind.

Im Jahre 2001 wurde im US-Bundesstaat Washington ein Gesetz eingeführt, wonach alle Schulen gegen jede Form des Mobbings detaillierte Strategien zu entwickeln haben. Daran sollen Schüler und andere mit der Schule in Zusammenhang stehende Personen beteiligt sein. Außerdem werden die Schulen aufgefordert, wenngleich nicht verpflichtet, »Projektgruppen zur Verhinderung von Mobbing« zu bilden, und die Lehrkräfte sollen an speziellen Fortbildungsprogrammen teilnehmen. Das Gesetz sieht allerdings nicht vor, dass die Schulen Disziplinarmaßnahmen ergreifen, eine Vorschrift, die in Oregon jedoch bereits Aufnahme in die Gesetzgebung gefunden hat. Hier wird Mobbing als ein Akt »schriftlicher, verbaler oder physischer Aggression« definiert, wobei die Betonung auf der physischen und direkten Aggression liegt und die nonverbale und die relationale Aggression, die beim Mobbing unter Mädchen vorherrschen, ausgeklammert bleiben.

Doch auch wenn es fraglich ist, ob neue Gesetze für das Verhalten in der Schule das angemessene Mittel sind, so können derartige Maßnahmen gesellschaftlich einiges bewirken – damit endlich eine öffentliche Debatte über den psychischen Schaden eröffnet wird, den verdeckte Aggressionen anrichten.

Aufklärung und Lernen

Wie kann ein Lehrer in der Klasse dafür sorgen, dass verdeckte und direkte Aggressionen gleich behandelt werden? Schon im Kindergarten und in der Vorschule sollten Mädchen und Jungen nicht nur lernen, in der Reihe zu stehen, ruhig zu sein, wenn der Lehrer etwas fragt, und zu warten, bis man an der Reihe ist, sondern auch, dass verdeckte Aggressionen nicht hingenommen werden dürfen. Sie müssen lernen, dass die Drohung, eine Freundschaft aufzukündigen, um seinen Willen durchzusetzen, ebenso eine Form der Gewalt ist wie jemanden zu verprügeln. Dieses Lernprogramm muss frühzeitig beginnen und Jahr für Jahr fortgesetzt werden. Gerade weil die indirekt agierenden Peinigerinnen seufzen statt zu schreien, schnauben statt zu frotzeln, die Augen rollen statt zu spotten, oder jemandem den Rücken zukehren statt zuzuschlagen, darf man nicht locker lassen.

Solche Verhaltensweisen zu unterbinden ist genauso wichtig wie der Sozialkunde- oder Ethikunterricht. Wir dürfen nicht aus dem Auge verlieren, dass es Täterinnen wie Opfern gleichermaßen schadet, wenn wir das Mobbing unter Mädchen ignorieren. So wie manche Mädchen glauben, das, was sie erleben, sei nicht besonders schwerwiegend oder »keine große Sache«, meinen andere, hinter dem Rücken anderer zu agieren sei »nett«.

Wie bereits deutlich geworden sein dürfte, möchte ich damit nicht sagen, dass Mädchen ihre Aggressionen beiseite wischen sollen. Aber man darf ihnen nicht weismachen, dass Schweigen und indirektes Agieren annehmbare Möglichkeiten sind, negative Gefühle zum Ausdruck zu bringen. Zugleich sollten Mädchen zu demselben Maß an nichtaggressivem Verhalten angehalten werden wie Jungen, und sie haben auch das gleiche Recht auf Schutz im Klassenzimmer.

Um zu erreichen, dass eine Klasse ein Gespür für verdeckte Aggression entwickelt, muss der Lehrer mit den Schülern offen über die verschiedenen Formen von Aggressionen sprechen. So könnte der Lehrer eine Unterrichtsstunde mit Geschichten von Kindern gestalten, die Opfer verdeckter Aggressionen werden. Eine Lehrerin spricht vielleicht offen über ihre eigenen Mobbing-Erfahrungen oder nutzt einen Teil der Stunde, um über die soziale Dynamik der Klasse zu diskutieren. Auch die Zusammenarbeit mit anderen Lehrern ist wichtig, um das soziale Klima in der Klasse zu besprechen und wirksame Disziplinarmaßnahmen zu ergreifen.

Wir brauchen einen Lehrplan zur Bekämpfung des psychischen Terrors, bei dem indirekte Aggressionen im Mittelpunkt stehen.

Gemeinsam mit den Mädchen sollten wir nach den Motiven für die Bündnisbildung forschen und Strategien dagegen entwickeln. Viele Konflikte, die zum Mobbing führen, betreffen die Beziehung, und Lehrer berichten häufig, dass der Zorn der Mädchen verraucht, wenn sie die Gelegenheit erhalten, darüber zu sprechen. Bei einem Anti-Mobbing-Programm müsste regelmäßig Zeit für Konfliktlösungen zur Verfügung stehen. Am wichtigsten aber ist, dass die Mädchen an jedem Schritt beteiligt sind und wir uns von ihnen durch ihren »Untergrund« führen lassen. Auf anderem Wege werden wir nicht dorthin gelangen.

Ohne die Unterstützung ihrer Vorgesetzten werden die Lehrer das alles nicht schaffen. Sie müssen das Gefühl haben, dass die Zeit, die sie für diese Themen aufwenden, nicht verschwendet, sondern von eminenter Bedeutung für den Alltag und die Entwicklung ihrer Schüler ist.

Solange Mädchen verdeckt mobben, bleibt die Intervention des Lehrers eine durchaus vertretbare Option. Wie im vorigen Kapitel gezeigt, scheuen sich viele Erzieher, ein Verhalten anzusprechen, das sie nicht mit eigenen Augen gesehen haben. Es ist meist nicht leicht, die Täterinnen zu identifizieren. Wir brauchen andere Maßstäbe für die Ermittlung dieses Verhaltens, damit die Verletzungen aufhören. Und Lehrer sollten die Sicherheit haben, dass sie im Fall einer Auseinandersetzung unterstützt werden. Der beste Rückhalt ist für sie meist bürokratischer Art.

Das Ophelia Project, benannt nach Mary Piphers bahnbrechendem Buch »Reviving Ophelia« (dt. »Pubertätskrisen junger Mädchen«), hat als erste US-amerikanische Organisation Lehrpläne gegen Mobbing entwickelt. Das Programm mit dem Titel »Wie Mädchen sich gegenseitig verletzen« wurde in enger Zusammenarbeit mit dem Psychologenteam entwickelt, das die ersten Studien über verdeckte Aggressionen durchführte. Im Rahmen dieses Programms werden Highschool-Tutorinnen geschult, jüngeren Mädchen den Umgang mit relationalen Aggressionen beizubringen. »Wie man ein gutes soziales Klima in unseren Schulen herstellen kann« lautet der Titel eines vom Ophelia Project durchgeführten Trainingsprogramms, bei dem in Zusammenarbeit mit Lehrern, der Schulleitung und Schülern ein Bewusstsein für relationale Aggression geschaffen werden soll. Das Ophelia Project bezieht auch die Eltern mit ein, damit sie mehr Einfluss auf das soziale Klima in der Schule nehmen können.[54]

Die Organisation »Empower«, die in Washington, D. C., beheimatet ist, hat Programme für Mädchen und Jungen entwickelt, in denen die Teilnehmer sich mit Gewalt in Beziehungen beschäftigen und lernen, mit Konflikten umzugehen.

Besonders (aber nicht ausschließlich) für Mädchen: Über Offenheit und Konflikte

Die entscheidende Rolle, wenn es um einen veränderten Umgang in ihren Cliquen und Freundschaften gehen soll, spielen die Mädchen selbst. Viele von ihnen haben mir erklärt, dass sie lieber von ihren Altersgenossinnen verprügelt als ignoriert oder psychisch unterdrückt würden. Wir müssen uns von der Annahme verabschieden, diese Verhaltensweisen seien natürlich oder unvermeidlich. Sie sind es nicht. Wir können etwas daran ändern.

Eine Übung für Freundinnen und Cliquen: Umsteuern

»Ich hasse dieses ganze Zeug«, sagt Shelley eines Nachmittags bei Starbucks zu mir. »Man kann jemandem nicht sagen, wenn man sauer auf ihn ist, man hat keine Ahnung, was in ihm vorgeht, man steht da wie ein Idiot. Oder man hat mit sechs Leuten gleichzeitig Probleme, nur weil man auf einen von ihnen sauer ist.«

Aber so muss es nicht sein. Wenn wir mit unseren Freundinnen offen über unsere Angst sprechen, sie zu verlieren, werden wir feststellen, dass es ihnen nicht anders geht. In meinen vielen Gesprächen mit Mädchengruppen habe ich immer wieder eine Mischung aus Erleichterung und Überraschung auf ihren Gesichtern bemerkt, wenn sie feststellten, dass ihre Freundinnen genauso empfanden wie sie. In den drei Jahren, in denen ich recherchierte und an diesem Buch schrieb, habe ich einige ziemlich einschneidende Veränderungen an mir selbst erlebt. Mir wurde plötzlich bewusst, wie oft ich es vermieden habe, jemandem meinen Unmut zu zeigen, wie sehr ich meine Gefühle zurückhielt und äußerlich ruhig blieb, während der innere Druck zunahm. Als ich mich mit Jenny stritt, erlebte ich, was passieren kann, wenn man einer Freundin erzählt, dass man neidisch auf sie ist und sie als Rivalin empfindet. Ich habe zwar kein Patentrezept, aber warum versucht ihr es nicht mal so:

1. Trommelt eure engsten Freundinnen zusammen – oder trefft euch auch nur mit einer von ihnen – und lasst euch Zeit zum Reden. Macht es euch an einem ruhigen Ort bequem.

2. Sprecht über eure Angst vor der Auseinandersetzung. Fragt euch gegenseitig: »Sagt ihr mir, wenn ihr wütend oder sauer auf mich seid?« Wenn die Antwort »nein« lautet, redet darüber, was ihr macht, anstatt es auszusprechen.

3. Unterhaltet euch darüber, was passiert, wenn ihr eure Gefühle zurückhaltet oder verbergt. Ist es besser, die Gefühle aufzustauen oder die Karten gleich auf den Tisch zu legen? Redet über bestimmte Situationen. Es können gelöste oder noch bestehende Probleme sein, aber wählt eine Situation, in der ihr Angst hattet, offen darüber zu reden. Redet darüber und haltet euch an euer Versprechen, die negativen Gefühle der anderen zu respektieren und sie als Teil eurer Freundschaft zu betrachten.

4. Überlegt, wie eure eigenen Aggressionen aussehen. Redet darüber, wie ihr selbst einmal wütend, gemein, auftrumpfend oder neidisch wart – sei es wegen einer Freundin oder aus einem anderen Grund. Legt es offen auf den Tisch. Lasst euch in die Karten schauen. Ihr werdet sehen, dass ihr deswegen keinen Schaden erleidet. Achtet darauf, welche Erleichterung es bringt, nicht perfekt sein zu müssen.

5. Wenn einige oder alle sagen, sie hätten Angst, ihre Freundinnen zu verlieren oder ausgegrenzt zu werden, versprecht euch gegenseitig, dass ihr es nicht tun werdet. Sagt euren Freundinnen, dass ihr zu ihnen haltet, egal, was passiert; dass ihr das Problem irgendwie lösen

werdet. Sagt es, wenn auch ihr Angst habt. Im Grunde ist es nicht mehr als das Versprechen der Freundschaft, das zu geben ihr längst gewöhnt seid. Es unterscheidet sich nicht besonders von dem Versprechen, ein Geheimnis zu wahren, die beste Freundin zu sein oder einen Platz frei zu halten. Das könnt ihr gut.

Wenn ihr wollt, könnt ihr auch darüber sprechen, dass Mädchen dazu erzogen werden, *nicht* wütend oder aggressiv zu sein und einander nicht die Wahrheit zu sagen. Wenn ihr Mädchenpower wollt, ist dies die wichtigste Voraussetzung.

6. Sprecht euch gegenseitig Mut zu. Versichert euren Freundinnen, dass euch ihre Gefühle wichtig sind, dass Konflikte zusammenschweißen und ihr über all das reden solltet, weil ihr alle wisst, wie sehr es einen herunterzieht, wenn man Wut und Ärger empfindet und die Gefühle zurückhalten muss.

Wenn das Immunsystem intakt ist, erkennt der Körper den Unterschied zwischen den Zellen, die er zum Leben braucht, und den fremden, die ihn bedrohen. Wenn das Immunsystem jedoch nicht funktioniert, hält der Körper die gesunden Zellen für gefährlich und greift sie an. Damit schwächen wir uns selbst. Leider lernen wir meist, in ähnlicher Weise auch Konflikte anzugehen – als etwas Fremdes, das uns bedroht. Aber das führt nur dazu, dass wir uns gegenseitig bekämpfen, dass unsere Streitereien sehr viel schlimmer werden als nötig. Wir müssen lernen, Aggressionen als normalen, gesunden Bestandteil unserer Beziehungen und unseres Lebens zu betrachten.

Nachdem ich mich mit einer Gruppe von Mädchen wochenlang über die Angst vor Konfrontationen unterhalten habe, erzählt eine Schülerin von ihrer Wut auf eine Freundin, die lange in ihr geschwelt hat: »Ich beschloss, zu ihr zu gehen, und das erforderte wirklich viel Mut. Ich dachte: Was, wenn sie dann nicht mehr meine Freundin sein will und mich hasst? Ich werde eine meiner besten Freundinnen verlieren. Und nachdem ich es ihr gesagt hatte, zählte sie mir ein paar gemeine Sachen auf, die ich gemacht hatte und die sie geärgert hatten. Wir haben unsere Probleme gelöst und sind immer noch enge Freundinnen. Es kommt nicht immer so, wie man denkt.«

Mobbing: Wenn du echte Probleme hast

»Wenn ihr in die Vergangenheit, zu dem Augenblick zurückkehren könntet, in dem ihr sehr wütend wart, was würdet ihr euch dann sagen?« Diese Frage stellte ich allen gemobbten Frauen und Mädchen, mit denen ich sprach. Dieses Buch wäre wohl nicht entstanden, wenn nicht ein kleiner Teil von mir immer noch acht Jahre alt wäre, in dem dunklen Theater des Stadtteilzentrums stehen und dem Gekicher meiner Freundinnen lauschen würde. Ich glaube, ich wollte wissen, was ich hätte tun, was man mir hätte sagen können.

1. Hilfe suchen

Versuch es nicht allein. Such dir jemanden, der dich unterstützt. Die elfjährige Dina sagt: »Wenn etwas schief läuft und man sich nicht selbst verteidigen kann, sollte man sich mit jemandem anfreunden, der einem zur Seite stehen kann. Wenn man keine Freundin hat, geht man am besten zu seinen Eltern, denn die Eltern sollten wissen, was vor sich geht. Vielleicht haben sie selbst auch einmal so etwas erlebt und kennen sich aus. Man sollte sich nicht in die Ecke stellen und versuchen, allein mit der Sache fertig zu werden.«

Die gleichaltrige Susie meint, sie bedaure, ihren Eltern nicht gesagt zu haben, wie schlimm es für sie war. »Ich wollte es meinen Eltern nicht erzählen, weil ich Angst hatte, dass sie die Eltern der anderen Kinder anrufen würden und alles dann noch schlimmer würde. Ich habe ihnen nicht alles gesagt. Jetzt wünschte ich, ich hätte es getan, dann hätten mich meine Eltern vielleicht früher aus der Schule genommen.«

Sprich mit deinen Lehrern. Vielleicht gibt es jemanden, der es versteht und begreift, wie schlimm das ist. Vielleicht ist er oder sie bereit, mit dir nach der Schule oder in der Mittagspause zu reden.

Haley meint: »Man sollte mit Freundinnen darüber reden, die es selbst schon einmal erlebt haben oder die wirklich echte Freundinnen sind. Das hilft sehr.« Mit das Schlimmste am Mobbing ist, dass sich das Opfer furchtbar einsam und allein fühlt. Manchmal denkt man sogar, dass man der einzige Mensch auf der ganzen Welt sei, dem so etwas passiert. Es hilft, sich mit jemandem unter vier Augen zu besprechen, der es versteht, der *Bescheid weiß*. Viele Mädchen sagten mir, dass man sich dann schon viel besser fühlt.

2. Loslassen

Wenn du dich mies fühlst, weil du versuchst, beliebt zu sein, hör auf damit. Und eine Freundin, mit der du dich mies fühlst, solltest du auch aufgeben. Es ist ein Irrtum zu glauben, dass beliebt zu sein glücklich macht. »Die einzige Möglichkeit, darüber hinwegzukommen«, meint Stephanie, deren Fall im vierten Kapitel geschildert wird, »ist, sich Freundinnen zu suchen, die man mag, wie sie sind, nicht wegen ihres Ansehens in der Schule, nicht weil sie die Hübschesten oder die Beliebtesten sind oder alle Jungs sich mit ihnen verabreden wollen. Man muss sich jemanden suchen, mit dem man Spaß und gemeinsame Interessen hat.« Wenn die anderen Mädchen dich ignorieren, dich nicht einladen, dir nur den schlechtesten Platz übrig lassen, dir keine Geheimnisse anvertrauen – wenn sie dich dazu benutzen, sich selbst toller zu fühlen –, nimm es als ein Zeichen dafür, dass sie nicht die richtigen Freundinnen sind.

3. Luft ablassen

Leg ein Tagebuch an und schreib hinein, wie du dich fühlst. Auch malen, tanzen, kickboxen, im Regen laufen, auf einen Sandsack einschlagen, ein Lied schreiben oder trommeln kann helfen. Vergrab es nicht. Lass deinen Ärger nicht an deinem Hund aus. Wir werden dazu erzogen, unseren Schmerz zu schlucken, bis wir daran ersticken. Um dagegen anzugehen, muss man sich zunächst Erleichterung verschaffen.
»Es hilft sehr, wenn man die Probleme rauslässt«, meint die elfjährige Jill. »Meistens ist es das Beste, aufzuschreiben, wer gemein zu einem ist und in welcher Weise. Und dann jeweils daneben zu schreiben, was man tun kann, um das Problem zu lösen.«

4. Etwas tun

Mach bei der Schülerzeitung mit, nimm an einem Kurs teil, geh in einen Sportverein, mach etwas Ehrenamtliches, such dir einen Job.

Chatte im Internet. Verkriech dich nicht unter der Decke, zumindest nicht den ganzen Tag, nicht jeden Tag. Wenn man eine neue Gemeinschaft findet, ist meist schon sehr viel gewonnen. Finde heraus, was du am liebsten machst.

Es muss nicht unbedingt etwas sein, das man mit anderen gemeinsam macht. Wenn man herausfindet, was einem gefällt, kommt man sich selbst näher. Dann strahlt man etwas aus, eine Art Energie. So war es auch bei Alizah, und es hatte eine enorme Wirkung. »Man muss sich fragen, was man selbst am liebsten machen würde, denn ich glaube wirklich, dass dort die Stärke liegt, in einem selbst. Dann kommen die Leute auf einen zu, einfach, weil man so ist, wie man ist. Ich glaube, jeder von uns hat bestimmte Fähigkeiten.«

5. Es *wird* aufhören

Hast du jemals versucht, einem schreienden Dreijährigen zu erklären, seine Mutter werde in fünf Minuten wiederkommen? Er könnte dir eher die dreiundvierzig Präsidenten der Vereinigten Staaten aufzählen als zu sagen, wie viel von jetzt an fünf Minuten sind. So etwa geht es einem, wenn jemand sich zum Ziel gesetzt hat, einem das Leben zur Hölle zu machen. Aber – und das könnt ihr mir wirklich glauben – eines Tages werdet ihr nicht mehr mit dem Gedanken aufwachen, dass ihr mit solchen Leuten in die Schule gehen müsst.

»Es gibt keinen Grund, mir zu glauben«, meint Naomi, »aber springt über euren eigenen Schatten und vertraut mir, dass dies nicht das wirkliche Leben ist. Es ist nur die Schule. Das alles wird sich nicht noch einmal wiederholen, es wird nie mehr passieren ... Alles wird besser werden, weil nie mehr ein paar Leute darüber bestimmen werden, wer ich bin.«

Man hat das Gefühl, die Welt bricht zusammen. Aber das stimmt nicht. »Es wird besser«, sagt Roma. »Man ist jetzt mit diesen Leuten zusammen, und ihre Meinung zählt jetzt, in diesem Augenblick, aber das bleibt nicht so. Hört auf das, was euch am wichtigsten ist. Macht euch klar, dass unendlich viele Möglichkeiten vor euch liegen, Dinge, die euch interessieren und die ihr für euch tun wollt. Konzentriert euch darauf, an diese Dinge heranzukommen. Und bleibt bei dem, was euch am wichtigsten ist, denn niemand ist wichtiger als ihr selbst.«

Wenn es kein Mobbing ist

Ist ein Kind, das sich zurückgewiesen fühlt, immer ein Opfer? Wann kann man sagen, dass ein Mädchen »ausgegrenzt« wird? Auch dort, wo nicht gemobbt wird, kann jemand ausgeschlossen werden. Dies geschieht immer dann, wenn eine Beziehung intimer wird. Aber das bedeutet noch nicht, dass es sich um Mobbing handelt.

Jeder Fall ist so einzigartig wie das Kind, um das es geht, und muss nach eigenen Maßstäben bewertet werden. Wenn ein Mädchen ab und zu oder in einer bestimmten Gruppe nicht mitmachen darf, dann darf es ab und zu oder in einer bestimmten Gruppe nicht mitmachen – nicht mehr und nicht weniger. Wenn sie keine engen Freundschaften knüpfen kann, bedarf es weiterer Nachforschungen, ehe man den Schluss zieht, dass sie gemobbt wird. Wenn die Eltern darüber beunruhigt sind, dass ihre Tochter ausgeschlossen wird, sollten sie sich nach ihren eigenen Motiven fragen. Der Wunsch, die eigene Tochter möge beliebt sein, kann den Blick auf ihre Welt trüben, und das Auf und Ab in einer Freundschaft wird nicht mehr als das wahrgenommen, was es ist. Wenn die Tochter Hilfe im Umgang mit anderen braucht, sollte sie sie bekommen, aber andere Kinder sind nicht verpflichtet, Defizite zu kompensieren.

Dass Mädchen manchmal die Beziehung als Waffe benutzen, heißt nicht, dass ein Mädchen, das seine Freundschaft verweigert, aggressiv ist. Wir müssen zwischen absichtlicher Gemeinheit und der sozialen Ordnung der Kinder unterscheiden. Wie der Ausschluss aus einer Gruppe ist auch der Kampf um Beliebtheit etwas, das wir nicht abstellen können.

Solange wir von Mädchen erwarten, dass sie, egal, was sie wirklich wollen, zu allen nett sind, zwingen wir ihnen die »Tyrannei des Netten und Freundlichen«[55] auf, die sie verstummen lässt, sie in idealisierte, entfremdende Beziehungen zwängt und ihnen weismacht, sie müssten die eigenen Bedürfnisse zurückstellen. Allzu häufig läuft ein Mädchen schweigend hinter einem anderen her und kopiert dessen Verhalten und Aussehen, als wollte es in sich einsaugen, was es nicht aus eigener Kraft schafft. Das verfolgte Mädchen ist dann verärgert und in der Klemme. Ist dieses Mädchen verpflichtet, seiner

Verfolgerin Zeit zu widmen, die ihm nur stumm auf den Fersen war? Ich glaube nicht.

Erst wenn ein Mädchen von dem Großteil seiner Altersgenossinnen geschnitten wird oder plötzlich von ihren Freundinnen fallen gelassen wird, ist der Ausschluss wohl nicht mehr als Bestandteil der sozialen Formierung zu betrachten, sondern als relationale Aggression. Und selbst dann sind Disziplinarmaßnahmen nicht immer angebracht. Das heißt nicht, dass ein Mädchen, das eine Freundschaft aufgibt, um beliebt zu sein, nicht gemein ist. Aber hätte mich jemand dazu bringen können, mit Anne zu reden? Wahrscheinlich nicht. Es wird immer Fälle geben, wo wir den Mädchen die Regelung ihrer Beziehungen selbst überlassen müssen. Aber wir können ihnen die größtmögliche emotionale Unterstützung geben und ihnen vor Augen führen, dass das Leben auch wieder leichter wird.

Schlussbemerkungen

Die Arbeit an diesem Buch hat Licht in die dunkleren Winkel meines Lebens gebracht. Seitdem ich verdeckte Aggressionen beim Namen nennen kann, vermag ich mich selbst und meine Beziehungen in einem völlig neuen Licht zu sehen. Ich kann jetzt mit anderen darüber sprechen und mit meinen Erinnerungen und mit dem, was ich heute noch erlebe, Frieden schließen.

Unsere Aufgabe besteht darin, den Mädchen, Eltern und Lehrern eine gemeinsame Sprache für die Konflikte und die Beziehungen zwischen Mädchen zu geben. Wenn die verborgene Aggressionskultur ernst genommen würde, wären Mädchen nicht nur in der Lage, mit Konflikten besser umzugehen. Sie könnten auch lernen, eine Beziehung frei zu wählen und sie nicht mehr als Verpflichtung, sondern als freiwillige Partnerschaft zu verstehen, in der gegenseitiger Beistand und das Austragen von Konflikten selbstverständlich sind.

Wenn Mädchen begreifen, dass sie eine Beziehung frei wählen können und dass Konflikte etwas Natürliches sind, wird ihre soziale Identität nicht mehr davon abhängen, wie viele idealisierte Freundschaften sie vorweisen können. Dann werden sie einen Konflikt nicht mehr als Beschädigung der Freundschaft auffassen, sondern als deren Bestandteil, und die Fähigkeit, damit umzugehen, als etwas Wertvolles, das der Pflege bedarf. Dann ist ein Konflikt nicht mehr etwas, das man aus einer Beziehung ausklammern muss, eine Bombe, die, wie Carmen Peralta meinte, die Freundschaft in tausend Stücke reißen kann.

Eltern müssen ihren Töchtern klar machen, dass es keine konfliktfreie Beziehung gibt. Anstatt zu glauben, dass ein Konflikt das Ende einer Beziehung bedeutet, sollten Mädchen lernen, *dass eine Beziehung ohne Konflikt keinen Bestand haben kann.*

Wenn die verborgene Aggressionskultur ernst genommen würde, könnten Mädchen ihre Verlustängste abbauen. In dem Wissen, dass Konflikte auch wieder beigelegt werden und die Beziehungen nicht gefährden, würden Mädchen aufhören, andere zu unterdrücken, sie zu verraten und Bündnisse zu schmieden – Dinge, die so häufig Freundschaften zerstören. Die meisten der in diesem Buch geschilderten Verhaltensweisen lassen sich darauf zurückführen, dass direkte Auseinandersetzungen vermieden werden. Wenn Mädchen ihre eigenen negativen Gefühle annehmen könnten, würden sie nicht mehr in diesem Ausmaß zu Gemeinheiten Zuflucht nehmen. Wenn die verborgene Aggressionskultur ernst genommen würde, wüssten die Opfer, dass sie nicht allein sind. Sie könnten ausdrücken, was sie fühlen. Sie würden in der Schule Schutz genießen. Sie könnten Mobbing als eine Erfahrung in ihr Leben integrieren, die zwar schmerzlich ist, aber nicht den Weltuntergang bedeutet. Die Schulen würden über das Instrumentarium, die wissenschaftlichen Erkenntnisse und Strategien verfügen, um den verdeckten Aggressionen in all ihren Spielarten zu begegnen. Und die Eltern besäßen das Selbstvertrauen, an die Schulleitung heranzutreten und ihre Kinder in angemessener Weise zu beschützen.

Der Preis der verdeckten Aggression

Bei der Arbeit an diesem Buch stellte ich fest, dass sich verdeckte Aggressionen und Konfliktvermeidung mit drei wichtigen Aspekten im Leben eines Mädchens überschneiden: der Rolle der Führungspersönlichkeit, der Gewalt in Beziehungen und dem Verlust des Selbstwertgefühls in der Pubertät.

Gute Anführerinnen, gute Mädchen

In einem Kurs über Führungsqualitäten mit zwanzig Teenagern aus der Mittelschicht, von denen ein Drittel nichtweiße Mädchen waren, sprechen wir darüber, was das Unangenehme, welches die »Gefahrenzonen« sind, wenn man eine Führungsrolle innehat. Mit Erstaunen stelle ich fest, dass nahezu alle Befürchtungen irgendwie damit zu tun haben, wie andere auf das, was sie sagen oder tun, reagieren.

Immer wieder höre ich, dass sie am meisten Angst haben, schlecht oder dumm dazustehen – »verurteilt zu werden«, wie sie sich ausdrücken. Egal ob beim Kennenlernen neuer Schülerinnen, bei einer Meinungsäußerung vor der Klasse, beim Aufsagen eines Gedichts oder bei Diskussionen – die Mädchen haben Angst, »fertig gemacht zu werden«; sie haben Angst, die anderen würden ihnen keine Gelegenheit geben, sich zu erklären, und ihr Selbstvertrauen zerstören. Und dann, so ihre Sorge, würden die anderen sie nicht mehr mögen, würden nicht mehr mit ihnen befreundet sein wollen und ihnen den Rücken zukehren.

»Das Bemerkenswerteste an der Sozialisation der Aggression bei Mädchen ist ihre Abwesenheit«, schreibt die Soziologin Anne Campbell. »Mädchen lernen nicht, ihre Aggressionen in angemessener Form zum Ausdruck zu bringen, sie lernen schlichtweg, sie gar nicht zum Ausdruck zu bringen.«[56] In meinem Kurs zum Beispiel fassen viele Mädchen es als Zeichen persönlicher Verbundenheit auf, wenn ihnen jemand zustimmt oder sie unterstützt, und als Ausdruck für eine gestörte Beziehung, wenn ihnen jemand widerspricht. Interessanterweise ist die Angst vor bestimmten Führungsmethoden ein exaktes Spiegelbild der Angst, die viele Mädchen vor *persönlichen* Konflikten haben. Mit anderen Worten: Diese Mädchen haben vor der »guten« Aggression (Selbstsicherheit, Konkurrenz, Offenheit) ähnlich große Angst wie vor der »bösen« Aggression (Konfrontation, Wut, offene Gemeinheit). Wie das Mädchen, das nicht sagen will, warum sie sauer ist, weil sie Angst hat, ihre Freundin zu verlieren, haben auch die Teilnehmerinnen an dem Workshop Angst vor dem Verlust ihrer Beziehungen, wenn sie Führungsqualitäten zeigen.

Im Lauf des Kurses entdecke ich weitere Parallelen. Als die Mädchen über mögliche Tätigkeitsbereiche für sich nachdenken – von außerschulischen Projekten bis hin zu ihren zukünftigen Unternehmungen als Erwachsene –, kommt deutlich die Angst zum Vorschein, als eingebildet zu gelten und deshalb von ihren Altersgenossinnen und Kollegen nicht gemocht zu werden. Mädchen, die um nichts in der Welt den Eindruck entstehen lassen wollen, sie hielten sich »für was Besseres«, weil sie mehr Erfolg bei Jungen haben, äußern ähnliche Befürchtungen, wenn sie an den Beruf denken. Anstatt zu überlegen, wie sie beruflich möglichst viel erreichen können, sind sie bestrebt, als jemand zu erscheinen, der darüber nicht nachdenkt oder glaubt, der berufliche Erfolg stehe ihm nicht zu.

Dasselbe gilt für das Konkurrenzverhalten und die Zielstrebigkeit. Viele Teilnehmerinnen erzählen mir, sie hätten Angst, bei der Arbeit ehrgeizig oder autoritär zu wirken. Sie denken nicht darüber nach, was sie wollen und wie sie es erreichen können, sondern wie sie am besten den Eindruck erwecken, all das kümmere sie nicht.

Schließlich gestehen die Teilnehmerinnen mir auch ihre Angst, alles zu »verpfuschen« oder die Kontrolle zu verlieren, indem sie etwas Falsches sagen. Dies zwingt sie dazu, sich jedes Wort genau zu überlegen, und hindert sie an dem risikofreudigen und spontanen Denken, das für den Erfolg im Berufsleben so entscheidend ist.

In dem Kurs im Jahr darauf lasse ich die dreißig Teilnehmerinnen, die alle aus der Mittelschicht kommen, auf Kissen im Kreis sitzen. Wir sprechen darüber, was eine gute Führungspersönlichkeit ausmacht. Dabei bitte ich sie, Begriffe zu nennen, die ich dann auf ein Flipchart schreibe. Hier ist die Liste:

Eine gute Führungspersönlichkeit ist:

liebevoll	*einsatzfreudig*	geht aus sich heraus
laut	*einfühlsam*	organisiert
gute Zuhörerin	kooperativ	*respektvoll*
hilfsbereit	kreativ	*aufgeschlossen*
optimistisch	einzigartig	*verständnisvoll*
flexibel	klar	reif
stolz	begabt	*fürsorglich*
entschlossen	*nachgiebig*	*geduldig*
engagiert	mutig	verantwortungsbewusst
nachdenklich	ehrlich	*freundlich*
unterstützend	vertrauenswürdig	*gutherzig*
ausgeglichen	*offen*	*kultiviert*
unabhängig	*positiv*	verständnisvoll

Der überwiegende Teil der Attribute beinhaltet passives, nachgiebiges Verhalten (kursiv gesetzt). Nur fünf (unterstrichen) der 39 Begriffe, die die Eigenschaften einer »guten Führungspersönlichkeit« charakterisieren, beschreiben einen Menschen, der nicht bereit ist, nett zu sein.

Für die Teilnehmerinnen ist eine gute weibliche Führungspersönlichkeit ein gutes Mädchen.

Eine Aufgabe in die Hand nehmen, nein sagen und Konflikte austragen – all das gehört in den Augen dieser Mädchen nicht zu einer Führungspersönlichkeit. Ihr Ideal ist jemand, mit dem man gut zurechtkommt: nett und fürsorglich – eine, die man gern zur Freundin hätte. Als ich mir daraufhin noch einmal die Eigenschaften des »Anti-Mädchens« ansehe, die die Gruppe am Tag zuvor aufgelistet hat (siehe Kapitel 4, S. 133 f.), bin ich erneut schockiert über das, was sie bei Mädchen ablehnen: »gescheit«, »eigenwillig«, »streberhaft«, »gemein«, »professionell«, »ernst«, »stark«, »unabhängig«, »egozentrisch«, »ungehemmt«, »macht auf Künstlerin« – all die Eigenschaften, die unabdingbar sind für eine starke Führungspersönlichkeit.

Leider handelt es sich hierbei nicht um eine vorübergehende Phase. In ihrem Buch »Business Games« geht Gail Evans, die Vizepräsidentin von CNN, der Frage nach, warum Frauen in Unternehmen um Gleichstellung kämpfen. Nachdem sie jahrzehntelang beobachtet hat, wie Frauen mit dem Kopf gegen die Wand rannten, kommt sie zu dem Schluss, dass zum Teil eine unangemessene Fokussierung auf persönliche Beziehungen daran schuld ist.

Evans behauptet, dass Frauen nur schlecht damit zurechtkommen, wenn sie von Kollegen oder Vorgesetzten ein »Nein« zu hören bekommen, weil sie es als Zeichen für einen zwischenmenschlichen Konflikt missdeuten. Deshalb vermeiden Frauen, Fragen zu stellen, die mit Nein beantwortet werden könnten. Viele Frauen gehen auch deshalb keine Risiken ein, weil sie Situationen fürchten, in denen sie vorgeben müssten, mehr zu wissen, als es tatsächlich der Fall ist, das heißt zu bluffen. Wie das Mädchen, das Angst hat, als eine zu gelten, die sich für »was Besseres« hält, fürchten berufstätige Frauen, als jemand angesehen zu werden, der sich für besser hält als die anderen.

Aus den Mädchen, so Evans, die warten, bis »sie jemand zum Rendezvous einlädt oder bis sie im Unterricht aufgerufen werden«, werden Frauen, die warten, bis sie aufgefordert werden, eine bestimmte Aufgabe zu übernehmen, anstatt sie gleich selbst in Angriff zu nehmen. Mädchen, die wie die Siebtklässlerin Lily Carter aus dem dritten Kapitel durch »Andeutungen« mit ihren Freundinnen kommunizieren, gehen später als Frauen davon aus, dass ihr Chef schon weiß, wie hervorragend sie arbeiten.

Da Frauen nicht lernen, Auseinandersetzung und Streit sportlich zu nehmen und als eine ganz natürliche Sache zu betrachten, ist für sie laut Evans der Begriff »›fairer Kampf‹ ein Widerspruch in sich. Es sollte überhaupt keinen Streit geben. Und wenn es doch Auseinandersetzungen gibt, dann sind alle Regeln beim Teufel.« Während sich Männer nach einer Auseinandersetzung am Arbeitsplatz zu einem Bier treffen können, nehmen Frauen einen Streit gleich persönlich. Sie stürmen wütend aus dem Raum, weil Konflikt und Beziehungsverlust für sie schon immer untrennbar miteinander verbunden ist. Frauen, die als Mädchen nicht gelernt haben, dass ein Konflikt nichts Schlimmes ist, tun sich als Erwachsene schwer, normale, alltägliche Meinungsverschiedenheiten von persönlichen Angriffen zu unterscheiden.[57]

Was Evans hier beobachtet hat, überrascht nicht. Solange Mädchen lernen, sich – wenn überhaupt – nur indirekt durchzusetzen, werden sie auch als Erwachsene auf diese Weise Stärke und Macht zu gewinnen suchen. So werden sie zu Helferinnen statt zu Führungspersönlichkeiten, arbeiten hinter den Kulissen statt auf der Bühne, als Stellvertreterinnen und Vizepräsidentinnen statt als Chefs und Vorsitzende.

Gewiss ist die herrschende Unternehmenskultur nicht geeignet, solche Sichtweisen abzubauen. Frauen, die Selbstvertrauen besitzen, die stolz sind, die sich behaupten und Konflikte austragen, gelten häufig als »männlich« oder »boshaft«, »frigide«, »einschüchternd« oder »aggressiv«. Mut ist nichts Positives, sondern etwas, das nicht zu Frauen passt. Die Arbeit der in Kalifornien beheimateten Organisation »Bully Broads« spricht Bände: Ihre Dozenten bringen weiblichen Angestellten bei, weniger selbstbewusst aufzutreten, und raten ihnen, in der Öffentlichkeit zu stammeln und zu weinen, um ein »sanfteres« Bild abzugeben.[58] Da wundert es kaum, wenn viele Mädchen, die lieber in der Masse untertauchen, später in ihrem Beruf den Kürzeren ziehen.

Schikanen und Gewalt in Beziehungen

Wenn man Vanessa, Natalie und Annie, die im zweiten Kapitel zu Wort kommen, zuhört, klingt das Wort »schikanieren« geradezu harmlos. Diese Mädchen haben einen dauerhaften, nicht enden wollenden emotionalen Missbrauch von Seiten ihrer engsten Freundinnen erlebt. Sie wollen aber ihre Freundschaft nicht aufgeben und den Kontakt zu ihren Peinigerinnen um jeden Preis aufrechterhalten. Als ich mit diesen und anderen Mädchen sprach, drängte sich mir die Frage auf, wieso sie sich weiterhin mit Menschen abgaben, die sie derart verletzten. Ihre Antworten erinnerten mich häufig an die Reaktionen geschlagener Frauen.

Ein Mädchen wollte zwar ihre Freundin verlassen, hatte aber Angst, beim Mittagessen und in den Pausen allein dazusitzen. Eine andere behauptete hartnäckig, ihre Freundinnen wären am nächsten Tag, in der nächsten Woche sicher netter zu ihr. So wie eine geschlagene Frau sich weigert, ihren gewalttätigen Mann zu verlassen, weil sie Angst davor hat, allein zu leben, oder weil er »gesagt hat, es täte ihm Leid«. In solchen Fällen sind konventionelle Strategien gegen die Gewalt in der Schule fehl am Platz, weil sie davon ausgehen, dass Täterin und Opfer nicht befreundet sind. Die enge Verbundenheit der Freundinnen ist jedoch ein zentraler Bestandteil der relationalen Aggression zwischen Mädchen. Daher sind die neueren Methoden, die Experten für Gewalt in Beziehungen entwickelt haben, für die betroffenen Mädchen hilfreicher.

Die Warnsignale für Gewalt in einer Beziehung ähneln sehr stark denen des Mobbing zwischen guten Freundinnen. Wie Lucia im sechsten Kapitel gibt der Peiniger seinem Opfer »häufig das Gefühl, es sei für ihn der wichtigste Mensch auf der Welt«. Egal, wie sehr sich das Opfer bemüht, niemals wird es den Erwartungen seines Peinigers gerecht – ein Mechanismus, der auch in der Beziehung zwischen Reese und Natalie eine vorrangige Rolle spielte. Und wie bei der Freundschaft zwischen Annie und Samantha kann es passieren, dass in einer von Gewalt geprägten Partnerschaft der Täter sein Opfer von Freunden, von der Familie und von allen isoliert, die ihm helfen könnten, die Beziehung aufzugeben. Häufig geschieht das mit dem Argument, diese Menschen seien nicht vertrauenswürdig.

Wenn wir wollen, dass Mädchen gesunde Beziehungen eingehen, müssen wir ihr Bewusstsein für unterwürfiges und aggressives Verhalten in Mädchenfreundschaften schärfen. Solange der Missbrauch keinen Namen hat, solange Unmut nicht ausgesprochen werden darf, werden Mädchen nicht in der Lage sein, in Worte zu fassen, was vor sich geht, oder sich aus destruktiven Strukturen zu befreien. Dann werden sie sich in das Unvermeidliche fügen und sich auch als Erwachsene in Beziehungen unterwürfig verhalten.

Ein anderes Bermuda-Dreieck

Die entscheidenden Krisen in der weiblichen Pubertät, inzwischen durchaus geläufig, werden häufig nach der Art eines Loblieds auf das unerschrockene, authentische Mädchen dargestellt. Im Gegensatz dazu haben jedoch die Psychologinnen Mary Pipher – in ihrem Buch »Pubertätskrisen junger Mädchen« – sowie Carol Gilligan und Lyn Mikel Brown – in »Die verlorene Stimme« – diesen Punkt im Leben eines Mädchens als »Bermuda-Dreieck« bezeichnet, in dem das »Ich der Mädchen verschwindet«, als Wendepunkt, an dem Mädchen eine zweite Sozialisation erleben, die der Weiblichkeit.

Im Laufe weniger Jahre, in denen Mädchen sich der Gesellschaft, in der sie sich bewegen, bewusst werden, werden sie zu einem abrupten Bruch mit dem eigenen Selbst gezwungen. Ihre Wahrhaftigkeit, ihre Furchtlosigkeit, offen ihre Meinung zu sagen, ihr ungezügelter Appetit auf Essen, Spiel und Wahrheit, all das wird nun nicht mehr toleriert. Um erfolgreich zu sein und akzeptiert zu werden, müssen Mädchen in sexueller, sozialer, verbaler und körperlicher Hinsicht Zurückhaltung üben – die Insignien der Weiblichkeit. Sie lernen zu leugnen was sie sehen, wissen, fühlen. Um nicht abgelehnt zu werden, müssen sie »reine« Beziehungen haben, in denen offene Konflikte gemieden werden. In dieser wachsenden Kluft zwischen dem, was Mädchen tatsächlich empfinden, dem, was ihre Wahrheit ist, und dem, was sie vorgeben müssen zu fühlen und zu wissen, verliert sich ihr Selbstbewusstsein.

Die Krise der weiblichen Pubertät wird meist auf der individuellen Ebene beschrieben, während die Folgen für die zwischenmenschlichen Beziehungen außer Acht bleiben.[59] Die Krise, so Brown und Gilligan, ist zutiefst relationaler Art. Der Druck, die eigene Authentizität aufzugeben, beraubt die Mädchen der Fähigkeit, ehrlich miteinander zu kommunizieren. Aber am Ende gehen sie einen faustischen Handel ein, indem sie ihr wahres Selbst gegen schädliche, falsche Beziehungen eintauschen. Indem sie den Bezug zu sich selbst verlieren, verlieren sie auch den Bezug zu anderen, unterdrücken Konflikte und Ärger, streifen die Maske des »netten und freundlichen« Mädchens über und bemühen sich um Kommunikationsformen, die die Wirklichkeit menschlicher Beziehungen leugnen. Sie können die »Gewalt in der Beziehung« oder das Gefühl des Verletztseins nicht mehr beim Namen nennen. »Gefühle werden gefühlt, Gedanken gedacht«, aber sie werden »nicht mehr der Luft und dem Licht von Beziehungen ausgesetzt«. Stattdessen werden sie in den »Untergrund« abgedrängt.

Wenn wir diese Krise als eine Zeitspanne betrachten, in der verdeckte Aggressionen an Intensität zunehmen, erscheint der Verlust des Selbstwertgefühls bei Mädchen in einem anderen Licht. Indem wir ihr Leben aus einem anderen Blickwinkel betrachten, erscheint dieser Untergrund aber nicht mehr nur als ein emotionales Endlager, wo Mädchen ihre wahren Gefühle ablegen. Dann wird klar, dass er auch ein Medium der Austragung von Konflikten, insbesondere von verdeckten Aggressionen, ist. Die zukünftige Erforschung dieses Zusammenhangs wird uns vielleicht neue Einsichten darüber eröffnen, wie wir den Mädchen in dieser schwierigen Phase helfen können.

Ungeklärte Aggression und Verlust können lebenslang prägend sein. Die Sorge, hinter der Fassade des »Nettseins« läge eine zweite Wahrheit verborgen, lässt manche Mädchen ständig daran zweifeln, inwiefern sie anderen oder sich selbst trauen können. Solche Schicksale lassen mich nicht los. Wie es scheint, sind dies die Mädchen, die sich von anderen Mädchen zurückziehen, die sich nicht mehr gegenseitig unterstützen, die am Ende nur noch Misstrauen, ja Hass auf ihre Altersgenossinnen empfinden.

Marcie, Ende zwanzig, war eine der ersten Frauen, mit denen ich ein Gespräch führte. Sie war in der Grund- und Mittelschule meist die Außenseiterin gewesen und bekannte mir, dass ihre jetzigen Beziehungen zu anderen Frauen stets bittersüß seien. »Meistens habe ich das Gefühl, ich passe nicht zu ihnen. Ich weiß, dass etwas in mir ist, ein kleiner Teil, der anderen nie wirklich vertrauen wird.

Dieser Teil von mir sagt mir, dass sie sich jeden Augenblick gegen mich wenden können.«

Ähnliches hörte ich von vielen Mädchen und Frauen, die ich später traf. Frauen wie Marcie, denen Altersgenossinnen in der Kindheit Verletzungen zugefügt hatten, sprechen immer noch mit der Stimme eines Mädchens. Sie fühlen sich immer noch tief verwundet und verwirrt, als wären seither nicht Jahre vergangen. Diese Frauen fragen sich, warum die Menschen in ihrer Umgebung, manchmal ihre engsten Freundinnen, ihren Unmut nur indirekt und bisweilen ohne Vorwarnung zum Ausdruck brachten und sie desorientiert, einsam und voller Selbstvorwürfe dastehen ließen.

Wenn wir uns darüber einig sind, dass nette Mädchen richtig wütend werden können und gute hin und wieder ziemlich böse sind, haben wir das soziale Brachland umgepflügt, das zwischen der »Netten« und dem »Miststück« liegt. Wenn wir ein brauchbares Vokabular finden, mit dem Mädchen einander die Wahrheit sagen können, werden mehr von ihnen ihre Stimme erheben. Sie werden ihre eigenen Fragen stellen und beantworten und die Geheimnisse ihrer Beziehungen selbst lösen können.

Können wir Mädchen ein größeres Geschenk machen als die Fähigkeit, zu sagen, was sie denken, und die Wahrheiten ihrer Altersgenossinnen zu respektieren? Wenn alle Gefühle respektiert werden und nicht nur ein Teil, werden die Mädchen endlich ehrlich mit ihren Beziehungen umgehen können. Sie werden ohne die lähmende Furcht leben können, verlassen zu werden. Ich hoffe, dass sie und alle Frauen, die jemals Außenseiterinnen waren, eines Tages offen darüber sprechen und sich sagen können: »Was ich am meisten bedaure, ist mein Schweigen. Wovor habe ich mich bloß gefürchtet?«[60]

Dank

Ich kann gar nicht genug betonen, wie sehr sich dieses Buch der Hilfe anderer verdankt.

Von dem Augenblick an, da wir uns kennen lernten, hat R.K. an mich und an dieses Projekt geglaubt. Sie setzte für mich ihren guten Ruf aufs Spiel, öffnete mir die Türen für »Meine beste Feindin« und wurde meine Betreuerin, Vertraute und Freundin. Lynn Arons, Bernice Berke, Tamika Ford, Rabbi Reuven Greenwald, Marti Herskovitz, Rudy Jordan, Eloise Pasachoff, Rebecca Prigal, Sherie Randolph, Laura Rebell, Kate Sussman-Reimer, Joan Vander Walde, Toby Weinberger und Claire Wurtzel ermöglichten es mir, meine Interviews zu führen.

Stella Connell und Andrew Mullins glaubten an mein Projekt und führten mich nach Ridgewood, wo ich wichtige Erfahrungen gemacht habe. Besonders danke ich den Mitarbeitern der Schulaufsichtsbehörde C. H., S. B. und M.V. Die Lehrkräfte in Ridgewood, M. F., P. P., S. P. und G. P., vermittelten mir authentische Einblicke in die Lebensweise von Frauen im Süden der Vereinigten Staaten und schenkten mir ihre Freundschaft, für die ich ein Leben lang dankbar bin.

Aus Gründen, die ich nie ganz verstehen werde, begehrten die wunderbaren Leute bei Harcourt Books nicht auf, als aus meinem kurzzeitigen Aufenthalt in der 22. Straße sechs Monate wurden. Durch ihren Rückhalt wurde die Einsamkeit des Schreibens für mich erträglicher. Ich danke ihnen für ihre Gastfreundschaft. Für ihre Unterstützung und Hilfe danke ich Susan Amster, Jennifer Gilmore, Jennifer Holiday, David Hough, Arlene Kriv und Jacqueline Murphy. Kent Wolf steuerte den so bitter nötigen Humor bei. Jennifer Aziz war meine ausgezeichnete Lektoratsassistentin und Freundin, Rachel Myers meine hervorragende Lektorin.

Ich danke meinen Freunden und Kollegen, die mir auf diesem Weg zur Seite standen. Ich danke Elaine und Lydia Amerson, Peter Antelyes, Julie Barer, Jill Erlitz, Frances Fergusson, David Gmach und Sally Friedman, Zoe Holiday Grossman, Sula Harris, Jane Hanson, Judith Holiber und Kim Warsaw, Sandra Hershberg, Kari Hong,

Karen Maxwell, Rhonda Kleiner und Alizah und Elana Lowell, Ilana Marcus, Terri McCullough und Howard Wolfson, Danielle Merida, Noa Meyer, Heather Muchow, Nancy Needle, Carmen Peralta, Sid Plotkin und Marjorie Gluck, Rose Polidoro, Elana Waksal Posner, Lisa Sacks, Robert und Stacy Skitol, Freyda Spira Slavin, Leigh Silverman, Taije Silverman, Elizabeth Stanley, Linsey und Kelly Tully, Diane Tunis, Annie Weissman, Susan Wellman und dem Ophelia Project sowie Rosalind Wiseman und Empower.

Mein besonderer Dank gilt Abdul Aziz Said und dem Center for Global Peace an der American University; Paulette Hurwitz für ihre Fürsorge und guten Ratschläge; Molly Shanley, meiner unerschütterlichen Freundin, Kollegin und Mentorin; Senator Charles Schumer und Iris Weinshall für ihre Freundschaft und Unterstützung; Sandy Kavalier, die das großartige Foto von mir machte; und Ashleigh May, Ilana Sichel und Virginia Wharton, die mir mit ihren Recherchen zur Seite standen.

Mein Dank gilt weiterhin Maryana Iskander, die mir half, die schwierigste Entscheidung meines Lebens zu treffen, und die stets an mich glaubte. Während eines Mittagessens in London war Jeremy Dauber der Erste, der von meinem Buchprojekt erfuhr. In New York betreute er mich, meine Ideen und das, was ich aufs Papier brachte, mit aller Sorgfalt.

Es fällt mir schwer, mit Worten auszudrücken, was die Unterstützung durch meine Freunde für mich bedeutete. Jenny Bender und Josh Mecham, Maggie Bittel, Luke Cusack und Denis Guerin, Ellen Karsh, Astrid Koltun, Cathie Levine und Josh Isay, Lissa Skitol und Daniella Topol sind meine Familie. Ohne sie hätte ich es nicht geschafft.

»Meine beste Feindin« wäre nicht möglich gewesen ohne die niemals nachlassende Unterstützung meiner Familie. Mein kluger Bruder Joshua war mein heiterer Retter und bester Freund, den ich zwanzigmal am Tag anrufen konnte. An meinem Großvater Bernard Simmons erstaunte mich die Leichtigkeit, mit der er die Veränderungen meines Lebens hinnahm, und er wurde bald zu meinem hingebungsvollen Pressesekretär. Meine Großmutter Lia Simmons versorgte mich mit aufmunternden E-Mails und mit Briefen, in denen sie mich eindringlich ermahnte, doch bloß »keine Burritos mehr zu essen«. Frances Goldstein war eine wirkliche Quelle der Inspiration, und meine Tante Sylvia Brodach hat mich nie vergessen. Schließlich war auch die Unterstützung meines Onkels Bill Goldstein von unschätzbarem Wert für mich, und meine Cousins Sergei und Ziggy, die während der Arbeit an diesem Buch Teil unserer Familie wurden, waren eine große Bereicherung.

Last, not least danke ich den außergewöhnlichen Frauen und Mädchen, die mir ihre Geschichten anvertrauten. Ich bewundere noch heute euren Mut und eure Tapferkeit. Ihr seid es, die den Leserinnen dieses Buches zeigen, dass sie nicht allein sind. Ich hoffe, dass eure Geschichten den Mädchen, die dieses Buch lesen, genauso nahe gehen wie mir und dass »Meine beste Feindin« euch stolz macht, dass ihr eure Stimme erhoben habt.

Anmerkungen

1. Lyn Mikel Brown und Carol Gilligan, *Raising Their Voices: The Politics of Girls' Anger (Die verlorene Stimme. Wendepunkte in der Entwicklung von Mädchen)*
2. Adrienne Rich, »From Women and Honor: Some Notes on Lying«, in *On Lies, Secrets, and Silence: Selected Prose, 1966-1978*, New York: W.W. Norton, 1979
3. Anne Campbell, *Men, Women, and Aggression (Zornige Frauen, wütende Männer. Geschlecht und Aggression)*
4. Lyn Mikel Brown und Carol Gilligan, *Raising Their Voices*
5. Peggy Orenstein, *Schoolgirls: Young Women, Self-Esteem, and the Confidence Gap (Starke Mädchen – brave Mädchen. Was sie in der Schule wirklich lernen)*. Im ersten Teil dieses Zitats zitiert Orenstein Lyn Mikel Brown und Carol Gilligan, »The Psychology of Women and the Development of Girls«, eine Studie, die bei der Laurel-Harvard Conference on the Psychology of Women and the Education of Girls in Cleveland, Ohio, im April 1990 vorgestellt wurde; außerdem verweist Orenstein den Leser auf Lyn Mikel Brown und Carol Gilligan, *Raising Their Voices*.
6. Weitere Beispiele finden sich bei Beverly I. Fagot und Richard Hagan, »Agression in Toddlers: Responses to the Assertive Acts of Boys and Girls«; David G. Perry, Louise C. Perry und Robert J. Weiss, »Sex Differences in the Consequences that Children Anticipate for Aggression«
7. Kaj Bjoerkqvist und Rirkko Niemela, »New Trends in the Study of Female Aggression«, in *Of Mice and Women: Aspects of Female Aggression*
8. Kaj Bjoerkqvist, Kirsti M. J. Lagerspetz und Ari Kaukiainen, »Do Girls Manipulate and Boys Fight?«
9. Lyn Mikel Brown und Carol Gilligan, *Raising Their Voices*
10. Carol Gilligan, *In a Different Voice: Psychological Theory and Women's Development (Die andere Stimme. Lebenskonflikte und Moral der Frau)*
11. Adrienne Rich, »Compulsory Heterosexuality and Lesbian Existence«
12. Anne Campbell, *Men, Women, and Aggression*
13. Siehe zum Beispiel Patricia A. Adler und Peter Adler, *Peer Power: Preadolescent Culture and Identity*
14. Nicki R. Crick, Maureen A. Bigbee und Cynthia Howes, »Gender Differences in Children's Normative Beliefs about Aggression«
15. Kaj Bjoerkqvist, Kirsti M. J. Lagerspetz und Ari Kaukiainen, a. a. O. Den besten Überblick über den Forschungsstand zum Thema relationale Aggression gibt Nicki R. Crick u.a., »Childhood Aggression and Gender«
16. Nicki R. Crick, »The Role of Overt Aggression, Relational Aggression, and Prosocial Behavior in the Prediction of Children's Future Social Adjustment«; Nicki R. Crick und Jennifer K. Grotpeter, »Relational Aggression, Gender, and Social-Psychological Adjustment«; Nicki R. Crick, Maureen A. Bigbee und Cynthia Howes, »Gender Differences in Children's Normative Beliefs about Aggression«

17 Lyn Mikel Brown und Carol Gilligan, *Raising Their Voices*
18 Ebd.
19 Ebd.
20 Lynn Smith, »Hey, Poo-Poo Head, Let's Be Friends: Childhood Teasing Needn't Be Traumatic«
21 Alice H. Eagly und Valerie J. Steffen, »Gender and Aggressive Behavior«; Ann Frodi, Jacqueline Macaulay und Pauline R. Thorne, »Are Women Always Less Aggressive Than Men?«
22 Don E. Merten, »The Meaning of Meanness: Popularity, Competition, and Conflict among Junior High School Girls«
23 Erica Goode, »Scientists Find a Particularly Response to Stress«
24 Siehe zum Beispiel Jean Kilbourne, *Deadly Persuasion: Why Women and Girls Must Fight the Addictive Power of Advertising;* Deborah L. Tolman und Elizabeth Debold, »Conflicts of Body and Image: Female Adolescents, Desire and the No-Body Body«
25 Peggy Orenstein, *Schoolgirls*
26 Patrick Welsh, »Bully-Boy Focus Overlooks Vicious Acts by Girls«
27 Elizabeth Wurtzel, *Bitch: In Praise of Difficult Women (Bitch: Ein Loblied auf gefährliche Frauen)*
28 Lyn Mikel Brown, *Raising Their Voices*
29 Mimi Nichter und Nancy Vuckovic, »Fat Talk: Body Image among Adolescent Girls«
30 Jill McLean Taylor, Carol Gilligan und Amy M. Sullivan, in *Between Voice and Silence: Women and Girls, Race and Relationship*
31 Nicki R. Crick u.a., »Childhood Aggression and Gender«
32 Vielleicht weil die Erinnerung an die Mobbing-Erfahrungen bei diesen Mädchen Gefühle zurückdrängten, die andere Mädchen zögern ließen, ihre Geschichten zu erzählen
33 Adrienne Rich, »Frauen und Ehre – Einige Gedanken über das Lügen«, in *Um die Freiheit schreiben*
34 Wisemans »Empower Program Group« in Washington kämpft gegen Gewalttätigkeiten zwischen Teenagern; ihr »Owning Up«-Programm ist nachzulesen unter www.empowered.org
35 Lyn Mikel Brown und Carol Gilligan, *Raising Their Voices*
36 Patricia A. Adler und Peter Adler, *Peer Power*
37 Carolyn G. Heilbrun, *Writing a Woman's Life*
38 Lyn Mikel Brown und Carol Gilligan, *Raising Their Voices*
39 Ebd.
40 American Association of University Women, *Shortchanging Girls, Shortchanging America*
41 Niobe Way, »Between Experiences of Betrayal and Desire«
42 Bell Hooks, *Bone Black, Memories of Girlhood*
43 Lyn Mikel Brown, *Raising Their Voices*
44 Jill McLean Taylor, Carol Gilligan und Amy M. Sullivan, *Between Voice and Silence*

45 Janie Victoria Ward, »Raising Resisters: The Role of Truth Telling in the Psychological Development of African American Girls«
46 Ebd.
47 Patricia Hill Collins, »The Meaning of Motherhood in Black Culture and Black Mother-Daughter Relationships«, in *Double Stitch: Black Women Write about Mothers and Daughters*, hg. von Patricia Bell-Scott u.a. (Boston: Beacon Press, 1991)
48 Lyn Mikel Brown und Carol Gilligan, *Raising Their Voices*
49 Tracy Robinson und Janie Victoria Ward, »›A Belief in Self Far Greater Than Anyone's Disbelief‹: Cultivating Resistance among African American Female Adolescents«
50 Ena Vazquez-Nuttall, Zoila Avila-Vivas und Gisela Morales-Barreto, »Working with Latin American Families«
51 Jill McLean Taylor, Carol Gilligan und Amy M. Sullivan, *Between Voice and Silence*
52 Peggy Orenstein, *Schoolgirls*
53 Mary Pipher, *Reviving Ophelia: Saving the Selves of Adolescent Girls*
54 Das Ophelia Project hat seinen Sitz in Erie, Pennsylvania. Näheres unter www.opheliaproject.org
55 Lyn Mikel Brown und Carol Gilligan, *Raising Their Voices*
56 Anne Campbell, *Men, Women, and Aggression*
57 Gail Evans, *Play Like a Man, Win like a Woman: What Men Know about Success That Women Need to Learn (Business Games. Spielen wie ein Mann, siegen wie eine Frau)*
58 Neela Banerjee,» Some ›Bullies‹ Seek Ways to Soften Up; Toughness Has Risks for Women Executives«
59 Siehe zum Beispiel Lyn Mikel Brown und Carol Gilligan, *Raising Their Voices;* Mary Pipher, *Reviving Ophelia*
60 Audre Lorde, »The Transformation of Silence into Language and Action«, in *Sister Outsider: Essays and Speeches*

Bibliographie

Adler, Patricia, und Peter Adler, *Peer Power: Preadolescent Culture and Identity*, New Brunswick, NJ: Rutgers University Press, 1998
Adler, Patricia, und Peter Adler, »Dynamics of Inclusion and Exclusion in Preadolescent Cliques«, *Social Psychology Quarterly* 58, Nr. 3 (1995), S. 145-162
Allen, LaRue, u. a. »Acculturation and Depression among Latina Urban Girls«, in *Urban Girls: Resisting Stereotypes, Creating Identities*, hg. von Bonnie J. Ross Leadbeater und Niobe Way, New York: New York University Press, 1996
Allison, Dorothy, *Two or Three Things I Know for Sure*, New York: Dutton, 1995
American Association of University Women, *Shortchanging Girls, Shortchanging America: A Call to Action*, Washington, DC: American Association of University Women, 1991
Angier, Natalie, *Woman: An Intimate Geography*, New York: Houghton-Mifflin, 1999; deutsch *Frau: Eine intime Geographie des weiblichen Körpers*, München: Bertelsmann, 2000
Anzaldúa, Gloria, *Borderlands – La Frontera: The New Mestiza*, San Francisco: Aunt Lute Books, 1987
Atwood, Margaret, *Cat's Eye*, New York: Doubleday, 1988; deutsch *Katzenauge*, 3. Aufl., Frankfurt/Main: Fischer, 1990

Banerjee, Neela, »Some ›Bullies‹ Seek Ways to Soften Up: Toughness Has Risks for Women Executives«, *New York Times*, 10. August 2001, C, S. 1
Bell-Scott, Patricia, u.a. (Hg.), *Double Stitch: Black Women Write about Mothers and Daughters*, Boston: Beacon Press, 1991
Bjoerkqvist, Kaj, Kirsti M. Lagerspetz und Ari Kaukiainen, »Do Girls Manipulate and Boys Fight? Developmental Trends in Regard to Direct and Indirect Aggression«, *Aggressive Behavior* 18 (1992), S. 117-127
Bjoerkqvist, Kaj, und Pirkko Niemela (Hg.), *Of Mice and Women: Aspects of Female Aggression*, San Diego: Academic Press 1992
Borg, Mark G., »The Emotional Reaction of School Bullies and Their Victims«, *Educational Psychology* 18, Nr. 4 (1998), S. 433-444
Bosworth, Kris, Dorothy L. Espelage und Thomas R. Simon, »Factors Associated With Bullying Behavior in Middle School Students, *Journal of Early Adolescence* 19, Nr. 3 (1999), S. 341-362
Brook, Judith S., Martin M. Whiteman und Steven Finch, »Childhood Aggression, Adolescent Delinquency, and Drug Use: A Longitudinal Study, *Journal of Genetic Psychology* 153, Nr. 4 (1992), S. 369-383

Brown, Lyn Mikel, *Raising Their Voices: The Politics of Girls' Anger*, Cambridge, MA: Harvard University Press, 1998; Brown, Lyn Mikel, und Carol Gilligan, *Meeting at the Crossroads: Women's Psychology and Girls' Development*, Cambridge, MA: Harvard University Press, 1992; deutsch *Die verlorene Stimme. Wendepunkte in der Entwicklung von Mädchen und Frauen*, Frankfurt/Main: Campus, 1994

Brown, Lyn Mikel, Niobe Way und Julia L. Duff, »The Others in My I: Adolescent Girls' Friendships and Peer Relations« in *Beyond Appearance: A New Look at Adolescent Girls*, hg. von Novine G. Johnson, Michael C. Roberts und Judith Worell, Washington, DC: American Psychological Association, 1999

Brumberg, Joan Jacobs, *The Body Project: An Intimate History of American Girls*, New York: Vintage, 1997

Campbell, Anne, *Men, Women, and Aggression*, New York: BasicBooks, 1993; deutsch *Zornige Frauen, wütende Männer. Geschlecht und Aggression*, Frankfurt/Main: Fischer, 1995

Chodorow, Nancy J., *The Reproduction of Mothering: Psychoanalysis and the Sociology of Gender*, Berkeley, CA: University of California Press, 1978; deutsch *Das Erbe der Mütter. Psychoanalyse und Soziologie der Geschlechter*, 2. Aufl., München: Frauenoffensive, 1986

Claiborne, Liz, Inc., *What You Need to Know about Dating Violence: A Teen's Handbook*, New York: Liz Claiborne, Inc., 2000

Coie, John D., John E. Lochman, Robert Terry und Clarine Hyman, »Predicting Early Adolescent Disorder from Childhood Aggression and Peer Rejection«, *Journal of Consulting and Clinical Psychology* 60, Nr. 5 (1992), S. 783-792

Corsaro, William A., und Donna Eder, »Children's Peer Cultures«, *Annual Review of Sociology* 16 (1990), S. 197-220

Cott, Nancy F., *The Bonds of Womanhood: »Woman's Sphere« in New England, 1780-1835*, New Haven: Yale University Press, 1977

Craig, Wendy M., und Debra J. Pepler, »Observations of Bullying and Victimization in the School Yard«, *Canadian Journal of School Psychology* 13, Nr. 2 (1997), S. 41-59

Crick, Nicki R., »Engagement in Gender Normative Versus Nonnormative Forms of Aggression: Links to Social-Psychological Adjustment«, *Developmental Psychology* 22, Nr. 4 (1997), S. 610-617

Crick, Nicki R., »The Role of Overt Aggression, Relational Aggression, and Prosocial Behavior in the Prediction of Children's Future Social Adjustment«, *Child Development* 67, Nr. 5 (1996), S. 2317-2327

Crick, Nicki R., »Relational Aggression: The Role of Intent Attributions, Feelings of Distress, and Provocation Type«, *Development & Psychopathology* 7, Nr. 2 (1995), S. 313-322

Crick, Nicki R., u.a., »Childhood Aggression and Gender: A New Look at an Old Problem«, in *Gender and Motivation*, hg. von Dan Bernstein, Lincoln: University of Nebraska Press, 1999

Crick, Nicki R., und Maureen A. Bigbee, »Relational and Overt Forms of Peer Victimization: A Multiinformant Approach«, *Journal of Consulting & Clinical Psychology* 66, Nr. 2 (1998), S. 337-347

Crick, Nicki R., und Nicole E. Werner, »Response Decision Processes in Relational and Overt Aggression«, *Child Development* 69, Nr. 6 (1998), S. 1630-1639

Crick, Nicki R., Juan F. Casas und Monique Mosher, »Relational and Overt Aggression in Preschool«, *Developmental Psychology* 33, Nr. 4 (1997), S. 579-588

Crick, Nicki R., Maureen A. Bigbee und Cynthia Howes, »Gender Differences in Children's Normative Beliefs about Aggression: How Do I Hurt Thee? Let Me Count the Ways«, *Child Development* 67, Nr. 3 (1996), S. 1003-1014

Crick, Nicki R., und Jennifer K. Grotpeter, »Relational Aggression, Gender, and Social-Psychological Adjustment«, *Child Development* 66, Nr. 3 (1995), S. 710-722

Davis, Angela Y., *Women, Race, and Class*, New York: Vintage, 1981; deutsch *Rassismus und Sexismus. Schwarze Frauen und Klassenkampf*, Berlin (West): Elefanten Press, 1982

Debold, Elizabeth, Marie Wilson und Idelisse Malave, *Mother Daughter Revolution: From Betrayal to Power*, Reading, MA: Addison-Wesley, 1993; deutsch *Die Mutter-Tochter-Revolution. Vom Verrat zur Macht*, Reinbek bei Hamburg: Rowohlt, 1994

Dolan, Deirdre, »How to Be Popular«, *New York Times Magazine*, 8. April 2001, 6, S. 44-46

Eagly, Alice H., und Valerie J. Steffen, »Gender and Aggressive Behavior: A Meta-Analytic Review of the Social Psychological Literature«, *Psychological Bulletin* 100, Nr. 3 (1986), S. 309-330

Eder, Donna, »Serious and Playful Disputes: Variation in Conflict Talk Among Female Adolescents«, in *Conflict Talk: Sociolinguistic Investigations of Arguments in Conversations*, hg. von Allen D. Grimshaw, Cambridge, MA: Cambridge University Press, 1990

Eder, Donna, und David A. Kinney, »The Effect of Middle School Extracurricular Activities on Adolescents' Popularity and Peer Status«, *Youth & Society* 26, Nr. 3 (1995), S. 298-324

Eder, Donna, und Janet Lynne Enke, »The Structure of Gossip: Opportunities and Constraints on Collective Expression among Adolescents«, *American Sociological Review* 56, Nr. 4 (1991), S. 494-508

Evans, Cathy, und Donna Eder, »No Exit: Processes of Social Isolation in the Middle School, *Journal of Contemporary Ethnography* 22, Nr. 2 (1993), S. 139-170

Evans, Gail, *Play Like a Man, Win like a Woman: What Men Know about Success That Women Need to Learn*, New York: Broadway Books, 2000; deutsch *Business Games. Spielen wie ein Mann, siegen wie eine Frau*, Frankfurt/Main: Krüger 2001

Fagot, Beverly I., Mary D. Leinbach und Richard Hagan, »Gender Labeling and Adoption of Sex-Typed Behaviors«, *Developmental Psychology* 22, Nr. 4 (1986), S. 440-443

Fagot, Beverly I., und Richard Hagan, »Aggression in Toddlers: Responses to the Assertive Acts of Boys and Girls«, *Sex Roles* 12, Nr. 3/4 (1985), S. 341-351

Fein, Ellen, und Sherrie Schneider, *The Rules: Time-Tested Secrets for Capturing the Heart of Mr. Right*, New York: Warner Books, 1995

Fine, Michelle, »Sexuality, Schooling, and Adolescent Females: The Missing Discourse of Desire«, *Harvard Educational Review* 58, Nr. 1 (1988), S. 29-53

Friedan, Betty, *The Feminine Mystique*, New York: W.W. Norton, 1983; deutsch *Der Weiblichkeitswahn oder Die Selbstbefreiung der Frau. Ein Emanzipationskonzept*, Reinbek bei Hamburg: Rowohlt, 1996

Frodi, Ann, Jacqueline Macaulay und Pauline R. Thorne, »Are Women Always Less Aggressive Than Men? A Review of the Experimental Literature«, *Psychological Bulletin* 8, Nr. 4 (1977), S. 634-660

Galen, Britt Rachelle, und Marion K. Underwood, »A Developmental Investigation of Social Aggression Among Children«, *Developmental Psychology* 33, Nr. 4 (1997), S. 589-600

George, Thomas P., und Donald P. Hartmann, »Friendship Networks of Unpopular, Average, and Popular Children«, *Child Development* 76, Nr. 5 (1996), S. 2301-2316

Gilligan, Carol, *In a Different Voice: Psychological Theory and Women's Development*, Cambridge, MA: Harvard University Press, 1982; deutsch *Die andere Stimme. Lebenskonflikte und Moral der Frau*, München: Piper, 1984

Gilligan, Carol, Nona P. Lyons und Trudy J. Hanmer (Hg.), *Making Connections: The Relational World of Adolescent Girls at Emma Willard School*, Cambridge, MA: Harvard University Press, 1990

Goode, Erica, »Scientists Find a Particularly Female Response to Stress«, *New York Times*, 19. Mai 2000, A, S. 20

Green, Laura R., Deborah R. Richardson und Tania Lago, »How Do Friendship, Indirect, and Direct Aggression Relate?« *Aggressive Behavior* 22, Nr. 2 (1996), S. 81–86

Groneman, Carol, *Nymphomania: A History*, New York: W. W. Norton, 2000; deutsch *Nymphomanie. Die Geschichte einer Obsession*, Frankfurt/Main: Campus, 2001

Grotpeter, Jennifer K., und Nicki R. Crick, »Relational Aggression, Overt Aggression, and Friendship«, *Child Development* 67, Nr. 5 (1996), S. 2328–2338

Hanley, Robert, »Girl in Shooting Was Seen as Dejected«, *New York Times*, 9. März 2001, A, S. 16

Harris, Judith Rich, *The Nurture Assumption: Why Children Turn Out the Way They Do*, New York: Touchstone, 1998

Heilbrun, Carolyn G., *Writing a Woman's Life*, New York: Ballantine, 1988

Henington, Carlen, Jan N. Hughes, Timothy A. Cavell und Bruce Thompson, »The Role of Relational Aggression in Identifying Aggressive Boys and Girls«, *Journal of School Psychology* 36, Nr. 4 (1998), S. 457–477

Hey, Valerie, *The Company She Keeps: An Ethnography of Girls' Friendship*, Bristol, PA: Open University Press, 1997

Hooks, Bell, *Bone Black: Memories of Girlhood*, New York: Henry Holt & Co., 1996

Hudson, Barbara, »Femininity and Adolescence«, in *Gender and Generation*, hg. von Angela McRobbie und Mica Nava, London: MacMillan, 1984

Hughes, Linda A., »›But That's Not Really Mean‹: Competing in a Cooperative Mode«, *Sex Roles* 19, Nr. 11/12 (1988), S. 669–687

Ialongo, Nicholas S., Nancy Vaden-Kiernan und Sheppard Kellam, »Early Peer Rejection and Aggression: Longitudinal Relations with Adolescent Behavior«, *Journal of Development & Physical Disabilities* 10, Nr. 2 (1998), S. 199–213

Irvine, Janice M. (Hg.), *Sexual Cultures and the Construction of Adolescent Identities*, Philadelphia: Temple University Press, 1995

Jarrell, Anne, »The Face of Teenage Sex Grows Younger«, *New York Times*, 2. April 2000, 9, S. 1

Jones, Jacqueline, *Labor of Love, Labor of Sorrow: Black Women, Work and the Family from Slavery to the Present*, New York: Vintage, 1985

Kantrowitz, Barbara, und Pat Wingert, »The Truth About Tweens«, *Newsweek*, 18. Oktober 1999, S. 62-72

Kaukiainen, Ari, u. a., »The Relationships Between Social Intelligence, Empathy, and Three Types of Aggression«, *Aggressive Behavior* 25, Nr. 2 (1999), S. 81-89

Kerber, Linda K., u.a., »On *In a Different Voice*: An Interdisciplinary Forum: Some Cautionary Words for Historians«, *Signs: Journal of Women in Culture and Society* 11, Nr. 2 (1986), S. 304-310

Kerns, Kathryn A, Lisa Klepac, und AmyKay Cole, »Peer Relationships and Preadolescents' Perceptions of Security in the Child-Mother Relationship«, *Developmental Psychology* 32, Nr. 3 (1996), S. 457-466

Kilbourne, Jean, *Deadly Persuasion: Why Women and Girls Must Fight the Addictive Power of Advertising*, New York: Free Press, 1999

Kindlon, Daniel, und Michael Thompson, *Raising Cain: Protecting the Emotional Life of Boys*, New York: Ballantine, 1999

Kumpulainen, Kirsti, Eila Raesaenen und Imeli Henttonen, »Children Involved in Bullying: Psychological Disturbance and the Persistence of the Involvement«, *Child Abuse & Neglect* 23, Nr. 12 (1999), S. 1253-1262

Lagerspetz, Kirsti M., Kaj Bjoerkqvist und Tarja Peltonen, »Is Indirect Aggression Typical of Females? Gender Differences in Aggressiveness in 11- to 12-Year-Old Children«, *Aggressive Behavior* 14, Nr. 6 (1988), S. 403-414

Laurence, Patricia, »Women's Silence as a Ritual of Truth: A Study of Literary Expressions in Austen, Brontë, and Woolf«, in *Listening to Silences: New Essays in Feminist Criticism*, hg. von Elaine Hedges und Shelley Fisher Fishkin, New York: Oxford University Press, 1994

Lees, Sue, *Losing Out: Sexuality and Adolescent Girls*, London: Hutchinson, 1986

Lever, Janet, »Sex Differences in the Complexity of Children's Play and Games«, *American Sociological Review* 43, Nr. 4 (1978), S. 471-483

Lorde, Audre, *Sister Outsider: Essays and Speeches*, Trumansburg, NY: Crossing Press, 1984

Maccoby, Eleanor Emmons, »Gender and Relationships: A Developmental Account, *American Psychologist* 45, Nr. 4 (1990), S. 513-520

Maccoby, Eleanor Emmons, und Carol Nagy Jacklin, *The Psychology of Sex Differences*, Bd. 1, Stanford, CA: Stanford University Press, 1974

Magner, Carolyn, »When They Were Bad«, Salon.com, 9. Oktober 2000; (http://www.salon.com./mwt/feature/2000/10/09/freeze-out)

McMillan, Carol, *Women, Reason, and Nature: Some Philosophical Problems with Feminism*, Princeton, NJ: Princeton University Press, 1982

Menesini, Ersilia, u.a, »Cross-National Comparison of Children's Attitudes towards Bully/Victim Problems in Schools«, *Aggressive Behavior* 23, Nr. 4 (1997), S. 245-257

Merten, Don E., »Enculturation into Secrecy among Junior High School Girls«, *Journal of Contemporary Ethnography* 28, Nr. 2 (1999), S. 107-137

Merten, Don E., »The Meaning of Meanness: Popularity, Competition, and Conflict among Junior High School Girls«, *Sociology of Education* 70, Nr. 3 (1997), S. 175-191

Merten, Don E., »The Cultural Context of Aggression: The Transition to Junior High School«, *Anthropology & Education Quarterly* 25, Nr. 1 (1994), S. 29-43

Miller, Jean Baker, *Toward a New Psychology of Women*, 2. Aufl., Boston: Beacon Press, 1986

Neary, Ann, und Stephen Joseph, »Peer Victimization and Its Relationship to Self-Concept and Depression among Schoolgirls«, *Personality & Individual Differences* 16, Nr. 1 (1994), S. 183-186

Nichter, Mimi, und Nancy Vuckovic, »Fat Talk: Body Image among Adolescent Girls«, in *Many Mirrors: Body Image and Social Relations*, hg. von Nicole Sault, New Brunswick, NJ: Rutgers University Press, 1994

Oesterman, Karin, Kaj Bjoerkqvist, Kirsti M. Lagerspetz, Ari Kaukiainen u. a., »Peer and Self-Estimated Aggression and Victimization in 8-Year-Old Children from Five Ethnic Groups«, *Aggressive Behavior* 20, Nr. 6 (1994), S. 411-428

Oesterman, Karin, Kaj Bjoerkqist, Kirsti M.J. Lagerspetz, Ari Kaukiainen u. a., »Cross-Cultural Evidence of Female Indirect Aggression«, *Aggressive Behavior* 24, Nr. 1 (1988), S. 1-8

Okin, Susan Moller, *Women in Western Political Thought*, Princeton, NJ: Princeton University Press, 1979

Orenstein, Peggy, *Schoolgirls: Young Women, Self-Esteem, and the Confidence Gap*, New York: Doubleday, 1994; deutsch *Starke Mädchen - brave Mädchen. Was sie in der Schule wirklich lernen*, Frankfurt/Main: Campus, 1996

Paquette, Julie A., und Marion K. Underwood, »Gender Differences in Young Adolescents' Experiences of Peer Victimization: Social and Physical Aggression«, *Merrill-Palmer Quarterly* 45, Nr. 2 (1999), S. 242-266

Pateman, Carole, *The Sexual Contract*, Cambridge, England: Polity Press, 1988

Pepler, Debra J., »Aggressive Girls: Development of Disorder and Outcomes«, Report#57, La Marsh Research Centre Report, Toronto: York University, 1999

Perry, David G., Louise C. Perry, und Robert J. Weiss, »Sex Differences in the Consequences that Children Anticipate for Aggression«, *Developmental Psychology* 25, Nr. 2 (1989), S. 312-319

Pipher, Mary, *Reviving Ophelia: Saving the Selves of Adolescent Girls*, New York: Ballantine, 1995

Pollack, William, *Real Boys: Rescuing Our Sons from the Myths of Boyhood*, New York: Random House, 1998; deutsch *Jungen. Was sie vermissen – was sie brauchen. Ein neues Bild von unseren Söhnen*, Weinheim, Basel: Beltz, 2001

Raymond, Janice G., *A Passion for Friends: Towards a Philosophy of Female Affection*, Boston: Beacon Press, 1986; deutsch *Frauenfreundschaft. Philosophie der Zuneigung*, München: Verlag Frauenoffensive, 1987

Rhodes, Jean E., und Anita B. Davis, »Supportive Ties between Nonparent Adults and Urban Adolescent Girls«, in *Urban Girls: Resisting Stereotypes, Creating Identities*, hg. von Bonnie J. Ross Leadbeater und Niobe Way, New York: New York University Press, 1996

Rich, Adrienne, *On Lies, Secrets, and Silence: Selected Prose, 1966-1978*, New York: W.W. Norton, 1979

Rich, Adrienne, *Of Woman Born: Motherhood as Experience and Institution*, New York: W.W. Norton, 1986

Rich, Adrienne, »Compulsory Heterosexuality and Lesbian Existence«, in *Blood, Bread, and Poetry: Selected Prose, 1979-1985*, New York: W. W. Norton, 1986

Rich, Adrienne, *Um die Freiheit schreiben. Beiträge zur Frauenbewegung*, Frankfurt/Main: Suhrkamp, 1990

Rigby, Ken, »The Relationship between Reported Health and Involvement in Bully/Victim Problems among Male and Female Scondary School-children«, *Journal of Health Psychology* 3, Nr. 4 (1998), S. 465-476

Robinson, Tracy, und Janie Victoria Ward, »›A Belief in Self Far Greater Than Anyone's Disbelief‹: Cultivating Resistance among African American Female Adolescents«, in *Women, Girls, and Psychotherapy: Reframing Resistance*, hg. von Carol Gilligan, Annie Rogers und Deborah Tolman, New York: Harrington Park Press, 1991

Rogers, Annie G., »Voice, Play, and a Practice of Ordinary Courage in Girls' Lives and Women's Lives«, *Harvard Educational Review* 63, Nr. 3 (1993), S. 265-295

Rotheram-Borus, Mary Jane, u. a., »Personal and Ethnic Identity, Values, and Self-Esteem among Black and Latino Adolescent Girls«, in *Urban*

Girls: Resisting Stereotypes, Creating Identities, hg. von Bonnie J. Ross Leadbeater und Niobe Way, New York: New York University Press, 1996

Rys, Gail Summers, »Children's Moral Reasoning and Peer-Directed Social Behaviors: Issues of Gender and Development«, Diss. Universität Delaware, 1998. Zusammenfassung in *Dissertation Abstracts International* 58 (1998), 5167B

Rys, Gail Summers, und George G. Bear, »Relational Aggression and Peer Relations: Gender and Developmental Issues«, *Merrill-Palmer Quarterly* 43, Nr. 1 (1997), S. 87–106

Sadker, Myra, und David Sadker, *Failing at Fairness: How America's Schools Cheat Girls*, New York: Scribner's, 1994

Salmivalli, Christina, Arja Huttunen, und Kirsti M. Lagerspetz, »Peer Networks and Bullying in Schools«, *Scandinavian Journal of Psychology* 38, Nr. 4 (1997), S. 305–312

Sheldon, Amy, »Conflict Talk: Sociolinguistic Challenges to Self-Assertion and How Young Girls Meet Them«, *Merrill-Palmer Quarterly* 38, Nr. 1 (1992), S. 95–117

Silver, Mark, und Joellen Perry, »Hooked on Instant Messages«, *U.S. News and World Report*, 22. März 1999, S. 57 f.

Simon, Robin W., Donna Eder und Cathy Evans, »The Development of Feeling Norms Underlying Romantic Love among Adolescent Females«, *Social Psychology Quarterly* 55, Nr. 1 (1992), S. 29–46

Slee, P. T., »Situational and Innerpersonal Correlates of Anxiety Associated with Peer Victimization«, *Child Psychology & Human Development* 25 (1994), S. 97–107

Smith, Elsie J., »The Black Female Adolescent: A Review of the Educational, Career, and Psychological Literature«, *Psychology of Women Quarterly* 6, Nr. 3 (1982), S. 261–288

Smith, Lynn, »Hey, Poo-Poo Head, Let's Be Friends: Childhood Teasing Needn't Be Traumatic«, *Los Angeles Times*, 6. Dezember 2000, S. 1

Smith, Peter K., Helen Cowie und Mark Blades (Hg.), *Understanding Children's Development*, 3. Aufl., Oxford, England: Blackwell, 1998

Smith-Rosenberg, Carroll, »The Female World of Love and Ritual: Relations between Women in Nineteenth-Century America«, *Signs: Journal of Women in Culture and Society 1* (1975), S. 1–29

Spelman, Elizabeth, »Anger and Insubordination«, in *Women, Knowledge, and Reality: Explorations in Feminist Philosophy*, hg. von Ann Garry und Marilyn Pearsall, Boston: Unwin Hyman, 1989

Stack, Carol B., *All Our Kin: Strategies for Survival in a Black Community*, New York: Harper, 1974

Stanley, Lisa, und Tiny (C.M.J.) Arora, »Social Exclusion Amongst Adolescent Girls: Their Self-Esteem and Coping Strategies«, *Educational Psychology in Practice* 14, Nr. 2 (1998), S. 94–100

Sutton, John, und P.K. Smith, »Bullying as a Group Process: An Adaption of the Participant Role Approach«, *Aggressive Behavior* 25, Nr. 2 (1999), S. 97–111

Sutton, Jon, P. K. Smith und J. Swettenham, »Social Cognition and Bullying: Social Inadequacy or Skilled Manipulation?«, *British Journal of Developmental Psychology* 17, Nr. 3 (1999), S. 435–450

Tanenbaum, Leora, *Slut! Growing Up Female with a Bad Reputation*, New York: Seven Stories Press, 1999

Taylor, Jill McLean, Carol Gilligan und Amy M. Sullivan, *Between Voice and Silence: Women and Girls, Race and Relationship*, Cambridge, MA: Harvard University Press, 1995

Thompson, Kevin M., Stephen A. Wonderlich, Ross D. Crosby und James E. Mitchell, »The Neglected Link between Eating Disturbances and Aggressive Behavior in Girls«, *Journal of the American Academy of Child & Adolescent Psychiatry* 38, Nr. 10 (1999), S. 1277–1284

Thompson, Michael, Lawrence J. Cohen und Catherine O'Neill Grace, *Best Friends, Worst Enemies: Understanding the Social Lives of Children*, New York: Ballantine, 2001

Thorne, Barrie, *Gender Play: Girls and Boys in School*, New Brunswick, NJ: Rutgers University Press, 1993

Tolman, Deborah L., »Daring to Desire«, in *Sexual Cultures and the Construction of Adolescent Identities*, hg. von Janice Irvine, Philadelphia: Temple University Press, 1994

Tolman, Deborah L., und Elizabeth Debold, »Conflicts of Body and Image: Female Adolescents, Desire, and the No-Body Body«, in *Female Perspectives on Eating Disorders*, hg. von Melanie A. Katzman, Patricia Fallon und S. Wooley, New York: Guilford Press, 1994

Tracy, Laura, *The Secret between US: Competition among Women*, Boston: Little Brown, 1991

Tronto, Joan C., *Moral Boundaries: A Political Argument for an Ethic of Care*, New York: Routledge, 1993

Vasques-Nuttall, Ena, Zoila Avila-Vivas und Gisela Morales-Barreto, »Working with Latin American Families«, in *Family Therapy with School Related Problems*, hg. von James Hansen und Barbara Okun, Rockeville, MD: Aspen Systems Corp., 1984

Walkerdine, Valerie, *Schoolgirl Fictions*, London, Verso, 1990

Ward, Janie Victoria, »Raising Resisters: The Role of Truth Telling in the Psychological Development of African American Girls«, in *Urban Girls: Resisting Stereotypes, Creating Identities*, hg. von Bonnie J. Ross Leadbeater und Niobe Way, New York: New York University Press, 1996

Way, Niobe, »›Can't You See the Courage, the Strength That I Have?‹ Listening to Urban Adolescent Girls Speak about Their Relationships«, *Psychology of Women Quarterly* 19, Nr. 1 (1995), S. 107–128

Way, Niobe, »Between Experiences of Betrayal and Desire: Close Friendships among Urban Adolescents«, in *Urban Girls: Resisting Stereotypes, Creating Identities*, hg. von Bonnie J. Ross Leadbeater und Niobe Way, New York: New York University Press, 1996

Welsh, Patrick, »Bully-Boy Focus Overlooks Vicious Acts by Girls«, *USA Today*, 12. Juni 2001, A, S. 15

White, Jacquelyn W., und Robin M. Kowalski, »Deconstructing the Myth of the Nonaggressive Woman: A Feminist Analysis«, *Psychology of Women Quarterly* 18, Nr. 4 (1994), S. 487–508

Wolf, Naomi, *Promiscuities: The Secret Struggle for Womanhood*, New York: Ballantine, 1997

Wolf, Naomi, *The Beauty Myth: How Images of Beauty Are Used Against Women*, New York: Random House, 1991

Wurtzel, Elizabeth, Bitch: *In Praise of Difficult Women*, New York: Doubleday, 1998; deutsch *Bitch. Ein Loblied auf gefährliche Frauen*, München: Goldmann, 1999

Zollo, Peter, *Wise Up to Teens: Insights into Marketing and Advertising to Teenagers*, Ithaca, NY: New Strategist Publications, 1999